U0141930

文學叢刊之九十

創世紀大菩提

無名氏全集第七卷下冊

卜寧（無名氏）著

文史哲出版社印行

獻給這一時代為真理而受苦難，
而不屈，而掙扎，而戰鬥，
而終將獲勝的各民族純潔靈魂！

—無名氏

六

「十四年前，我第一次看見你的畫時，你畫那些死亡淹到胸口的人，那些巫覡樣的群衆，在酸性溶岩流漿旁邊跳舞的瘋子，你告訴我們，你在畫『末日』，畫彭貝的『毀滅』。你又說，你並不希望畫這些，你所渴望的救主，只是一尊明靜的希臘雕像，一個『接受了酒神達阿尼修斯以後的再造的新阿波羅，能把各民族結合在一起的新阿波羅。』今天下午，當著你的學生和朋友的面，我可以說，你現在已找到你的救主，那個複雜的綜合的現代性的新阿波羅。這個日神不只一個，也不是男的，而是這許多女像。在重慶南岸茅舍中，我會晤你第一張女像時，它還只是一種東方新的美學嘗試、光明的嘗試，這一次，它們不再是嘗試，卻是一件比金剛石還堅固的結晶：新的純美結晶、光明結晶。不，這不只是結晶，是新鮮的明日感覺，明日的人類靈魂和音。接觸這些畫，我們確信，明日人類一定可以從今天深淵底得救。你拯救了自己，也拯救了這個時代的靈魂。假如說，蒙娜麗沙畫出了近代文藝復興的主要精神河流，那麼，你這些畫，幾乎也嘗試預言了二十一世紀以後的人類靈魂風貌。

「我感謝你，我們大都感謝你，不，這一時代凡是探索明日文化河流的人，都要感謝你。我感謝你，因爲我多年來所探索的，差不多已獲得其他方面的證實。我在華山五千仞上所悟得的，那些使我早日擺脫地球沉重負擔的思想與感覺，在你畫幅上也取得一些印證，和堅實的支持。我不再是人生眞理陣地上的孤獨哨兵。這個時代感謝你，因爲你具體雕塑出來的人性風格，在靈魂與肉體上，已多少預言了一個即將到來的新時代。欣賞你的畫，不只這個國家的黑暗藝術獲得希望，那些在苦痛中掙扎的肉體，也可能取得一個將被拯救的靈魂。你的線條與色彩，解放了東方舊視覺，昇華了人類不安的官能。明天的人類將怎樣感受萬象，精神上將怎樣反應宇宙自然，又怎樣建立新的靈魂核心陣地，你的畫正試著給予初步答案。

「哦，這些畫，用東方美術工具初步表現出的東西文化精神相溶互化後的新畫面，在現代化畫苑中，將是一種新的美術。我們眞不知你是怎樣畫出來的。是上帝在畫嗎？還是人在畫？它給我們的震蕩，太強烈了。在這片震動中，我只感到一種空靈謐靜與美感，這不是藝術，這是魔術，通過它，觀者獲得魔術性的幸福、寧靜、和諧。」

這是瞿家遊煙霞洞後的一個星期日上午，他們拜訪藺素子的畫室。昨天馬爾提夫婦特地通知印蒂，說老畫家剛完成一些新作品，他自己感到很愉快，請他們撥暇前來鑑賞、指教。

印蒂看完這些畫，很是激動，情不自禁的說了上面的話。

「是的，這不是畫，是一種幸福。沒有一個眞正誠懇的觀畫者不覺得自己幸福、光輝。在這個混沌時代，能見到這樣的畫，實在是一種幸福。」聽了丈夫的談話，瞿縈響應他。

「藺先生，你是怎麼畫出來的？在中國宣紙上、水墨下，爲什麼過去從未出現過這樣畫面？形象？乍一看，誰也不相信這是彩墨畫，還以爲是油畫呢。可又不全是油的味道，兼具東方的空靈感、縹緲感，和超脫感。」

「這眞是神奇，中國水墨的奇蹟。」瞿槐秋讚美著：「我曾看過一些古畫眞跡，故宮博物院歷代名畫全套影印本和某些原作，我也品鑑過，拿我的直覺，可以說，唐宋元明以後，近幾百年來，還從未出現過這樣的畫。」

馬爾提微笑道：「這不是奇蹟，這是苦功。——這是四十三年苦功的結晶。蘭先生十歲左右就開始畫線條，今年是他畫線條的第四十三年。經過四十三年苦鬥，終於從線條的奴隸、學徒，成爲它們的主人、創造者，這些線條開始萬能化，完全聽他這位魔術師的擺佈了。畫家要呼風喚雨，它們就跟著呼風喚雨。畫家企圖預言明天的——下一個世紀以後的人類新感覺，它們也就響應了。」

「剛才印蒂先生還補充說：在中國畫史上，這種畫有點類似原子爆炸。人類經過幾千年的智慧鬥爭，特別是，這一百年的艱苦探索，才找到放射體以及那劃時代的鈾235和239中子。蘭先生的畫面感覺，類似核爆炸，也是他四十三年鬥爭的結果。」喬君野激動的說。

「說它們類似核爆炸，只是指它們在中國美術史上的革命意義、它們的深度和空前的美。這種美，幾乎像核爆炸一樣驚人。不過，實際上，它們的效果和核爆炸正相反，它們不流一滴血，也不要求世界流一滴血，就給人們感覺帶來巨大愉快、幸福，與和平。」李茶有點不同意他們的話。「我相信，今天我們在這些畫面能感到幸福，與和平，明天、後天、明年、後年，另外許多人看到它們後——假如能看見的話，一定也會和我們有同樣感覺。」

一直不開口的畫室主人，擺了擺他花白的獅鬃長髮，燧石般地眼睛閃爍著，微微笑著，極誠懇的道：

「你們把我的畫說得太好了。但願有一天，我眞能畫出你們所理想的畫，給這個星球添一點幸福、光明。」他走到那幾幅女像前面。「請你們多給我一點寶貴意見吧。看看它們的缺點在哪裏，我好加以修正、彌補。」沉思一會。「對我們藝術家來說，滿足就是自殺，我們是永遠不會滿足的。」

順著他的手勢，大家又一次詳細觀賞這些妙品，完全淹沒於一種空靈的美感中。

儘管這些畫幅洋溢東方古典靜美，可是，由於它們第一次帶給觀者的強烈新鮮感，在人們視覺中，這就不是畫，也不只是水墨畫或彩墨畫，而似乎是人類精神第一次放射的核爆炸。這個小小畫室，也扮演著比基尼島，四周充滿海水的飛舞的光輝，巨大、奇異、動人心魄。那些色彩點子，似構成原子核的中性小粒，畫面上的空白，則是緩衝劑，是重水、石墨與石蠟，爲了降低中子旋轉速率。不同的是，這片放射，並不構成毀滅，卻創造一片純粹光華，透明的熱，和無限的感染力。假如要摧毀，只是粉碎那些陳舊的感覺，一切虛僞的美感。那一幅幅紅衣女、綠衣女、黑衣女、藍衣女，彷彿剛從空間深處飛撲下來，不是畫筆畫紙找她們，是後者找前者；不是畫家尋她們，是她們尋畫家。假如偉麗的大日珥，能在幾十分鐘內形成幾萬公里高的火焰高峰，她們似乎正從這片峰巔飛過來，帶著太陽核心處各式各樣狀態，與空間深處能引起核爆炸的宇宙粒子，一切最微妙最靈異的。那一條條令人暈眩的臉輪廓線，是太陽光譜內的暗黑線——法郎霍亞線；那些彩色線條，則是太陽邊緣的熱線，星際深邃處的宇宙射線，一秒鐘內，能燒燬一個地球，或閃爍最奇奧的原子放射。這一切的生命光與熱，繽紛陸離，詼譎雲詭，創造出一種盤古式的劃時代視覺，以及那無比幻美，通過它，觀者便產生一種類似創造者的靈魂白熱，以及它的最後也最高的境界：東方古典謐靜，阿爾卑斯山巔的永恒和平，那些冰峰的圓椎形的純白，以及冰河上神化的虹影。看完這些畫，沒有人不被一種詩的平衡所征服，那種統一西方高度光熱與東方空靈寧靜的平衡。——強烈的原始熱力穿透嘆靜，深沉的謐靜又泌透熱情。

「這眞是宇宙深處的產物，是太陽光球最高熱部分的反射，畫家的視覺必須是測輻射熱器——一種專門觀熱的眼睛，才能捉住這樣光明的線條。」印蒂詳細欣賞後，再度讚美。

「不，素子的畫，大家特別偏愛罷了，缺點，肯定是有的。」在一邊招待客人的藺太太，那位法國籍婦人，謙虛的操中國話。「爾提，你一向是素子的嚴厲批評家，從純技巧角度看，你有什麼意見麼？」

馬爾提笑道：「這幾幅畫，即使用最現代的技巧來苛求，也找不出什麼大毛病。」他指著那幅紫衣女：「像這張畫，兩肩部分是它最了不起處，現代西方油畫家達不到這種神化境界，因為，這是用墨筆，一、兩筆畫成的，油畫筆就無法表現這種靈妙了。無論在當代大師馬蒂斯或畢卡索畫上，全找不到這種極度運動感的肩臂部分，它們使整個畫面帶閃電味、飛翔味。不過，——」他的手指指她的胸部。「這個部分嫌弱一點，西方大師，如馬蒂斯，卻表現得更強烈、動人些。」

「我不完全同意你的說法。」李茶說：「這正是蘭先生女像的特點，那種空靈的東方味。假如胸部重點不放在那飄飄欲仙的古裝長袍上，也像西方油畫那樣肉感，那麼，它將失掉這片超脫的透明的東方趣味。」

「我同意李茶的想法。」喬君野說。「假如一定要吹毛求疵，我看，問題倒不在這些畫本身，而是畫以外。」

大家的視線都射向喬。蘭素子剛點燃一斗板煙，他從嘴裏拔出煙斗，望著他的學生。那片貝多芬式的額心，攢聚著幾條沉思的皺紋。

「我想的倒不是這些畫本身。從純畫觀點看，它們的技巧都無可非議。我擔心的是，這些畫過分完美，以致形成一種定型。經過多年追求，好不容易，畫家找到一種極完整的形式，極幻美的線條，他將極輕易的利用這些形式與線條，不斷重複它們。這是可貴的蘭素子型。正像立方體是畢卡索型。這樣——」他的語調沉重起來：「畫家將陷入一個固定的馬槽，正如一匹老馬，永遠舒服的吃著同一槽內的飼料，漸漸的，他將忘記新的草原、新的長林豐草。

……也許，我的話過分一點，假如是這樣，我請我的老師原諒。」

「一點不過分。我感謝你。你正擊中靶子紅心。」老畫家鯨吸一陣子煙，從嘴裏拔出煙斗，嚴肅道：「這也正是一個藝術家與哲學家的矛盾。完成這些作品後，我才開始感到這點。」沉思了一會。「讓我冒昧點說吧，印先生一部分話，倒說出我的藝術中的哲學境界，這是我多年追求的境界。不過，這只是我個人的生命哲學，那種帶抒情味的哲學。作爲畫家說，我卻不能安於這一境界，我還得探尋更新更新的。不管目前這種形式和內容怎樣完整，我還得打破它，把它砸成碎片，找尋那更完整、更圓美的。」他笑起來。「不過，請容許一個四十多年的旅行者稍稍休息幾分鐘吧！」他嘆了口氣：「我爬上這樣一座峰頂，已花了四十三年的辛苦，再爬入更高一層峰巔，還需要另一段長時期的鬥爭。當然，我絕不疲倦，我一定要繼續鬥下去，找下去。」

「經過四十三年尋覓，你究竟已獲得那柄魔術鑰匙了——不，已練成一雙飛毛腿，再以後，旅行就沒有過去那麼困難了。畫家只要突破那最命定的一點，一成熟以後，隨時隨地，都會開花結果的。」馬爾提熱情的說。

「我不完全同意藺先生的話。」印蒂嚴肅的說：「藝術境界與哲學境界雖有矛盾處，卻也有共通處。藺先生的畫所以偉大，就在於能把這兩種境界溶成一片。我所以能欣賞這些畫，正因爲，藺先生的靈魂歷程和我的精神旅程有某種共鳴處。雖然不全同。」他沉思著。「現在，我問你一個問題，蘭先生，你是不是相信，只因爲你內在精神完全解脫了，參透生死底蘊了，你才發覺，你必須把這一境界表現出來？」

老畫家點點頭。印蒂繼續說下去：

「關鍵就在這裏。正因爲畫家靈魂完全解脫了，達到人類精神領域極崇高的哲學境界，他才畫出這些畫。他和爾提不同處，也正在這裏。爾提的畫，幾乎是本能的天賦產物，蘭先生的，卻是生命熱情經過高度理性沖洗後的創造品。達文西和拉斐爾的分歧處，也在這裏。（儘管蘭先生和爾提還沒有前二人造詣。）蒙娜麗莎所以比聖女馬童娜更永恆，更耐人尋味，也正由於這種分歧。」

他臉上露顯笑容。

「你們知道麼，爲什麼這些畫如此迷人？」

大家望著他。他笑著道：「蘭先生，讓我用一句話，道破你的底蘊吧！你相信麼？你的畫完全是悟道以後的靈魂結晶。」

老畫家點點頭。

「正因爲如此，它們才這樣充滿東方味，帶點透明的佛味。彷彿偉大太陽光，必須先通過那最複雜的溫度較低的反變層，你的原始靈魂熱情，先通過那複雜的悟道境界，才表現出現在的畫面。」停了停。「自然，爲了永恆的創造，你的藝術形式，必須不斷找尋最新鮮的；

可是，這一哲學境界，卻是你永恆創造的噴泉，它幫助你向更深更新的純美宇宙空間突擊。這也就是爲什麼，藺先生的畫，可能要超過巴黎一般現代畫派的境界。因爲，二十世紀畫家，極少有人像他這樣受過高度哲學訓練。他們的畫，包括爾提的畫，都是閉著眼作夢，藺先生的畫，卻是睜著眼作夢。」

說到這裏，印蒂似乎興奮起來，他點燃一支煙，一面吸，一面繼續道：

「上乘的藝術靈感，類似一套因加百祿——防震手錶的機件。這種感覺本身，有軸桿、軸榫的極微細部分伸入一種鑽孔中，它與普通感覺不同，後者僅止於以這固定的銑孔當軸承，一遇外界巨大震動，很易受傷、破碎，前者卻添了一個活動的銑座，有蓋銑和彈簧，儘管遭遇外來大震動，它能順水行船，軸榫隨銑座移動，左右逢源，不易破碎。這也正如佛家的證自證分，靈感者探悟本體和阿賴耶識後，隨任何外界波動而變化它不同的反射，不囿於一點，僅僅以玫瑰爲玫瑰，以竹影爲竹影，以雨花石爲雨花石。玫瑰可化入竹影，竹影也可變爲雨化石。這種上乘靈感的銑座的無比彈性，能保證它的豐饒富足。這是一種弧形的幅度開展，不是固定的、局限的。

「在這種感覺形式下，靈感才能形成萬花筒，千變萬化，又常有其核心不變不化在。他的軸杆不動，軸榫卻隨時可動。最高的人生眞理，也是如此，極峰式的生命觀照，也是如此。」

老畫家略略敍述了一段往事。他表示，在重慶時，這段經歷從未向印蒂等人詳細提過。「八·一三」全面抗戰爆發後，他率領S市藝術學校遷長沙。想不到，校中幾位同事，居然夥同少數學生對他來一個「苦迭打」。他們藉口當時物質條件簡陋，生活艱苦，以及戰爭期中種種不正常狀態，橫加他「領導無方，誤人子弟」等等罪名，煽起學潮，逼他下臺。當「哀的美敦書」向他遞出時，他毫不考慮（儘管大部分師生挽留他），立刻辭職，不待教育部批准，迅速赴重慶，隱居鄉間。長沙淪陷，該校再次向西遷陪都，從此，他卻與它斷絕一切來往。不過，他所受的刺激很大，因爲，策劃學潮的幾個同事與教師，全是他平素好友，萬想不到，爲了爭權奪利，竟下此毒手。這以後幾年，他便愛上哲學——包括佛經。繪事之餘，歡喜苦思人生底蘊。出乎意料的，抗戰前夕，有一夜，夢中驚醒（過程大體和印蒂經歷相仿），居然豁悟——悟道了。

「印先生，我承認，你的話很深刻。你這套藝術哲學，和我的創作原則完全吻合。儘管『悟道』與否，不是繪畫創作的先決條件，但它到底有益無害，而且，確實能提高我的藝術境界。我與你的人生哲學有共鳴處。不過，你對我的那些溢美之辭，我不敢當。……好了，不談我了。我們欣賞另外幾幅畫吧！」老畫家摸摸他那貝多芬式的額顙，指著另外幾幅油畫，那是馬爾提和喬君野夫婦的，都是女像與風景。看完畫，印蒂笑著道：

「這些畫美得很。不過，我仍要再一次重複我剛才的觀點：爾提的畫是閉著眼作夢，充滿原始的美，卻缺少蘭先生畫面上那種透明的磁器感。」

「我們來源本不相同，我的老師的藝術泉源，是宋磁，他要再顯這些磁器風味。我的來源，是漢代石刻，那種原始樸素與厚重。」

「不過，你畫面也有古典東方味，你企圖用油彩表現水墨趣味。像你這幅風景，簡單的木板屋是樸素的漢代石刻風味，那些透明的小草，卻利用了一些書法線條。」

「蘭先生和爾提在作兩種嘗試，爾提用油彩表現東方味，蘭先生用水墨表現西方文藝復興以來的生命火炬味。」李茶說：「不管怎樣，水墨總是水墨，總帶東方風味，因此，他的畫是東西藝術的溶合品。」

「君野的畫，比兩年前，進步多了，技巧問題，大體解決了，不過——」印蒂微笑道：「我總覺得仍有老師的影響，他的女像，有一部分在模仿蘭先生。」

「我常常勸他，要他們從我身上跨過去，不要停留在我旁邊。你們比我年輕多了。應該更勇敢點。」

「蘭先生，你說得倒容易。你是一座喜馬拉雅山，我們連爬都爬不上去，還想飛過去？」喬君野笑道。

「君野，你不要小視自己，經過兩年多努力，現在，你已恢復從前技巧，而且又進步些了。你目前最需要的，是多吃點東西，你飢餓得很。李茶也是。單靠我這點營養還不夠。我眞希望——」他輕輕嘆息：「你和爾提能去一次巴黎，看看羅浮宮裏所有藏品。可是——」

「在現代中國，能像我們這樣全心全力畫畫，已經不容易了，哪裏還談得上到法國？」李茶嘆息。「你看看，有幾個人能像我們一樣，有這樣豐裕的時間？」

「是的，時間！時間！」一直沉默的駱香香，第一次開口：「爾提最恨的，是時間不夠。他常常表示，不想再賣畫。他歡喜畫的，賣不出。在目前中國，能賣的，全是一些假古典，Acadeny，還要靠爸爸幫忙推銷。爾提常說：畫這種假古典，等於娼妓賣淫，違背他的藝術良心。可是，不賣點，怎麼行呢？媽媽已經說閒話了，說他這個獨養子，養了這麼大，還不能生活獨立，得靠爸爸接濟。我這個音樂學校出來的媳婦，又只能做家庭婦女，可連主婦也做不像。唯一的男孩子渝生(他出生於重慶)，也沒帶好，弄得『洋不洋，中不中』的。(這是我婆婆的詞彙，說渝生舉止、言談、穿著，沾洋習氣，可講的是中國話。)不用說，我不會侍候公婆。她老人家，慫著一肚子不開心。到底君野父親是醫院院長，老日本留學生，是學者，開明通達，鼓勵兒子和媳婦專心畫畫，希望他們有朝一日成爲名畫家。」

「我看，爾提爸爸也不差，雖說是銀行經理，到底也受過高等教育，他充分信任爾提的繪畫才能，願意支持他，同意他遷居西湖邊，這就不容易了。至於婆婆，總不免講究實際，有點看不慣。我那位阿婆，也和你的差不多，總是說我不會持家，不善交際、應酬。她老人家特別不滿意我和君野，爲了投奔抗戰，幾乎不辭而別，離開家庭，把男孩子方方與女兒圓圓攢下來，添了她沉重的負擔。爸爸呢，因爲我們抗戰期間吃了幾年苦頭，倒憐惜我們，這回允許我們從S市搬到這裏，用功畫畫，也算是對我們的一份補償。……我只希望，我們這幾個學生，能不辜負藺老師一番培養，多少畫出一點像樣作品來，也算對家庭交代得過去了。」

聽了李茶這番話，瞿槐秋笑道：

「我是銀行職員，也算商人，等你們成爲名畫家，我願做你們的Manager，推銷你們的畫。」

馬爾提笑道：「現在我們倒不需要很多錢，生活過得去，就行。說來說去，我們最需要的，是時間。今後兩年，我決定暫不賣畫，用全部時間，探索畫現代新派畫。」

藺素子同意他學生的想法，嘆息道：「是的，時間！時間！我們是發瘋似的抓時間、搶時間、擠時間。」

他慢慢走到窗口，望著窗外藍天，低低道：「活到現在，我只明白一件事，一件最可怕最古老的事，比這個地球還古老的事：時間。一舉手、一投足、一皺眉、一瞪眼，無一不是時間。並不是手足眉眼在動作，是時間在動作。我們的隨意肌和視覺水晶體，並不黏附於我們肉體，是黏附於時間肉體上。我喝茶嗎？我抽煙嗎？我到外面散散步嗎？我在茶裏多加一塊方糖嗎？我在煙斗裏多加點菸葉嗎？我散步時在一棵冬青樹畔多停留幾秒鐘嗎？這一切，時間都記在帳簿上。沒有一個手勢，一聲足步，一次側耳，甚至每一條思想流波裏的漣漪，時間不算在帳上。每一秒鐘是一個小錢，每一分鐘是一個銅板，每一點鐘是一個銀角，每一天是一塊大洋，每一年是一根金條。這樣，你盡量去花吧！反正銀行存摺上你只有那麼幾十根條子，最多，不過八、九十根吧？

「在我這樣年齡，我才眞正懂得時間的可怕。因爲，再沒有多少這種『可怕』剩給我了。正是這種可怕的壓力，我的生命才被壓而彈射出去，跳在畫紙上、畫板上、畫筆上。我不是追逐陽光與色彩、肉體與線條，是追逐時間。只要存款一完，我的追逐立刻停止。

「我說話嗎？我多說一句話嗎？幾秒鐘過去了，我多開一扇窗子，讓多一點新鮮空氣流進來嗎？又是幾秒過去了。我用指布在桌上多拭一次，叫桌面多一分潔淨嗎？我把床毯多摺疊一下，讓它更整齊點嗎？又是幾十秒過去了。這種流走的速度，有時簡直叫人喘不過氣。我幾乎不敢多望一眼窗外白雲，多欣賞一會綠樹青草，爲了抓住這個迅捷的奔流。然而，爲了藝術，爲了捕捉更豐富更詩意的線條與色彩，我又不得不——花一整個小時觀察一盆石榴紅或仙克萊。……當然，作爲一個悟道者，和印先生一樣，我對人生早已解脫了，應該不再這樣栖栖皇皇，斤斤計較時間的流逝，與現實生活的效率和功利成果。可是，正像印先生仍得從華山五千仞上回到瞿小姐身邊，並且擬訂了那樣壯麗的編輯計劃，我也仍得從時間以外歸返時間河流——而且是河流最深處，並且，日夜辛苦探索畫面的永恆美，——東西文化精神相溶互化後的新境界，這一切，我們全爲了建立一種更完整更健全的人生觀點與態度。」

談到這裏，蘭太太突然插進來，她微微低探著那頎長身軀，笑著道：

「你們幾個人一見面，就大談藝術、哲學、人生、人類、地球。欣賞畫，本來是輕鬆愉快的事，你們卻顯得異常嚴肅。我看，素子這些日子，也忙夠了，總算畫出這幾張比較滿意的畫了。今天是禮拜天，我們應該吃點、喝點、玩玩，也算慶祝你的藝術新收穫。大家輕鬆點好嗎？我這就給你們預備茶點。你們先到園子裏玩玩，不要盡擠在畫室裏了。」

「是呀，他們一擠在畫室裏，一個個都變成阿特拉斯，似乎整個地球命運都扛在肩膀上了。唬得我膽戰心驚的，生怕也變成碼頭上的搬伕，被他們拉住，去大扛特扛，一個個全壓成個駝子。」瞿縈笑著說。

「好吧，讓那個可厭的地球暫時從我們肩頭上卸下吧。窗外陽光是這樣燦爛，再留在畫室裏，眞是對『太陽先生』失禮，我們這就去拜訪這位偉大的先生吧！我們下樓到草地上玩玩去。」印蒂笑著說。

「我有一個小小請求，你們先下去，我要和蘭先生、蘭太太談點事。」瞿縈笑道。

但另幾個卻聚在樓下客廳裏，等他們三個。

七

藺素子的小型花園別墅，坐落玉泉一帶。他售出S市那所華麗洋房，買進這一座，還綽有餘款。因爲，這裏房價到底比S市低廉多多。據說，這一區白蟻特旺，一般住宅底層，都先鋪一層高高岩石地基，約三、四尺高，再在底層地板背面，塗上厚厚柏油，就不會遭受白蟻襲擊。這樣一來，這座小別墅，比起一般這類建築來，便顯得高聳些。它一共兩層，由於地基頗高，客人須爬上十幾級水泥梯階，才能抵達客廳外一座圓形亭台（這種格局，大約是參考一些義大利古式建築）。有時，老畫家和老妻Ellin、兒子愛禮，偶坐在石台上喝茶，欣賞遠處山景，眼底園色。樓下除一間大客廳外，還有兩間寢室，一個小餐廳，和盥洗室、廚房。樓上是一間長長畫室，外加一座藏書室，與一間小臥室。靠後園，有兩所平房，是女僕李媽住的。從外形看，整幢樓房青磚實疊，顯示樸素雅淡。牆上攀爬著綠色長春藤、紫藤，和凌霄。後兩種植物是從馬喬兩家的葛嶺宅中移植來的，不到兩年，已經綠葉滿牆，翠色滿窗了。花園四周矮矮磚牆上，本掛滿月亮花枝藤，這種白色小花，夏季極易招惹蒼蠅，老畫家去年便全部芟除，改植紫藤，目前也茁長得很茂盛了。花園約一畝，一片纖纖草地，有樹篷如綠色彩雲的香樟、古典味的棕櫚樹、法國鳳尾樹，還有山茶樹、玉蘭樹、梅樹、夾竹桃、桂樹、玫瑰枝叢，和美人蕉。一年四季，總不缺鮮花色彩，使園景生色不少。它們唯一缺點是，佈局與章法，稍嫌雜亂。這要歸咎於原主缺少審美力。老畫家忙於繪事，一時也沒心思收拾、整理。用他的慣常說法是：「我們現在的生活哲學，是將就哲學，一切只得將就點算了。」

今天下午，這個園子裏，生命正在優美的散步、微笑。沒有一個步子不投美麗的迴聲，一聲聲叩擊那些明亮玻璃窗。沒有一朵笑的微波，不上升擴大，漸漸淹沒那片翠茸茸綠草，那長長的白色石階。石階側面欄台上，一盆盆粉紅月季花開放著。草地上，燦爛的陽光款款蹀躞。這片親切的迷人的陽光，深深浸透如此魔魅的秋季，彷彿一片彗星尾巴，形姿千變萬化：幽長的、粗獷的、直線的、曲線的、扇形的、輻射狀的，也有分成兩、三枝的。它們在盆如盆形，在花爲花形，在石階爲階形，在樹爲樹形，在屋脊爲脊形。沒有一秒它不在變化，沒有一分鐘不在變形。然而，人們沐浴在這樣泛濫的光輝中，仍覺得異常輕快，一種嘆靜的光流沁入心脾。隨著光，秋意也沁入肉體。遠遠的，青色山意嵐意也沁入靈性。歡樂畢竟是可珍惜的。在這片豐茂草地上散步、睡覺、曬太陽、打球、跳舞、唱歌、大聲談笑，或者，斜倚樓上的窗口閒眺，瀏賞園內花樹草石，比起那些狂暴的烽火與火葬場，到底是一片剎那天堂。假如你還年輕，爲什麼不陪美麗的姑娘們唱一支歌、跳一次舞呢？

花園一角，一棵寶塔形的日本雪松畔，兩個年輕人躺在翠色草地上，聽音樂。蓄音器播送德布西的「牧神的午後」。他們一面聽，一面同聲朗誦一首法文長詩：瑪拉梅的「牧神的午後」。年輕人約莫二十四、五歲，一副細長身材，一雙凹形的深幽的黑眼睛，高高鼻子，極皙白的微瘦臉頰，一頭棕黃色厚鬈髮，一望就知是個混血兒。他的臉龐與體型，都生得俊美，帶點女性氣息。他穿一襲藏青嗶嘰西服，打著藝術家特愛的巨大而蓬鬆的大黑領結，分外顯得瀟灑、豁脫。他是蘭素子唯一的愛兒蘭愛禮，現在完全長成了。距他大半尺遠，側臥著的，是一個穿綠色西式連衣長裙的少女，雪白的清癯臉蛋上，洋溢一派西班牙修女的嫻雅風姿，她長長黑髮披散在綠草上。那冊法文詩捧在男的手裏，少女卻閉著眼睛，應和著他，在背誦。

無論這片音樂或這首詩，都不大像人間作品。它們彷彿是一片太陽光譜，從遙遠的神秘空間輻射下來，表現一種極致的視覺沉醉、聽覺的沉酣、嗅覺的沉迷。它們是爲使官能更官能化而創造的。沒有一個音、一個字，不給人純粹官能享受。它們又像春季潤濕萬物的及時雨滴，每一個音符，每個字，深深滴入心靈花朵核心，促使一瓣色彩更鮮明，每一陣芳香更濃郁。

「蓓莉，你說，這個午後，我像不像那森林牧神潘？」男的問。

「不，你還缺一蓬大鬍子。」女的咕咕笑。

「謝謝天，幸好我沒有這蓬大鬍子，要不，我的仙女西蓮絲和我的距離將不只是現在的一尺，而是十丈了。」

「少胡說，你別忘記，西蓮絲一直是逃避潘的。」

「哦，蓓莉……」他誠懇的輕輕喚著，聲音忽然停頓了。過了一會，他低低喃喃：「再播一遍吧，這音樂太美了。」他坐起來，把滑到蠟線邊緣的喇叭下的唱針又放回起線。

「哦，蓓莉，我很抱歉，上星期天，我沒來找你們。學校招待幾位來參觀的外賓，都是法國畫家，我留下來當招待了。」

「你知道，上星期日，印先生家裏發生什麼事麼？」

「什麼？」他吃了一驚。

「哦，別大驚小怪，上帝絕不會和他這種家庭爲難的。是一件喜事，蘋芳要和瞿先生訂婚了。——你沒想到吧！」

「我早想到了，而且，我今天也早看出了。從他們倆的舉止、動作，和態度上，我約略猜出他們之間已發生的一切。」

「唔——」

「所以——所以——今天午後，我這才播『牧神的午後』，唸『牧神的午後』給你聽。」

「嗯，不理你了，你調皮。」蓓莉翻了個身，把臉轉過去。

他滾了滾，身子湊過去，又誠懇又輕鬆的道：

「哦，蓓莉，你總不至於眞正是無情的仙女西蓮絲，逃到拉東河邊，化爲一支蘆葦，叫潘永遠藉吹蘆笛和她交談吧！」

「我不知道。」她又滾過去，離他遠了些。

「哦，蓓莉，不知道不等於不同意，對不？」他也滾過去。

「我不知道。」她再滾過去一點。

「第二個不知道等於肯定問話人的提問，對不？」他也滾過去一些。

「哦，不知道。」她咕咕笑，再滾過去一些。

「第三個不知道等於絕對肯定。謝謝你！」

他也滾過去，突然抓住她潔白的右手，悄悄吻著。

一陣大笑聲猛然出現在他們旁邊，原來是小蝴、小蝶和馬爾提、喬君野的三個孩子：方方、圓圓、渝生。他們本在靠台階的草地上踢皮球，此刻都跑過來，拍手大笑著：

「哈哈哈哈！……哈哈哈哈！……藺叔叔、蓓姑姑！在——哈哈哈哈！……」

蓓莉飛魚一樣蹦起來，發現那株掩護他們的雪松，幾乎在八尺以外，他們幾乎滾到草地邊緣，接近水泥行人道了。她臉孔緋紅，直衝向話匣子，那支唱針早突破蠟線邊緣，又溜冰似地溜來溜去。

「糟糕！片子被唱針擦破了。」她急拿起喇叭管。

「不要緊！這支『牧神的午後』像天使下凡，已完成它的神聖使命，現在應該回天堂去了。」愛禮盈盈笑著。

五個孩子仍在一邊大笑、大跳，拍著手：

「蘭叔叔、蓓姑姑在打滾，哈哈哈哈！……」

「在打滾，哈哈哈哈！……」

正笑著，大家都從樓上畫室跑到草地上。瞿縈第一個跑過來，和蘭愛禮握手：「愛禮，恭喜你！」接著，她和蓓莉握手：「蓓莉，我祝賀你！這以後，你可以永遠留在這片草地上，午後陪你的牧神打滾了。」

兩個年輕人臉孔愈益緋紅了。

「愛禮，你別誤會，我們並不是有意偷看你們扮演『牧神的午後』；我和你母親偶然憑窗遠眺、閒談，無意中發現你們的。別害羞，這件事，我早就知道了。你不妨問問蓓莉。今天上午，我早就和蘭先生、蘭太太開最後一次圓桌會議，才算達成協議，完全定局。原打算在黃昏（這是一個美麗的時辰）向你們宣佈的。謝謝這支『牧神的午後』，它正好是黃昏的可愛序曲。今天午飯，我們偏攙蘭先生了，等等，我和我那位可愛的華山道士，請你們到樓外樓吃夜餐，算是小小慶祝。下星期天，你們兩對，可以同時訂婚。我特意要槐秋、蘋芳緩幾天，等你們一道，作對成雙，湊個熱鬧，圖個吉利。」

愛禮不管衆人在場，拿起蓓莉手掌，輕輕敲了三下。「蓓莉，你眞調皮，剛才逗得我眞急，起先我還以爲你——」

「我不知道！我不知道！」蓓莉掙脫手，披灑著長長黑髮，跑開去，咕咕笑著。

印蒂笑著道：「你們這裏，一切都是希臘神話，全盤希臘化。樓上畫室內充滿希臘風味，樓下草地上，也是希臘風味。乾脆讓我們仿照希臘，每次大典，舉行一次奧林匹克競技會，先來一次排球賽（當然，那時候，希臘還沒有排球運動），為你們兩對慶祝吧！」

不一會，他們當眞就兩株香樟樹間，高張白色長網，打起排球。瞿家是一方，藺家是一方，馬爾提夫婦參加後者，喬夫婦加入前者。幾個小孩子跑來跑去，拾球、搶球，不斷笑著、叫著。

「來，午後的牧神，送你一隻大氣球吹，因爲，西蓮絲不願變蘆笛，你吹不成笛子了！改吹排球吧！」印蒂發球時，故意猛擊到愛禮那一角。

愛禮低身雙手一托，傳給蓓莉。她笑著，順手用拳頭打過來：「印先生，這是華山五千仞上大流量，送給你欣賞。」

球打歪了，落到瞿槐秋處，他使勁反劈過去，笑著道：「這是婚禮跳舞會的氫氣球，蓓莉，送給你。」

圓球卻劈到馬爾提左前方，他搶前一步，不僅把球接住，竟猛擊到蘋芳那裏，笑著道：「美麗的阿蒂蘭達，送你一個金蘋果，好讓你和海王的孫子——槐秋百年好合。」

蘋芳一托，托給瞿縈，她卻反擊到駱香香那一隅，「你丈夫同宗馬蒂斯畫上的一輪飛日，請你帶給他作素描參考。」

駱香香沒接住，敗了一局。輪蘭素子發球，他笑著，發到瞿縈那裏：

「印太太，這是未來飛向月球的火箭飛船，請你轉送給印先生，他日夜想飛往月亮上呢！」

瞿縈彎腰接住，托給槐秋，他又轉傳交印蒂，是一個高球，後者跳起來，猛力用雙手壓下去，壓向愛禮，球很峻急：「愛禮，快過八月節了，請你吃個特製的大月餅，賀喜的月餅。」

蘭未接住，又輸了一局。

「不行，我們輸兩局了。」馬爾提笑道：「都怪愛禮，我看他滿腦子都是西蓮絲、東蓮絲的，哪有心思打球啊！我要驅逐他出境，讓他們兩個分開了。」

大家不禁笑起來。衆人笑著、鬧著、跳著、打著球，正打得起勁，窗台上出現灰白頭髮，身材頎長的女主人Ellin，慈祥的笑著，喊：

「孩子們，茶點準備好了。上來吃點心啊！」

蘭太太腰間繫著白色圍裙，不斷向大家招手，又用法語對兒子道：

「愛禮，今天是你好日子，你得好好給客人們獻茶呵！」

「不，獻茶還不夠。晚上他得獻酒才成。」大家笑著喊。

夜裏，在樓外樓的筵席散後，大家又回到蘭家，蝟集客廳。幾個畫家要求印蒂談談他的人生哲學，作爲這次週末歡聚的最後一個節目。

「印先生，許多年來，我在畫面上所追求的，都奉獻於你眼前了。你二十年來所追求的，也應該告訴我們一點消息。」

大家鼓掌歡迎。

「要用一席話，說清我多少年來的感受，根本不可能。我正在寫一兩本書，談這些。今夜，我只能和你們隨便談一個小題目，談一點可能與藝術有關的思想斷片。這不算是我正式的人生哲學，只能算是它的一個小小插曲，或小小序曲之一。當然，這是一些還沒有成熟的思維。希望大家指教。」

八

有許多感覺，將來我們一定要起大變化。比如說，幾十年內，或一百年後，或許在我的晚年，我可以旅行月亮，甚至作個短期居民。假如那樣，首先，我們的精神狀態，就要比在地球上動蕩得多。在月球上，因爲沒有氣體壓力，人像在水中，有一股浮力，不斷使我們肉體浮起來，幾乎是一個游泳者的感覺。一切地球詩人所夢幻的飄然境界，在月球上，每分每秒都可達到。我們現在的感覺基礎，是地心引力和大氣壓力，它囚禁且約束了我們，也帶給我們一種偉大穩定、平衡。踏入月亮後，這種穩定消失了，肉體不斷處於浮動狀態，一種類似魚的感覺。如果一個人從小就誕生於月球，這種浮動感，對他是自然的，對我們，將是一份新異的經驗。經過一串驚奇詭譎的刺激後，可能，我們又深刻懷念可愛的地心引力和大氣壓力：它使我們肉體穩定，心靈謐靜。如果處在那種永恆浮蕩中，「飄然」兩個字，對我們也不再新穎。不成問題，生活於那片浮動感中，有一些新鮮感覺會起鏈鎖反應。一個詩人將產生地球上所沒有的許多感覺，那是此刻我們無法幻想的。在那些新感覺中，人類（如果暫居住月亮上）的哲學、宗教、藝術、文學，可能多少發生變化。這樣，目前我們在地球上所產生的世界觀，哲學思想，也只稱是許多星球中的一種。在月球或火星或其他星球上，它們肯定將屬於地球的回憶部分。

未來星際旅行中，我們平日所謂「上下」感覺，將發生變化。離開地球後，那種以大地為準的「上下」感、左右感、前後感，不像平時那樣存在於高空，代替的，是強烈的四方感，那種四面八方的感覺。人生活於高空宇宙飛船內後，這種「四面八方」感，加上旋轉運動感，潮水樣從四面八方洶湧而至。一種恆久的運動感覺代替靜止感。這時候，只能臨時以船艙空間或人體空間為準，才能產生上下左右前後感。然而，面對那無際無限的太空，這種感覺，遠不再像我們在地球面日常生活中那樣突出和重要。在地球上，它們安排了我們一部分的物質秩序，也就是——生活秩序。因為，它們象徵人類生活中的空間秩序，而後者也就決定了人類的物質秩序——生活秩序。無論穿衣、吃飯、睡覺、走路、開車，或小自佈置房間，大至建築摩天大廈，前述上下、左右、前後（包括正左、偏左、正右、偏右等等，以及由此連帶而生的東西南北方向等等），等等感覺，都起巨大作用。舉一個小例子，你吃飯，菜必須盛到盤子上（即盤內），而不是置於盤子下（即盤底），那樣，將會混亂。……然而，在未來星際太空，這類形成我們生活的物質秩序的一些方向感覺，將不再像平常那樣起大作用。照目前科學發展，人類將來，至少有一部分——或一小部分生活，大有可能消磨於太空，即使還不能消磨於其他星球。那時候，這種太空感覺，將逐漸影響我們在地球上的感覺，是很自明的事。再舉例說，因爲不起上下作用，未來由火箭推動的宇宙船艙中，水就不能從水瓶中倒出，用力抖動後，水出來了，卻是一個巨大的圓形水滴，由於慣性，這水滴不斷飄動於空中，即使我們像捉蝴蝶似地把它捉到杯中，它也會沿玻璃杯形成很薄一層，向杯子外面蔓延到人手上、衣服上、鞋子上。儘管空際生活無比偉大，人喝一杯水，倒比在地球上困難得多。試想想，有一天，人假如在太空造成千千萬萬巨大的透明水滴，又像雲，又像水晶，人喝一杯水，須像撲大鳳蝶一樣，撲水、捕水，而它又那麼靈敏的蔓延、滑動，如水銀。這是一個多美麗的場面。這不是神話，這是科學。（科學家當然會解決這類困難，使宇宙航行員在太空如在地球上一樣方便。）……此外，我們另外一些感覺，也隨離開地球而發生變化。不過，這要等一些哲學家、藝術家、文學家飛入月球後，才能把這些新感覺、新思維帶回地球。一般宇航員不見得能有這種新感覺的靈感。

幾乎每一個偉大哲學家和詩人，都羨慕偉大的宇宙最深處。我們嚮往它，像崇敬一個炫異的神。暫不說宇宙最深處吧——誰也不知道宇宙究竟多深多廣！先談談地球以外的太陽系宇宙深沉空間吧！那就比我們想像的可怕得多。在宇宙深處，有宇宙射線，能量達幾千萬萬電子伏特，它將射穿任何保護物或防禦體。那裏，宇宙粒子碰到人體分子與原子，會把它們變成電離子。電離子如果擊中原子核，將引起核爆炸。地球上，今天人類經過如此艱巨複雜的過程，才形成第一次核爆炸；在宇宙深處，很容易就完成它，而且，人類肉體本身，也能簡單的形成核爆炸。你們想想，我們所嚮往的宇宙深處，是不是很可怕？

我看，今天科學有點像「天方夜譚」那隻瓶子裏的妖魔，漁翁——人類，打開瓶子後，立刻發現，他可能帶給自己無窮危險，最後，只得設法又把妖魔哄騙入瓶中。也許，科學本身並不這樣可怕，但它揭露的宇宙眞實形相，卻異常可怕，絕不是玄學家所形容的「第一因」那樣簡單、樸素。首先，太陽系的宇宙深處，就比地球上任何一座大海底層可怖得多。（大海底，即使有危險的星鯊，又美麗又危險的海菊，但也有另外許多綺艷的魚群。）幾千年來，萬千詩人讚美歌唱過的月亮，其實也是可怖的。自然，另一方面，科學也增加了我們許多物質享受、官能的享樂。一切最奇麗的，都含有可怕的成分。目前正在進行的核爆炸，就含有毀滅地球的決定因素。有許多感覺，我們將漸漸排除，特別是，那種最固定的凝一感覺。未來，一切將不是固定的、凝一的。人類將像一團火，噴到哪裏，活到哪裏，也可能有一天，活活燒死自己。此刻，反覆的核試爆，尙未毀滅這個星球之前，先將毀滅一切生命的穩定感覺。

未來愛情，不是穩定的，肉慾不是穩定的，財產不是穩定的，流血不是穩定的。而一切不穩定本身，也不全有一種不穩定的穩定。沒有人深刻知道，地球將向哪裏去？全部星球生命，將有怎樣結果？目前，地球仍像一架無人駕駛的飛機，已經自動沿行星軌道旋轉了幾十萬萬萬年，將來，它仍這樣旋轉下去嗎？會不會由於一種宇宙外力，它突然改變軌道，把我們帶到另一片陌生的星際空間，因而使現在的人類生活完全不可能？或者，全然改觀？

無數種變化等待人類。目前，有些國家，人類已開始多少改變某些官能感覺，將來，這種改變形成巨大革命。首先是，今天少數科學家的感覺，將來會變爲一般人的感覺。少數冒險家的生活，將成爲一般人的生活。

獨坐海濱，我們不只看見它美麗的水色，與神妙的透明度，我們將聽到海草吸收碘的聲音，把它濃縮於自己纖維膜裏。我們會感覺水的重量的變化，和海中鹽分溶解的差異。我們將精密的意識到高潮間隙和低潮間隙。我們也能透視各種海水元素的循環，那種微妙的景象。我們更能很容易的從海面直觀最深海底，那無數千萬美麗魚群在神話性的水流中游泳著。我們自己，穿上防護性的潛水衣，也可以參加牠們的嬉戲、廝鬥。假如我們願意，我們將順水而下，從太平洋漂到大西洋，——在海面飄，或在海底游，像汽艇，像潛水艇。

未來人類感官，將無比銳利、精細。遊公園時，我們可以傾聽各種花草於地底吸水的聲音。在空中，可以看到九十二種不同元素的光譜。夜晚，每一個人將像生活於偉大天文台，頭上是整個宇宙空間，火星的光，土星的光環，水星的運動，全會清晰的投映入我們視覺。……假如願意，我們也可以看見各種細菌在我們肉體裏活動的場景。……當然，這一些，要藉助各種科學儀器與器具。

這種絕對細密的官覺，將使我們無比冷靜。但由於它帶給我們本能的深刻刺激，人類將演變得更衝動、更活潑、更充滿兒童好奇心。和現在生活相比，未來的地球生活或星際生活，可能將是一個神話世界。在這一世界裏，人類有可能萬能化，絕對自由化。因爲萬能，幾乎無所不能，無所不爲，因而也就獲得空前自由。除了摧殘別人自由的自由外，一切自由願望都應該自由滿足。

那時候，我們每人背上可能裝小小飛機翅膀，鳥一樣到處飛。（甚至不需裝翅膀，只需帶一種輕便機器。）更可攜一種輕便機器，變成火箭，光樣從這一洲沖到另一洲，只要一兩點鐘，或一、二十分鐘，就像我們現在乘公共汽車，從這條街到另一條街。喜馬拉雅山頂，成爲我們住宅邊親切的小山，隨時可以攀登。北極愛斯基摩人，也是我們鄰居，隨時可以往還。今夜，我們不妨飛上月亮，到靜海濱散步，明晚，我們將在星際深處飛船上夜遊、跳舞，正像夏夜在黃埔江水上飯店內消遣一樣。

未來人類可能萬能化的結果，人類生活是無比幸福了，可也充滿更多的威脅。因爲，那時，一個人要危害另一個人，是更方便了。陰謀將是輕易兌現的支票。仇恨將是一種大衆化的傳說中的死光。爲了保證幸福本身的安全，人類的倫理原則與境界是更重要了。

由於感覺不斷猛烈運動、變化，人類精神將不易取得穩定。如此，我們將更需要一種哲學的平衡、和諧。人必須藉助於眞正透明智慧，來保衛自己的幸福，與生命的綿延。

因爲未來幾乎是一個神話世界，我們必須探索創立一種神話式的哲學與信仰，以便適應那神話式的新現實。基督教和其他一切宗教，雖具有豐富的神話性質，但形式與內涵似乎都嫌有點陳舊了。其他一些信仰，也太單純或落後了。人類必須從未來神話式的科學新現實中，建設一種又神話又科學的人生哲學與信仰。人類必須創造一種透明的無上智慧境界，來享受那夢様的未來幸福，還得相應的產生一種簡易的道德原則，保護這種境界與享受。「我要」與「我不要」或「我不可要」之間，必須朝創一種均衡。

目前世界精神大潮流中，有兩種主流。一種太偏於「我要」，一種太偏於「我不要」。前者是絕對的浪漫主義，後者是中世紀的僧侶思想。

肉慾與極度本能的泛濫，是當前新大陸與舊大陸的一大弱點。假如不稍稍節制，它將縱任世紀末的頹廢哲學又一度廣泛流行。縱慾並不是時髦藝術，它寧是最古老的本能戲劇。古代巴比倫和羅馬，早就有過這方面的豪華紀錄。阿拉伯帳篷中，也放射過類似的火燄。沒有人否認肉體的歡樂，但必須與古典明淨的長堤相結合，才能抑制那隨時會沖毀一切的洪水。

人類不是從今天起開始談節制的。但今天的節制比任何時代都難談。因爲，節制者本身，也同樣耽溺於肉體，僅僅程度不同而已。最困難的正在「困難」。一切智慧端賴釐定一種合適的程度，並加堅實的防守。永遠的進攻與適宜的防守，總是互相配合的。

以後，我們還有機會談論平衡或和諧。

中古僧侶哲學和近代清教徒運動，（我把某種過激主義看成是現代清教徒運動。）實際上是古代斯巴達觀念的另一種翻版，只不過更趨極端而已。關於這個，我想，不需作很多理論辯駁，它們自己就會逐漸黯然無光。今天，多數人對沙漠圓柱頂上的聖者，已不感興趣，只當他是一個變態的怪人。除了那種跡近瘋狂的狂熱和極頑固的意志外，這些聖者身上，沒有什麼値得吸取的。不管是怎樣可驚的意志力，但一與狂熱或愚昧相黏結，除了悲劇，再不能帶給我們別的。歷史上，這類悲劇是太多了。

現在，我們談平衡。一切問題中，這似乎是一個最簡單的題目，其實，卻難極了。

平衡的追求，是由於權威之消解。當單一的帶獨斷性的靈魂權威瓦解了，生命便找尋平衡，那種大複雜中的和諧。假如我們把平衡也看成單一的、一元的和一元化的權威，這種追求將是輕易的，但結果仍回到一元論的老路上。如果想把一片大海水似的精神狀態，納入和諧，不僅是自然的和諧，還是人工的藝術的和諧，那麼，這一工程是艱鉅的，比揮舞權威性音樂指揮棒難得多了。

假如把平衡看成一種絕對，一種單一，那不是錯誤，就是誤解，至少，也把它太簡易化、原始化了。這種趨向，最好的表現，是希臘式的平衡。許多方面，它都值得謳歌，但那仍是原始化的平衡。由於原始肉體健康飽滿而產生的靈魂謐靜，那不是現代的平衡。雅典方圓僅幾十里，人口不過幾萬人，這種雅典平衡不可能包括現代整個太平洋海水與大西洋風浪。

平衡不可能絕對，只能相對；不可能永恆，只能暫時。有時，甚至是刹那。但刹那連刹那，暫時加暫時，就可以鏈鎖成永恆。無數個相對，就可建築絕對。有青年的平衡、中年的平衡，也有老年的平衡；有男性的平衡，也有女性的平衡；有強者的平衡、健者的平衡，也有弱者的平衡、病人的平衡；有歡樂者的平衡、勝利者的平衡，也有憂鬱者的平衡、失敗者的平衡；有早晨的平衡、中午的平衡，也有黃昏的平衡、深夜的平衡；有沙漠的平衡、高山的平衡，也有大海的平衡；有成熟的平衡，也有不成熟的平衡；有純粹肉體的平衡、有純粹靈魂的平衡，也有兼具靈魂與肉體的平衡。

有各時間的平衡、各空間的平衡，也有各事業的平衡。

平衡是複雜的，絕不是簡易的，像基督教的靈魂平衡之適宜於各時間、各空間、各種人、各種事一樣。

追求平衡不只是找尋靈魂寧靜，更是找尋無上智慧。不只是回答問題，也爲了提出更犀利的充滿啓示性的新問題。

人們不能求得極精確的數的平衡，或量的平衡，只能求得質的平衡。白雪的反光率最高，其次是石頭，再其次是肥沃土，一般土壤反光率最低。各種不同質地，有各種不同反光率。不同的人，所表現和反射的精神平衡質地，也不同。質的平衡是就每個個體而言，在此個體與彼個體間，質的平衡仍有差異。而且，我們所獲得的，還是大體的平衡。到現在止，世界上還沒有一種儀器或精密的儀器，能測定人類精神的平衡度。

一般說來，大體上，我們只要內心恬靜、愉快，沒有巨大衝突、矛盾，就認爲自己已經達到平衡了。其實，這是一種防守的平衡、靜的平衡。當我們不喜歡這種平衡，寧願驚濤駭浪、出生入死，而仍愉快寧靜時，我們就達到進攻的平衡、動的平衡。前者是享受性的生活平衡，後者是戰鬥的平衡。不過，無論前者或後者，依舊不是那最高的平衡。只有當我們悟道後，滲透本體，又重新擁抱人間世，把中外古今各種思潮靈浪，融會貫通，統一於一身，這才達到眞正峰巔式的平衡，也可說，一種相當永恆的和諧。

不過，雖具有這種巔峰平衡，也不能說永遠不再遭遇危機。擁有這種平衡的大師，假如置身於塔克拉馬干大沙漠，遭遇斯文赫定式的五天斷水的絕境，他的靈魂平衡，可能受到巨大衝擊。然而，即使如此，面對這種危機，這類大師仍較常人恬靜愉悅得多。因爲，具有這種平衡的人，靈魂裏沒有死的陰影。

同樣，具有這種平衡的大師，也仍需要持久的保衛它、鞏固它，否則，在類似上述危機或其他危機中，可能仍會全功盡棄。一些古典平衡，只是理智或理性的平衡，我所謂平衡，加上感情和感覺質素，也增添了意志的堅韌力。

不管怎樣一個具有精神平衡的大師，偶然也有他不平衡的時辰。我們所謂平衡，是包括其中不平衡處。當然，總的說來，不平衡處，應遠不超於其平衡處，否則，那就是某些基教徒的心理狀態，在無可奈何的衝突矛盾中，強用獨斷一元論加以鎮壓。我們的平衡，是指：經過空靈的智慧的沙濾器後，一切最渾的水也澄清了。

其實，平衡也不完全是固定的，說某時平衡了，就永遠一直如此。不，它有時仍有演變，運動於運動中，求得各種精神趨勢的總平衡。雖變、動，卻像流水，它在河床內的總空間是均衡的，它的流速大體也是平衡的，水面的比較靜，面下反極度震蕩，或偶爾極度震蕩之間的互相關係，也是平衡的。這是發展中的平衡，運動中的平衡。動，不僅是它外層動作，也是它的內在動作——它的潛流。正如水的流動是由於它內在的潛流，而它的表面形相，大體仍是寧靜的。

平衡不是把千百枝花朵搓揉成一朵花，把各式各樣不同成分捏成一個，像麵包師捏麵團一樣。這種平衡，只能說是古老的獨斷一元論，不是我們所捕捉的新鮮平衡。新鮮的平衡，是把我們靈魂創造成一座花園，不是把它變成一隻花盆，更不是使它變成單純的一朵花。古典的平衡是理性或理智的平衡。人們一談平衡，很容易想起古典平衡。現代平衡，是所有精神狀態的綜合和均衡。有一個時候，可能，靈魂狀態較偏於感情；另一個時候，可能較趨於理智；再一個時候，意志力顯得特別凸出；又一個時候，它洋溢著濃厚實踐氣息；更多的時候，這四種不同傾向相互影響。甲含乙、乙蘊丙、丙包丁、丁括戊、戊又藏甲。人類的靈魂，同一秒鐘內，不可能同時盛開這四種相異的花朵，除非那是精神的混亂與瓦解。並且，人也不能在同一秒，開遍這四種花裏的任一朵。因爲，每一朵又分出同質同類不同形的許多朵，正如同是菊花，品種與形色卻有幾百種。當你靈魂中出現雪萊色調時，那就不是拿破崙的色調；另一個時候，當你精神狀態具有斯賓諾沙風格時，那既不是拿破崙的，也不是穆罕默德的。同是詩人色調，在雪萊以外，還有但丁、歌德、李白、拜倫、濟慈那一串。同是哲人的，除了斯賓諾沙，也還有康德、王陽明、黑格爾、尼采、叔本華那一群。

儀態萬千的精神風姿中，整體方面，我們只能求得一座大森林的平衡；分體方面，我們只能達到一棵樹的平衡；個體方面，我們只能保持一根枝條的平衡或一片葉子的平衡。最主要是，我們必須給每株樹、每朵花以適宜位置。何時你應湧顯莎士比亞的波浪，何時你應放射林肯式的光輝，何時你噴吐柏拉圖式的火燄，何時你應沐浴於歌德的聲音，你只要安排得當，使各個方面和層次相互和諧，你就可以享受現代平衡。就這一點說，現代平衡是一齣極複雜的多幕劇，你一身要演盡各式各樣角色。其中最主要的，是詩人哲學家的角色（我們認爲倫理是美與智慧的果實），你有能力使這不同的許多方面不衝突、不矛盾，如中古偉大的哥德式建築，完成多樣的統一，那麼，你也將完成偉大的現代平衡。

就總體說，平衡只是一種象徵。就分體或個體說，那仍是一種實踐，隨著某一時空，不重彼即重此，不是那朵花的光色壓倒這一朵，就是這一朵壓倒那一朵。

因此，所謂人類精神偉大的平衡，是指全人格的整個靈魂活動過程。不過，作爲這一過程的重點突破，以及重要結論，卻是參悟道體。由悟道後所產生的精神嶄新狀態，滲透整個人格，因而完成最高的深度平衡——宇宙的平衡。否則，那依舊是較通俗的平衡、較膚淺的平衡。此外一般宗教所追求的，只是簡單的道德的平衡，和人格擬神化的神性平衡，那是古老的平衡，不是現代平衡。

關於這類平衡，假如可能，將來我會專門寫一本書，仔細分析它。我想說的，很多很多。今夜，我只能和你們談一點輪廓和序曲。這裏，我還要談論與平衡最有關係的一點，那就是：任何一個追求平衡者，他本身絕不可以產生一種絕對的權威、權威感，或一種權威原則。多少年來，在靈魂王國裏，我們最大的錯誤是，（包括我自己。）希望有一個字、一句話，一個最簡單的原則，能構成我們理性聖經與智慧魔杖。只要我們一揮舞魔杖，或口誦經文，一切最大的山岳，會從我們身邊移開，一切最可怕的迷霧，會從我們面前散去。我們不是追求智慧，是找尋智慧的魔術和理性的符籙。這種追求，如果發展到極度，將造成靈魂的惰性，與思想的懶散。世界上並沒有這樣一個字、一句話，或幾十句話，或一個原則，能一了百了，解決一切問題。科學也不能。綜合的科學全體，也只能解決人類一部分問題，卻不是全部。任一個字、一句話，或幾十句話、幾百句話，或一個簡單原則，絕不能建立一座複雜的綜合的永恆宮殿。只有在單純的情感肯定上，有時，或許能。例如，爲了「愛」或「恨」這一個字，我們可以交付我們一生。其他的每一個有權威意味的字如「貪」、「慾」等等，也仍屬於「愛」或「恨」的範疇。目前，各式各樣信仰或理性，雖然包含某些理性成分，歸根結柢，在情感上，它們的起點和終點，都不外乎這兩個字。

這兩個字，不能代替一切透明的智慧和深刻的思維，更不能代替全部理性。就神秘性說，情感比思想複雜。就科學性說，思想比情感複雜。我們固然不拒絕情感的單純性與一元性，卻更重視思想的千變萬化性。這對於平衡觀照者，更是如此。我們必須把千迴萬轉的純思溶入和諧與平衡，像中古藝術大師，把複雜的建築藝術表現形成哥德式的多樣的統一。這需要更廣潤的智慧、更廣大的胸襟、更美麗的涵養。在這方面，古代東方人——特別是中國人，似乎達到可驚的紀錄。

某些宗教，某些政治思潮和現代信仰，它們主要的毛病是，沒有認清上述的分別，誤把情感的偏執，演化爲理性的偏執，卻又否認這一客觀事實。其實，情感的特點是偏，無偏不成情熱或狂熱，理性與思維的特點，則在不偏，唯不偏，才能清明如鏡，燭映萬象，觀照宇宙永恆本體。這兩者雖似南北極，但並無不可平衡的根本衝突。它們雖常有糾葛，只要我們認清界限、性質、程度，何時何地宜偏，何時何地宜不偏，這就可達到兩者的平衡。所謂去執著，也有最大限度，如生命絕無一纖一毫所依所執者（如腳執著於地，手臂執著於肩），那是荒謬。但最低最必要的所依所執——所謂現實最低地，不是一偏了事、一執了事，而一了百了。同時，只有在程度和比較上，來衡量超脫、平衡，與和諧，才能達到眞超脫、眞平衡、眞和諧，而不是毫無比較的挑剔明靜觀照，因而終於否認這種觀照的可能性和客觀性。有成千成萬事實足以證明，追求高度精神平衡者，常具有極寬大的胸襟與超脫的氣度，比起某些政治狂熱者和宗教狂熱者。

總之，我們絕不可以希望以一種簡單原則，一勞永逸、一了百了。這寧是一種懶惰的原則。用任一種機械的獨斷原則，機械的武斷一切、圈套一切，這是原始蠻人的辦法，也是一些傳統信仰最省事、最節約，也最不可救藥的辦法。人類的高級文化應該不是這種精神狀態，它應該建立若干流動的彈性的人生眞理原則，以便極智慧的適應一切。某些傳統的權威原則，應該予以修正。可以有一些近似權威性的思想，但它本身仍不可以帶權威氣質，它更不應該妄圖霸佔這個世界，把它自已造成地球上的唯一的獨斷力量。目前有人有派系正想在這個地球上建立這種力量，所以我們反對他。

說到這裏，印蒂結束他的談話。他笑著道：

「今天，我們在藺先生畫室裏所看見的，就不只是一種獨斷權威。雖然它的藝術——把舊圖畫革新爲新圖畫的革命藝術，幾乎是跡近權威性的，但不是單調的權威、一元性的權威，它是藝術若干複雜面的和諧與統一，一種人類精神的平衡力量。」

九

下一個星期天，是槐秋、蘋芳、愛禮、蓓莉訂婚日，他們決定晚上舉行簡單儀式。上午，他們兩家人泛舟湖上。前一天，林欝夫婦正旅行H市，他們也參加了。

湖面是這樣輕快、嫵媚，薄薄敷一層淺藍色，是那樣薄，正像名貴的巴黎脂粉，敷上後，如未敷。山、山影、樹、樹影、堤、堤影，特別是湖心那三片美麗的圓圓綠色空間，以及它們的圓圓影子，似都染上這片微微透明味的藍。是有點透明，但透不徹底，明不發光，彷彿這不是純藍或亮藍，是染了點別的色素的暗藍。這色素，是淺淺霧色，有點灰，可灰得帶亮，不是濛濛灰色。特別是，大部分時間，陽光在暗下去，湖面山水就塗抹這層灰與藍之間的色調。它的色彩不燦艷，有一種樸素的美，單純的緻麗，是沁人的雅淡，一種靜的灰的色澤。在這裏，整個宇宙，哪怕是最多元的，也一元了，最複雜的，也統一了。這個秋季午後，水是那樣清淡，山是那樣謐靜，這淡，這靜，給人一份哲學的寧馨。人變得極輕極輕，似乎是在月球上散步，肉體有點羽毛樣在空氣中飄，連每一條思想的粼紋，每一片慾望的微波，都會在這一派輕柔的空間肉體上划一條痕跡。這時候，水裏的魚、天空的鳥、岸上的樹、園苑的花，都沾哲學味。一草、一石、一影、一光，全能深深的、美麗的沉思。秋天的岑靜色素，化爲一縷溫柔的和音，散敲著生命的聽覺、靈魂的壁層。

與其說是暗藍色的湖，不如說是淺灰色的湖。

「我從沒想到，灰色是這樣美。」印蒂輕輕說。

「我從沒想到，灰色的影子是這樣美。」瞿縈低聲說。

「連那些綠色荷葉似乎都是灰色的。」瞿太太慢慢說。

「這一片湖水，彷彿是影子編織成的。」陳雨緩緩說。

「這不是純粹灰色，有湖水淡藍的反光。」鄰船上老畫家低低說。

「這很像元朝畫家在宣紙上著的那些最淡最淡的淡墨，淡得如影子一樣。」喬君野輕輕說。

「不，這像印象派蘇拉的風景畫，只缺少一些神秘的點子。」馬爾提淡淡說。

「不，點子是有的，在看不見、聽不見的嘆靜中。」李茶細聲說。

「這樣靜靜靜靜，像一個古代東方宮女在畫她的黛色娥眉。」駱香香輕輕說。

「不，是一個巴黎少女對鏡插一朵玫瑰花在鬢邊。」藺太太用法文說。

「蓓莉，我以爲我們不該再划槳了。」坐在船頭上的愛禮低低說。

「沒有人聽見水聲。」她悄悄答。

「可我們能看見水聲。」許蘋芳在隔船上輕輕說，她停下木槳。

「假如這槳是影子，不，槳聲也是一種影子，多美。」她旁邊的瞿槐秋停下槳。

「這整個湖是一面梳粧鏡，現在，我們都要變成少女，對鏡插花。」印蒂輕輕說。

「『插花前後鏡，花面交相映』。」瞿縈輕輕背誦溫庭筠詞。

「哦，世界靜極了，比影子更靜。」陳雨沉思道。

「現在，我們的船，是一個灰色僧人，在深山古寺靜坐參禪。」印蒂微笑道。

不知從何時起，船停了，仍微微在水上幌動。

每個人的話聲低極了、輕極了，似怕每一個字變成小石子，敲破這一湖幽靜。

他們聽見一直沉默的林鬱的聲音：

「但願這個世界的每一片灰色都有這樣一片美。」

「不，湖水不會永遠是灰色，只要有一點變化，它就完全改變了。」這是印蒂的喃喃聲。

果然，幾十分鐘後，太陽又像一尾紅色金鯽魚，出現天穹，這隻巨大藍色玻璃缸內。霎時間，湖、山、水、樹，都幻變了。湖，一個混織著暗藍色的灰衣女尼，突然誕化為一個橘金色的女人。哲學的靜面破碎了。光流動著，風流動著，水流動著。一幅彩色的三稜鏡幻片佔領巨大空間，花樹草石的哲學味，轉為一片粼動的音樂。隨著天空那尾偉大金魚的游泳，水上一些光與色都游動了。水氣和濕度中有荷葉香氣。樹氣氤氳中有柳香、榆香。荷水香流到船頭。象牙紅紅到船頭。到處有花噹葉子，波噹船舷，光噹水影，魚噹船底，山噹雲朵，風噹花枝。木槳撥起緩慢的古沉的音響。花、水、山、魚、風、槳，有光有色。槳上的水滴，一顆顆，珍珠樣閃光，隨著陽光，一鱗、一爪、一樹、一橋，都生香活色，充滿彩色旋律。在這個彩色時辰，船上某些人漸漸忘記幾十分鐘前的寧靜哲學記憶，被一些虹色的想像帶子所纏繞，不禁想起那些紅入夢中的吻，那些低鬟半鬢的美麗髮鬈，那些繞室的茶香或咖啡香。

「現在，湖已扮飾一尾金鯽種金魚。」印蒂笑著說。

「不，是紅色朝天龍。」瞿太太望著湖水。

「不，是光背龍睛。」陳雨輕輕說。

「是花扯旗水泡眼。」瞿縈望著槳上水滴。

「是火眼黃高頭。」喬君野用手指撩著水波。

「是喜鵲花龍睛。」藺素子笑著說。

「是彩色龍睛。」馬爾提說。

「是彩色文魚。」李茶笑著說。

「是花蛋鳳。」瞿槐秋說。

隨著印蒂的聲音，人們說出一大串金魚的名字。印蒂笑道：

「我的觀念改變了。湖不是一尾金魚，它現在是一頭鸚鵡。」

「不，是一隻蝴蝶。」瞿縈笑著說。

「是一朵瓜葉菊。」許蘋芳說。

「是一朵海棠花。」駱香香說。

「是一片正午的雲彩。」藺太太說。

「是一杯葡萄酒。」林欝說。

「是一個少女的嘴唇。」藺愛禮說。

「是一塊調色畫板。」藺素子說。

「是一曲藍色多瑙河。」蓓莉說。

「是一本燙金的紅面帳簿。」瞿槐秋大笑起來。

「槐秋，你有意搗亂，應該罰你。」印蒂說。

「罰什麼呢？」許蘋芳問。

「罰他把銀行裏的那本帳簿從頭背到尾。」

大家全笑起來。笑談著，這時船已到孤山公園。印蒂笑著道：

「好了，金魚蝴蝶也好，瓜葉菊海棠也好，正午的雲彩與藍色多瑙河也好，少女的嘴唇與調色板也好，哪怕整個西湖眞正變成一杯葡萄酒，也不能滿足我們空虛的胃囊。現在是正午了，讓樓外樓的噹噹鐵鑊聲來迎接我們吧！別忘記，今天是我們四位好朋友的喜日。」

午宴是瞿、藺兩家親友聯合作東，由印蒂、林鬱、馬爾提他們宴請兩對未婚夫婦。晚上，決定在老畫家客廳擺三桌酒，由藺、瞿兩家回請客人。除上述一些人外，還邀請兩家的近親和知交。

午飯後，他們繼續泛舟。船泊蘇堤橋洞時，幾個畫家在船上畫速寫，其餘的人登岸，散步堤上，一對對的，正好四對。瞿太太和藺太太湊成一對。駱香香留船看丈夫作畫。

這些派對中，瞿槐秋挽著許蘋芳手臂，單獨沿柳邊草地上走著。不知怎來的靈感，他現在竟變成一個詩人，輕輕對她耳邊喃喃著：

「有些天氣，眞叫人累。有些石頭，眞叫人累。有些花朵，眞叫人累。有些字眼，眞叫人累。而一切有機無機生命中，最叫人累的是──你，哦，那是一種情調，一派感覺，一片官能。人一陷入，永遠是從疲倦到疲倦。你正是這種感覺的象徵，不，化身。

「有時候，生命叫人太累了，人就追求另一種累，讓它把自己淹沒。假如我們成天沉浸於玫瑰花中，視覺會累。這另一種累，也有點像玫瑰花的包圍。男人們慣用長矛包圍敵人，女人卻用玫瑰花包圍敵人。常常的，玫瑰是一種比長矛或原子彈更可怕的武器。羅馬帝國不死於敵人戈矛，而死於玫瑰，正因爲這些花朵先叫它癱瘓，徹底解除武裝，過後，北方日耳曼蠻人才輕易的進入羅馬，幾乎如入無人之境。忽必烈建立一個偉大的元朝帝國，最後他的末代兒皇帝卻被玫瑰解除他的武裝。隋煬帝是一個偉大英雄、武士，卻赤裸裸的死於玫瑰叢中。

「有些話語，有些動作，有些姿態，是殘忍的。『我去了。明天見。──明天見。』揮一揮手，輕輕的或重重的關上門，輕輕的或重重的走上樓，……在某些時候，這會是殘忍的。聽見或看見這些，我的心就沉下去了。我們是不是可以永遠從字典中刪去這些字，從書本中永遠削去這些話？我們是不是可以永遠停止這些姿態、動作？

「在嘴巴上，一千個『不』；在心深處，一千個『是』。人就會把這兩種絕對相反的扮演得那麼一致、和諧。人這架機器多古怪。也許，我們生來是矛盾慣了。我們的腦子與心靈，從來是兩個半球。我們的嘴唇，常常不屬於自己肉體，它是不固定的水上浮標，在指示什麼，卻又浮來浮去，與眞正的水位無關。

「這天氣，能叫人解除全部武裝。假如我在戰壕內，我會脫下靴子，剝開軍裝，扔掉鎗和子彈帶，一個人悄悄的，走到任一座樹林中，草地上，躺下去，靜靜呼吸陽光和雲彩。在這種天氣流血，是一種最大殘忍。

「讓我們臂挽臂，靜靜的，沿這條充滿樹影的草地走去。只有在這樣氣候裏，我才覺得：自己完全屬於你，你也整個屬於我。不需要多談詩，多講情話，季候本身就是詩與音樂，一些美妙的詩句、音浪，不斷向我肉體深處流去，又從我眼睛和嘴唇邊流出來，向你的形體內層射進去。」

說到這裏，他停住口，溫柔的望著她。她笑了，用臂膀緊緊回應他的手臂。

「槐秋，今天下午，你的靈感，竟如此豐富，完全不像一個經濟學家，卻像一個詩人了。」

他臉龐充滿感情。「只要是在一個美麗少女旁邊，連殘忍的羅馬皇帝，恐怕都要變成一個眞正詩人；你想想看，……」

她不開口，頭溫柔的倚住他的肩。

這天夜裏，晚宴結束，藺愛禮與蓓莉悄悄溜出來，再度踏上蘇堤。他們決定散步到十二點，以紀念這個幸福日子。

一面走，一面像作夢似地，愛禮對她輕輕道：

「我願意，在黑暗中，偎傍你，緩緩散步，一種極慢極慢的節奏，走走、停停，像雨快歇了，簷溜間仍有一滴、兩滴，滴下，輕盈滴在水缸中。我們也可以把步子變成這種雨滴，極空靈幽妙的，向蘇堤上滴著。

「只有在昏暗中，肉體整個淹沒了，靈魂浮在黑暗海面，像夜明魚一樣閃耀。這時候，你完全忘記我的形相、肉體、時間，只呼吸到我心靈的芳香，它像蘭花似的芳異，只聽見我的聲音，會像鋼琴般地琤琤琮琮流響──聲音是靈魂的最高表現體。在聲音海洋中，有時，沉默是更崇高、更美麗的音樂。

「一個人，不動、不說，沒有手勢與表現，有時卻有一種微妙的音樂從他肉體流出來。有就有、沒有就沒有。具有這種心靈的生命，那光華，能從襤褸衣衫中閃耀著。主要不是形，不是量，是那種優美質地，它是滲透肉體每一粒細胞的光明原素，一種超越一切年齡與時間的美。

「我偎著你身邊走，輕輕的、幻覺的，獻給你一朵朵花——這是我的聲音。世界上有紅色的、藍色的、紫色的、白色的花，也有紅色的、藍色的、紫色的聲音。是的，獻花，有聲的花，不是無聲的花。正是這些聲音，把這個黑夜改扮成一片明亮的花園。

「生命是如此短促，當我們能暫時沉沒在一個夢境中時，爲什麼不沉沒？生命裏，還有什麼比這個沉沒更可貴的？這是毫不撒謊的取得，毫無條件的收穫。追求這種沉沒，是人類的本能，最古老、最頑強的本能。也只有這種本能，才能抵抗那種最古老、最頑強的死。」

她不開口，輕抱住他，用美麗的嘴唇停止他底下的聲音。

第六章

一

一切總得有個核心，或者類似核心的那麼一點。在一隻蟑螂身上，或一條蛆蟲白色蠕動中，總有這個點子。不管你叫它是什麼：是大腦皮層，是心包膜，是血，是骨脊，甚至是一纖舌尖，一撮毫毛，或一朵笑，一個皺眉，或一孔銅錢眼，一圈翡翠手鐲，一瓶墨水，總之，正是那麼一點，能維持你，支撐你，度過颱風性的七月，和滿地冰雪的十二月；也叫你大哭之後，還能安安靜靜坐下來，啃早餐硬麵包。而你走過河邊時，儘管那是一片怎樣漂亮的誘惑性的流水，你也不致立刻跳下去。支持你整個靈性大廈的，無論是精神的、物質的（假如你有大廈），不是鋼骨水泥柱子，而是這一纖舌尖，這一撮毫毛，或一孔錢眼。可是，有一天，那纖舌尖變成原始石鏃尖頭，那一撮毫毛燒掉了，那一孔錢眼堵塞了，你沒有最最重要的那一丁點了，那焊結一切的化學因素了，於是，你的世界全部垮下來，你完了。

黃幻華似乎就是這麼完了的。

他所保留下來的最後一點基地，也許，是僅僅抓住一兩根毫毛，這叫他暫時還不會進瘋人院。瘋人院或墓窟，對他都是一樣。你沒有呼吸了，人們送你入墓窟，你還有幾口氣，人們就送你進瘋人院。無論有沒有呼吸，這個世界，總有一方合理空間，在合理的時間，合理的安排你，使你獲得合理歸宿，卻又不致妨礙別人合理的生活或歸宿。

一顆星星，衛星或行星，假如它有光，就活在萬有引力海洋裏，或者在軌道上運行，發光，如果光燃完了，活該落下去，被萬有引力唾棄，或者，摔出軌道，變成流星，殞滅爲碎片，或一塊石頭。麻煩是，假定這塊石頭速度特別慢，像一部輪胎走氣的腳踏車，長時期勾留（其實是穿越）於高空，而且，還與別的同類石頭劇烈撞擊，那麼，它既永遠失掉起點——回路，也似乎永遠沒有終點，既沒有眞正海水，也沒有實際陸地。這種離奇經歷，不是一般生物所能遭遇的。

也許，黃幻華是唯一生物，能領略這種經歷。因爲，他自己也正生活在這種非海非陸非眞空的生活中，隨時承受許多石頭的撞擊。

黃幻華仍在譯他那永遠譯不完的希臘神話，這是英文全集，一部巨著。在翻譯界，他幾乎已成爲希臘神話的翻譯專家了，譯本仍舊由林爵的時代出版社刊行，銷路勉強算不錯。此刻，他正在譯神話中的波摩娜，這位仙女露面於美麗的拉丁森林中。

「日他先人的雞，不在自己家裏拉屎，卻跑到別人家裏拉屎。」一塊小石頭。

森林神梵圖曼斯喬扮農夫，出現在波摩娜面前。

「格龜兒子，雞不好好關起，亂竄到別人家裏，跳上觀音菩薩供位，這成什麼話？」一塊中等石頭。

森林神喬裝採樹葉者，走過波摩娜旁邊。

「不好嘍！不好嘍！那個晦乎❶雞跳上桌，把我家一碗飯吃光嘍！」這是一塊大石頭。

「沒有家教！嚷個女人褲子到處晾？要人家欣賞褲襠嘛！」又一塊石頭。跟著是八字鬍翹得像公雞尾巴。

梵圖曼斯扮演採葡萄者，遇見這位美麗仙女。

「肏媽媽的！我個刨子又沒有了，叫我怎麼刨黃瓜吵！是哪個小棺材拿去的？」再一塊石頭。蘇北金少山開始唱黑頭。

森林神扮裝漁夫，看見波摩娜。

「人家菜籃子在太陽裏曬得好好的，嚷個踢開啊！犯你啥子麼？」又一塊石頭。麻臉上顆顆麻子盛開白花。

最後一次，梵圖曼斯飾扮老婦，和仙女談話。

「嚇！嚇！做啥子歐！我曬冬衣，你倒搧起爐子，搧得到處是煤灰，這是嚷個規矩啊！」還是一塊石頭。馬臉拉得更長了，那不像蒙古馬，倒像非洲河馬。

幻裝老婦的森林神說完故事，波摩娜默默無語。

「你個小鬼！又來偷吃我家蘿蔔乾！沒娘老子管教的！」依舊是石頭。依舊是蘇北黑頭。

老婦變爲原形，是年輕而美麗的森林神。

「你格小鬼，啥子要和我家丁丁搶板凳呵！這是你家板凳嘛？」四川黑頭也上場了。

波摩娜感動了，內心燃燒一片強烈的戀情。

「你個小棺材！你怎麼不死啊：做啥又把我叉棍上的叉子解開了？這個綁叉子的繩索是你的嗎？你什麼都要偷？鹹菜要偷？鹹蘿蔔乾要偷？連叉棍上的繩子也要偷？你是三年零八個月沒有吃飯了，要吃繩子？」蘇北黑頭正式上場了。

「你罵哪個？」十歲的丁小花，一馬衝出來，算是搖旗小卒，爲後面大將開道。

「你罵哪個？」大將軍果然上場了，麻臉四川婆子雄赳赳的問。

「哪個偷，我就罵哪個！」

「你敢罵我？」小卒又斜刺一鎗。

「我就罵你，怎麼樣？你是王母娘娘，罵不得？我就看見你們丁丁偷的。每一回，我把叉棍子才用好繩子紮好，他就偷偷解下，去皮臉❷，上回，你們親眼看見的。」

「『偷』？偷你個老屄！」丁小花大聲嚷。

「你才是老賊骨頭！上星期你偷了我們醬油，你自己招認了。」馬臉丁太太，像一隻蒙古馬，從房裏馳騁出來。

「我是拿錯了醬油瓶，你個窮鬼！窮公務員！小孩子窮得連褲子都沒得穿，精屁股啷噹的，有什麼好偷的？」高老太太怒沖沖的大喊：「你們丁小花，把我家抹布偷去，晾在房裏，當場給我捉了賊，不是賊骨頭，是什麼？」

「哼！小孩子拿錯了抹布，也是偷！別人家煤球，越燒越少，你家煤球，曩個越燒越多，不是偷的，是天上掉的？」麻臉吼著，渾身抖顫。一顆顆錢孔樣大黑麻子，幾乎要震落下來。

「前天你們丁丁偷我家洋火，當場抓住了，你還賴。」

「喔！像你啊！看見人家餵雞，就把母雞放出來，偷吃人家糠。」

「喔！喔！喔！下江佬！下江佬！賊骨頭！偷人家醬油。」丁小花像唱四川戲，大聲唱起來。

「喔！喔！喔！下江佬！下江佬！賊骨頭！偷人家醬『憂』❸。」六歲小丁丁學著姊姊，一唱一和。

「什麼下江佬、上江佬的！講話要講清楚！我們和你們，河水不犯井水？為什麼出口傷人？毫無家教！」一向走丈夫調和主義路線的孟太太，因為是安徽籍，也氣咻咻的，從公共廚房中竄出來，大聲責問。

她的七歲小兒子，小孟夫子——孟軻，也大聲唱著：「四川佬！四川猴！四川賊骨頭！

四──」

「喔！喔！喔！四川佬！四川猴！四川賊！──」他小妹妹，六歲的孟夢，也像說夢話般地大聲唱著。

黃幻華的兒子，黃坡羅，正帶妹妹黃娜絲從街上回家，也加入下江人的聯合戰線。

「哼！哼！哼！你們四川人都是峨嵋山猴子！老猴子養小猴子！猴猴猴！呵！呵！呵！」

「呵！呵！呵！猴猴猴！呵呵呵！猴猴猴！」他妹妹黃娜絲也學舌。

「四川人怎樣了？四川人嚷個不好！你們下江人月月欠我房錢，月月拖，我從不計較。這樣『相因』的房錢，還讓你欠。嚷個對不起你們！」房東仲老太太顫巍巍上了陣，大聲吼著，那副紫檀木顏色的臉，氣得變成沒有油漆過的杉木板臉。

「下江佬不要臉！欠房錢！呵！呵呵！呵呵呵！」她妹妹仲佩珠隨著姊姊吼。

「仲老太太！你可把話講清楚，我們從不欠你房錢，你爲什麼罵人！」孟太太的加農重炮口轉向仲老太太。

「仲老太太！人家都是月底付房錢，你可要月初付，我們住滿一月，付一月，怎麼是欠？你得把話講明白！」一向嫻靜，不多開口的高芰，也從房裏走出來，加入孟太太的臨時聯合戰線。

「欠就是欠。不欠就是不欠。有辦法，早回下江去了，嚷個老賴在我們四川啊！」紫檀木家具，從杉木板又轉爲紅木家具。

「我回不回下江，與你們什麼關係？四川不是你姓仲的墳地，是四萬萬五千萬人的，我們住不住，你管得著？」孟太太大聲道。

「你管得著！你管得著！」高老太太見有助手，她的黑頭唱得更起勁了。一面唱，一面拍著巴掌。「我們江蘇安徽，長的稻子，一顆也要抵你們四川三顆。像你們四川平價米，石頭一樣，把人牙齒都磨破了。只有你們這種猴子牙齒，才嚼這種米。」

這場混戰，從格林威治標準時間×月×日上午八時零八分起，到十時零二分止，大約延長兩小時。在這片西西里火山爆炸聲中，到處都是熔岩灼漿，我們的黃幻華先生那支譯希臘神話的筆，再無法繼續在紙上發出聲音了。他能再像兩年前那一次，瘋子似地咆哮麼？不，現在，他連進瘋人院的資格都不大有了。正像梵圖曼斯化爲老婦所說的那個故事，他是裏面姣美的安娜黑里特，當追求者自殺變成死屍時，她也漸漸化做石像，堅冷得如她的冷酷的心。

不同的是，這尊石像，此刻不是站著，是坐著，而且，兩手捧頭，雙睛瞪著書上那幅插圖：沙拉米人所藏的安娜黑里特石像。

二次世界大戰已結束兩年了，可我們「井觀齋」四周的世界大戰，卻還未停止。人們假如沒有本領追求幸福，就拚命追求痛苦，彷彿這也是一種巨大安慰。

痛苦能叫人做哲學家。但當這個哲學家被送到斷頭臺，刀子暫架在頸脖上，卻又不斬下去時，這樣，一年兩年後，他也做不成斯賓諾莎了。人是不能把頭頸套入這樣一口圓洞中，一年兩年生活下去，而吃喝談笑仍能如常的。

一杯苦艾酒，會叫人做耶穌。一杯毒藥酒，能使人做蘇格拉底。可一百杯苦艾酒和一千杯毒藥酒，只能叫人瘋狂。痛苦逼人喪失冷靜。假如人還能冷靜，那或者是偽裝，或者是矜持，或者是強忍，但常常的，那倒是一種無聲的瘋狂。有些瘋子未入瘋人院前，多少年來，都是異常冷靜的。然而，即使是能把這種冷靜延長到三十年的人，只要再加一根火柴，他就要進瘋人院。

他眞能冷靜嗎？剛才貼床躺著，他是冷靜的，一坐起來，寫出這「冷靜」二字時，他卻不能冷靜了。有時，他不敢把錶放在桌上，他怕看見它的形象，那些長針短針會叫人瘋狂。他的日曆，三天五天不扯，這有什麼關係？他眞願時間凍結。他的書籍胡放著，文房「三寶」（不是「四寶」），他用鋼筆，沒有硯臺）亂堆著。如不是高芝注意整潔，他巴不得地一兩星期不掃，眠床被褥，白天和夜晚一樣。掃過了，不又髒？被子疊好了，不又要打開？這是一些很小的事。當頭顱像套在斷頭臺圓洞裏時，人是不打算在一些細事上消耗主要生命的。

也許，玫瑰花比他冷靜些，所以它會紅。也許，夜鶯比他冷靜些，所以牠會唱。也許，大海比他冷靜些，所以它流動。他不能紅，不能唱，也不能流動，除了不時上前述那種斷頭臺外，日常，他只能扮演一根油條，被投入滾油鍋內，大炸特炸。油鍋就是這個大雜院。那些老太太少太太小「太太」們的爭吵和惡罵，比鍋內豆油還火燙、沸騰，成天煎熬他。油鍋裏，不能產生冷靜的哲學家，只能出現一個被翻滾得長長的空空的變態形象。

他不知道：什麼時候，自己才可以擺這種離奇形象？

一九四五年秋冬和一九四六年初，有人嫌飛機太慢，想乘火箭，從嘉陵江頭飛越三峽。他們沒有獲得火箭，但道格拉斯飛機，卻從珊瑚壩把他們平安帶出山城，像卸一隻時髦熊貓一樣，小心翼翼的，卸在龍華機場。但另外成千成萬人，可連一隻兩千年前的古木船都租不到。也有租到的，船尚未出夔門，就在酆都城附近，變成新的地下香客或幽靈，不僅一船財貨毫無蹤跡，連屍身也無影無痕❹。饒這樣，還是有人學哥倫布坐帆船探險新大陸，到處奔走，想包木船，衝出山城，駛出夔門與三峽。

我們的黃幻華先生，既沒有資格扮熊貓，也沒有哥倫布的勇氣，於是，命定活該留在山城。換句話說，他活該變成油條，讓老太太少太太小太太們大炸特炸。

本來，一九四六年夏秋，即勝利一年後，航運交通不像先前那樣擁擠了，加之好友歐陽孚經林爵介紹，進明生輪船公司已近一年，在民元號輪船上站住腳，大有可幫忙朋友的活動餘地。他本可能買輪船票，率領全家東下。然而，當他一拆開林欝來信、得知S市最起碼的亭子間，也要一根條子頂費後（而且，即使出頂費，覓屋之難，仍不下於四五年秋冬買船票之難），他只得長嘆一聲，趕緊打退堂鼓。再說，S市物價，遠比山城昂貴，他這五口之家，在重慶，還可靠一支筆桿和那些希臘大神來對付生活，如踏上S市，那可戛戛乎難了。另外，這筆東下旅費，加上在S市安家費，數目之鉅，也不是他目前籌得出的。他幾乎每天在紙上會面的那些希臘大神，宙士或赫克里斯，也不能幫他忙。再說，他還存一線希望，待還鄉人走多了，這裏肯定騰空一些房子，他可以仗著人地兩熟，設法另覓新屋，擺脫他的油條命運。當然，這是以後的事，此刻還談不到。因爲眼前陪都找房子，也還不是那麼容易。而一筆搬家費，也得慢慢張羅、籌措。就拿他老友鄺半齋說吧，過去海上陸上跑單幫多年，總算比他活絡多了。但抗戰勝利不久，他從蓉城某郵局調來重慶某郵局後，至今全家五口，仍擠在一個亭子間，一籌莫展。像他這樣一個書生，想在「住」的現實中打開一個缺口，更是有點「蜀道之難，難於上青天」了。

由於以上種種，目前，他只得暫時扮演油條角色。

假如僅僅扮演油條，那也罷了，這不過是一種單純的角色，一種單純的歪扭的形象。可怕的是，他要扮演各種各樣角色，各種各樣形象。當老太太們爲雞糠糾紛鬧架，吵到他面前時，他得扮演雞糠（她們似乎不是找他，而是找被偷竊了的雞糠）。當少「太太」們爲一支弄錯了的晾衣竹竿鬧到他跟前時，他就得扮竹竿，以平衆怒（她們把他當做竹竿的化身）。當小「太太」們（借高老太太語）爲一隻皮球的糾葛哭到他這裏時，他又得演皮球，被她們踢來踢去。截至目前止，他是院子裏唯一瑞士國人（這是他太太給他加的綽號）。正因爲他永遠中立，高高置身於一切漩渦之外，於是，所有失竊了的、損壞了的、弄錯了的、成問題的，一古腦兒，全要他負責，彷彿這不是對他自鳴清高懲罰，而是當一個瑞士人的光榮。

邪惡的莠草，比一切香花繁殖得快。糞坑裏的蛆蟲，陰溝中的老鼠，也比一切生物繁育得快。長舌婦們的爭吵、詈罵，也具有同樣可怖的繁殖力，還加上傳染性。黃太太高芰女士，在這座大雜院裏，本最嫺靜寡言，賢慧厚道，經過幾年繁殖性加瘟疫性的傳染後，有時也潑辣暴躁了。孟長慶先生，平素最敬佩英國人的紳士風度，一向走折衷路線，此刻也有點希特勒似地神經質了。羅馬帝國，不是一天亡的。西羅馬亡了一千年，東羅馬拜占庭才被回教徒攻克。可是，當第一個日耳曼蠻人跳上駿馬，準備西馳時，羅馬帝國滅亡的命運，就已注定了。同樣，人們的耐性也不是一天失掉的。搬入這個大雜院後，當高老太太第一次爲雞屎糾紛咆哮時，高芰女士和孟長慶先生的「永恆耐性」之王國，可也注定有一天要崩潰了。沒有誰想現身說法，傳佈魔鬼主義。也沒有誰想專門學習一套詛咒的巫術。但當窗外魔鬼交響曲每天強烈鳴奏時，無論大人小孩，漸漸的，誰也學會哼幾句了，正如維也納市民，個個都會唱一點歌劇，北京的孩子，每個人全會哼京戲。氣憤、怨恨，是一些比石頭更可怕的塡塞物，不管你胸口怎樣大，今天塡，明天塡，這月塡，下月塡，今年塡，明年塡，終於也會塡滿。不，它們簡直是太古原始地震時的山脈岩石，每一次地震，能堵塞一座大海，一條大江。說到究竟，我們的高芰女士或孟長慶先生，胸膛寬不過一尺半，連南海一斛水都裝不了。搬到這裏的第六年，我們可憐的高芰女士，最後，也由崔鶯鶯變成「類王婆」。唯一沒有捲進漩渦的，只有「瑞士國人」黃幻華——井觀齋主人。所以沒有捲入，理由之一是：他還在譯希臘神話。其次，他厭倦一切，厭倦自己，因而也厭倦一切魔鬼交響曲。

痛苦是，在斷頭台上等他的，並不只一個劊子手。

起初，只有一個高老太太。以後，增加了兩個：丁老太太和丁太太。接著，又加兩個，丁東與仲老太太，後來，又加三個：孟太太、孟先生及高芰。今年，一下子突然又加九個：丁家的丁小花、丁丁、丁明，仲家的兩個女孩子：仲珮珊、仲珮珠，孟家的一男一女：孟軻和孟夢，自己的一男一女：黃坡羅與黃娜絲。這些孩子們，全在大人爭吵中長大了，也先後加入這片無底紛爭，而且，更增添許多新的導火線。從前，火藥雷管，主要是雞，現在，一部分則是孩子。

慢慢的，我們的黃幻華先生，不是做翻譯工作，他是從事航海事業，井觀齋化爲海船，他是船長，不斷探望羅盤針和晴雨表。

「明天會起颱風嗎？還是由於極地冷氣團而起的大雨？」深夜上床時，他常這樣想。

每分每秒，生命穿過一種極度不安。他像一個老兵，在鎗林彈雨中匍行慣了，有時，既無森林也無雨，他站直了，散步於眞正藍天白雲下時，反感到不習慣，一片可怕的空虛，似從地面裂開來，隨時會把他吞沒。他的翻譯工作，並非全靠神經纖維維持，是倚賴一種石頭般的忍耐支撐，不管一千把木柄刀子在磨，石頭還是石頭。他的官能，常常就具備這種礦物性的力量。假如他眞有神經纖維，那也不是樹枝狀，是海船上一條條鐵錨鍊，能承得住最恐怖的海嘯。每字、每句，不僅是一滴滴墨水沿紙爬行，是一條條錨索，橫越大氣的周流，熱帶的循環，地面風向與山峰風向的日變，是那塊堅硬磨刀石抱吻海風與陸風，山風與谷風，氣壓梯度與風速，以及一切熱雷雨、氣旋雷雨，和颮線雷雨。那塊磨刀石又扮演白色雲母石，像Picas和美麗的仙女Canens，不僅與太陽的女兒Circe打交道，也還得與壓迫風力、杯狀風力相周旋。他必須帶一份最現代的蒲氏風速標度，參加古代求婚者和美麗的Atalanta的賽跑。他之熟習這份風力表，正如它的創造者英國蒲福爾將軍。有時，一天十六小時內，先後會輪流颳起表上的十二種風，從每小時一——三哩的軟風，到每小時七十五哩的颶風。只有深夜十點到翌晨六時，才大體是「無風」時辰。一切海風，自己也會疲倦，它們隨院子裏大大小小劊子手的安眠而安眠。

我們的希臘神話翻譯者，根據蒲氏風力表，創作了如下的補充：

○級風，無風，海裏靜，陸地靜，院子裏靜——比一切海與陸更靜。

一級風，軟風，海裏尋常漁舟略覺動搖，陸上煙能表示風向，但不能轉動風向計。——院子內有高老太太的最低音：

「天氣眞熱哇！」

或者，有丁老太太的最低音：

「格雨嚷個下不完呵！」

二級風，輕風，海上漁舟張帆時，可隨風移行，每小時一——二哩。陸上，人面感覺有風，樹葉有微響，尋常的風儀轉動。——院子裏，孩子們拍皮球。

「好！好！我拍了五十次。」丁小花拍著手。

「不，不，四十九次，末一次沒拍到，不能算。」黃坡羅喊著。

「不，五十次，末一次拍到的。」

「不，沒有到。不許耍賴。」

「不，硬是五十次。……」

三級風，微風，漁舟漸覺波動，每小時速率十三、四哩。陸上樹葉和微枝搖動不息，旌旗招展。——院子內，有高老太太的低音：

「咳，老鼠又偷油，差點把油瓶弄翻了。四川老鼠眞多呵！」

四級風，和風，漁舟張滿帆時，傾於一方。陸上灰塵和紙飛舞。樹的小枝搖動。——院子中，有丁老太太的中音：

「嚇，嚇，嚇，門口又是雞屎，曩個掃也不掃。」

五級風，清風，漁舟縮帆——減去帆的一部分。陸上有葉的小樹搖擺，內陸的水面泛小波。——院子裏，高老太太申斥丁小花：

「這是我家的掃帚，掃地的，你怎麼拿去掃雞屙？」

六級風，強風，漁舟要加倍縮帆，捕魚時須注意風險。陸上，大樹枝搖動，電線呼呼有聲，舉傘困難。——院子內，丁老太太開始回答高太太：

「小孩子懂得什麼，你怎麼老和小孩子鬧不清？院子是公共的，有雞屙，大家掃。我們小花好意掃地，你曩個反責備她？」

七級風，疾風，漁舟停息港內，仍留在海上的下錨。陸上，全樹動搖。人向前走時，覺得有阻力。——院子內，高老太太開始唱江蘇黑頭：

「脊媽媽的，我家掃房間的掃帚，乾乾淨淨的，你們拿去掃雞屙，掃得一塌糊塗，良心放在哪塊嘛?!我家掃地是掃地的掃帚，掃雞屙是掃雞屙的掃帚，不像你們四川人，上下不分，亂來一氣，做了傷天害理的事，還要包庇，眞正沒有良心，沒有家教？」

八級風，大風，近港的漁船，都停留不出。陸上，樹上微枝被折毀，人向前走時，常覺有阻力。——院子裏，丁老太太大聲唱四川黑頭：

「格龜老太婆！你一天不罵人，嘴就發臭麼？噻格出口傷人？你家黃雞拉了屙，我們小花給你掃，你還要罵她。你是啥東西？你是啥東西？」

「你是啥東西？下江佬！不要臉！下江佬！沒屁眼！」丁小花拍手喊道。

「下江佬，不要臉！下江佬，沒屁眼！」丁丁也跟著喊。

「下江佬，沒屁眼！」丁明也拍手，跟著喊。

九級風，烈風，陸上煙突將被吹毀，風速，每小時四十七—五十哩。——院子裏，出現丁太太和仲老太太的吼聲：

「什麼『四川人上下不分，亂來一氣。』噻個『亂來』？『亂』啥子？都像你們下江人，看見人家雞糠裏拌了半碗飯，就偷去給自己雞吃，這才硬是亂來一氣。毫不知羞恥！」丁太太吼著。

「什麼『四川人亂來一氣！』你們下江人不來，四川不會亂。國戰打了這多年，都是你們下江佬帶來的。」仲老太太也吼著。

「下江佬！偷人家雞糠！不知羞恥！」仲珮珠跟著祖母怒噑。

「下江佬！不知羞恥！偷人家雞糠！」仲珮珊也跟著吼。

十級風，海上有，陸上不常見，見則拔樹或有其他損毀。——院子裏響著孟太太與高芰的聲音：

「什麼下江佬不知羞恥？你們四川猴子，沒有一個女人不偷人。你們四川有眞正黃花閨女麼？眞不知恥！偷人家醬油、香油！賊猴子！」孟太太大聲喊著。

「你們姓丁的就沒有好東西。成天仗勢欺人。一個小稅務員，有什麼了不起。也不管人家的什麼東西，拿了就用，用人家鍋，用人家鏟子，用人家飯碗、筷子，窮得連一把掃帚都買不起，用人家的。用人家東西，就要聽人家話，爭氣的，自己買，不要亂用別人東西。」高芰也大聲叫。

「姓丁的，窮！窮！窮！窮！窮！窮！」黃坡羅跟著大聲叫。

「窮！窮！窮！窮！窮！窮！」黃娜絲拍手叫。

「窮！窮！窮！窮！窮！窮！」孟夢與孟小妹也拍手叫。

十一級風，暴風，海上有，陸上絕少有，有則必發生重大損毀。——院子中參加了丁東和孟長慶的聲音，一個剛從稅務局下班，一個才由市立第三小學回家。

「什麼窮窮窮？你姓黃的有啥子鈔票？窮得連房錢都付不起。擺啥牌子。你格龜老太太！成天鬥！鬥得院子一片烏煙瘴氣。」

「有本事，你們搬家，給我滾！我不希罕你們這種房客。」仲老太太聲音幾乎學那位晉代名流阮籍，在長嘯。

「搬什麼家？青天白日，我們出房錢。憑什麼要我們搬？你到法庭告狀吧！我準備和你打官司。哼！什麼東西！有幾間臭房子，就擺威風，我姓孟的才不怕。」小學教員破口大嚷。十二級風，颶風，海上有，陸上沒有，每小時七十五哩以上。院子內，亂成一片，雜著孩子哭聲。這最後一幕，是由於丁小花不服氣，故意去摸弄黃家掃帚。高老太太大怒，衝過去，把掃帚搶回來。

「你個龜老太婆，囔個動手打人？清平世界，朗朗乾坤，這不反了麼？老子操你先人，老子和你拚了！」稅務員的八字鬍翹得像兩根旗杆，由「八」字變成「川」字。

「她偷我掃帚，我就能打，打賊骨頭！」高老太太咆哮著。

「你個龜老太婆，我操你先人！你打人！我跟你拚！」丁小花哭著、喊著，一頭撞到高老太太懷裏。

……

三

有的事情像痛風症，天一陰雨，就發作，而且每年發。這個小雜院，害的卻是離奇風濕症，不僅陰雨發，晴也發，冷天發，熱天也要發。在各種各樣天氣下，都會發。在各式各樣時間裏，全要發。它們的「爆」發，有時由於醜惡的具體事物，如雞屎雞糠之類，有時竟因爲一些抽象的愛情詞彙，這是事外人幾乎無法理解的。比如，有一次，幾個大人出門，孩子們守家。黃家的活神仙們——阿波羅、維納斯，在屋內有談有笑的，忽然，丁家窗口，伸探出一張小型馬臉（丁小花的臉是她母親面譜的副本）：

「喝！喝！喝！你們關在房裏談愛情呵！」天知道，她是哪裏學來這句話，可能是，從戲臺上學來的一句道白。

「放你的屁！你們才關在屋裏談愛情！你一天到晚，和丁丁、丁明談愛情！」阿波羅箭一樣衝出來，破口大叫。其實，究竟什麼叫「愛情」，這個字怎麼寫法，他都弄不清楚。

於是，丁家三位小勇士，黃家兩位小神仙，立刻便排演軍事演習。接著，仲家兩位女唐吉訶德，孟家兩位小騎士，也捲入漩渦。先是演習，後來眞鎗實彈實習。等大人相繼歸來，立刻又變成世界大戰。

當人們官能被敵對心理毒化後，有些時，連一兩句無所謂的話，也會像死刑判決書一樣嚴重。小孩子如此，大人更如此。一舉手，一投足，你也得留神，別碰觸鄰家一根雞毛。否則，又是一場陣地戰。甚至你好心好意做一件事，都得解釋清楚，不然，又是一番口舌。比如說，外面闖入一隻野狗，咬丁家的義大利種蘆花雞了，黃幻華出去趕走野狗，把雞們也嚇得到處飛。他就得馬上向丁老太太匯報，解釋：

「請你別誤會，外面野狗來咬你們雞，我是去趕狗的！……」

做人做到這種程度，委實也苦，但在這個小雜院裏，卻不算什麼。黃幻華最厭惡囉嗦、無謂的廢話，這個小雜院，最重視的，卻是廢話和囉嗦。美國總統辦公室裏，可能十句話要精簡成一句，這裏，一句話，卻必須拉長到十句，甚至一百句，才能叫說者聽者過癮。他最叫黃幻華痛苦的，還不只是這裏的大大小小各種戰事，而是戰爭以後的奇異和平。他遭遇各式各樣的轟炸機、大炮、手榴彈、流彈，被襲擊得遍體鱗傷了（這種戰爭爆發後，雖中立如瑞士，亦不免受襲擊），第二天，正當他懷著沉痛心情，撫摸傷口，包紮創傷時，忽然，他聽到院子內談話聲：

「啊呀，你們義大利雞又生蛋囉！蛋眞大哇。」

「是我們蘆花雞生蛋嘛？」

「是呀，丁太太，快出來拿蛋呵！」高老太太笑嘻嘻說。

「啊呀！我們義大利眞生蛋囉！」丁太太也笑吟吟的說，從雞窠取出一隻大而發紅光的蛋，這隻蛋確比她那對馬臉漂亮得多。

「好大蛋哇！簡直和鴨蛋一樣大。」

「你們黃雞婆生的蛋，也不小。一個月總生十幾個蛋吧！」

「嗯，一個月靠二十隻蛋，憩個十幾天，又生。過個把月，『懶孵』一回。你們義大利雞就是這個好。從不『懶孵』。」高老太太笑著說。

「是呀，外國雞就是這個好，從不『懶孵』。明年春天，我們蘆花雞交配，下種蛋時，送你兩個種蛋，好麼？」

「那太好了。多謝多謝。」轉過頭。「坡羅拿個掃帚來，把丁太太門口雞屙掃掃清爽。拿那把專掃雞屙的掃帚，莫拿錯了。」

「不用了，不用了。叫我們小花掃吧！嚷個客氣呵！」

黃幻華苦笑了。他燃著一支煙。他準備撕開繃帶和藥膏，不想包紮傷口了。

戰爭後，必須是和平。和平以後，必然又是新戰爭。

戰爭的原因，是明明白白的。和平的原因，卻由於偉大的萬有引力。星球與星球間有，人與人間，也有。不過，這個小雜院中的萬有引力，不像地球物理學上的那麼抽象、玄妙，它是很具體的，直截了當，一覽無餘，一伸手也可摸到。高老太太搭的雞窠，有兩塊板，是向仲老太太借的。仲家兩位孫女溫習功課，有幾個字，常不認識，有幾句話，常常費解，得請教翻譯家黃幻華先生。黃家的晾衣竹竿只有兩根，衣服洗多了，竹竿不夠用，須向丁家借一根（這個院子裏，只丁家有多餘竹竿）。丁家常常有點零碎活兒，特別是，小稅務員回府後，愛敲敲打打弄弄的，需用錘子、老虎鉗、螺絲起子，等等，卻要向黃家借。孟家有一把柴火刀，各家劈柴，免不了向他家借。這些柴刀、錘子、老虎鉗、螺絲起子、竹竿、木板，等等等等，就構成他們的萬有引力，同時，也爲剎那和平提供有利條件。假如黃家今天洗大批衣服了，高老太太便表現奇特的耐性，絕不對丁家唱一聲黑頭。禮拜天，丁東先生打算做木匠，搞點零活了，丁太太和丁老太太，也絕不對黃家唱一句四川黑頭。這些，以及另一些，使人們在狂烈颶風後，還能創造一片大海平靜。

孩子們呢，情形也不兩樣。儘管上午他（她）們彼此雞爭鵝鬥，哭鬧一團，下午依舊嘻笑一片，又結在一起跳繩、拍皮球，做遊戲了。

眞正使黃幻華先生沮喪的，正是這種無常。他知道，這種戰後的短暫和平，不是愉快的，正如膏藥也有香味，此香卻不可愛。然而，他依然不能不欺騙自己，以這種萬有引力下的和平爲刹那慰藉。可是，這種安慰，畢竟是刹那的，有時候，不到三天——甚至兩天，又全部瓦解。正當他稍稍喘一口氣時，新的烏雲又掠過這片狹窄天空。儘管他深深隱沒於井底，井口處，那一角可憐的天空，仍不饒恕他。

曬在灶洞裏的一盒火柴失竊，牆角一塊磚頭的移動，門口一堆垃圾沒有趕上垃圾車的鈴聲，或者，一個毫無所謂的是或否，——常常的，他所見到的，並不是這一盒、一塊、一堆，而是巫峽的品字石，聽到的，也不是這一個或那一個字，而是地中海猛烈的東北風：狄羅克列頓。從這盒火柴、這塊磚上，可能湧起蘇門答臘海峽獰惡的波濤，從這個鈴聲，是或否裏，可能颳出瘋狂颱風。永遠是風濤、風暴、風波、風浪——印度洋的、大西洋的、阿拉伯海的、紅海的、加勒比海的。就這樣，生命從一盒火柴到一塊磚頭，從一堆垃圾到一個是或否，都會從地中海游泳到紅海，從印度洋泅泳到太平洋。不，這不是一個簡單生命，——這是一尾無辜的魚，牠能閃亮於火光中，跳躍在鈴聲中，划鰭於品字石邊，出現在一個是或否裏。超於一切的是，牠是一尾寂寞的魚。牠的鰭與尾是自由的，但一整個大海重壓馱在牠背上，水底暗流，又從下面沖擊牠，前後左右四方，又有驚濤駭浪和各種大魚環繞牠。日日夜夜，大海圍攻牠，牠是寂寞的。牠必須永恆嘆默，飄流於大海圍攻中。沒有一尾魚能和另一尾交談。天上有鳥的聲音，海底卻沒有魚的語言，牠永遠只能啞靜無聲的游、游、游，似乎從巴拿馬海峽游到挪威海峽，由好望角泳到波斯灣。星光照亮牠，夜明魚照明牠，太陽燃燒牠，無盡的淒寂封凍牠。這種擁有極度自由卻又戴著極度奴隸枷鎖（海的枷鎖）的生活，不如結束，讓牠仍回歸最原始狀態，一種元素、一個電子、一團火花、一塊碎石，或一片星光，讓牠返回眞正永恆的無窮空間，比海洋更帶海洋味的原始太空大海洋中。

我們的黃幻華先生，正是這樣一尾寂寞的魚，可他無法擺脫海的枷鎖，更不可能回到那眞正永恆的無窮空間，除非是死。

同樣大海中，也有另外的寂寞的魚，但他不認識，即使相熟，有時，也不一定能與牠交談。各人只能默默負擔自己的充滿波濤的命運。

可是，海的負擔，那可怕的枷鎖，還不僅僅以上這點點。

一個深夜，一陣慘厲的聲音響起來：

「幻華！……幻——華！……幻——華！……」

他披衣起床，走過去，老婦人半暈在馬桶邊。她上吐下瀉。先是瀉，瀉得全身虛弱，頭一暈，就吐。他把她扶上床，摸摸脈搏，只有五十跳。他有點慌。這樣深的午夜，去找大夫，肯定又是一大鐵錘，猛敲下來。（敲竹槓，他還捱得過，敲鐵錘，他受不了。）他箱底保存最後九張大鈔票，這是他在大腦皮層球壁上日夜拚命打網球換來的，不是鐵錘的適宜對象。他只好硬捱著，直到天亮，希望太陽光能拯救他(不是她)。果然，當那隻雄雞在五小時唱出最後一聲花腔女高音後，她聽見雞聲，總算吐得好些了。但以後兩天中，還是斷斷續續吐。他也瀉過肚，總算還有一些醫藥經驗，就上藥房買了些磺胺胍和矽炭銀，設法止住她的瀉。可她頭痛得厲害，不斷嚷：

「我的腦子要炸了！……啊，我的腦子！……我的腦子！……做做好事，讓我過去吧！……」

但這條老命並不那麼容易「過去」。而且，看樣子，一時也不會「過去」，它還得「過來」陪伴她那些公雞、母雞、大雞、小雞呢！他倒是想陪她看醫生，又怕她在黃包車上暈過去。若請白衣大夫來，又怕那柄可怖大鐵錘。只得再度自扮華陀，買了包止痛粉。他本想同時購ＡＰＣ，仔細轉思，咖啡因和斐那西丁，雖是衰弱心臟的朋友，但阿司匹靈卻可能是敵人。他永沒有忘記，小學時代，一個華僑同學，回去探親，上船後，一點傷風感冒，就吞下一大瓶阿司匹靈，結果得急性心臟病，暴卒。為了愼重，他自己去看門診，請教一位半面熟的西醫，回來，又把原來止痛劑量減半，只服零點五。服後一小時，老婦人腦子裏的定時炸彈，果然停止爆炸了。晚上，他又倒了點自己用的安眠鎮靜液，給她服，份量仍減半。深夜，他又聽見她的吼聲：

「我餓死了！……我餓死了！……給我吃啊！……幻華！……幻華……」

從她吼聲的震幅上，他知道，她有點希望了，便給她麵包餅乾吃。翌日，又替她沖奶粉、雞蛋。可是，她一貪吃，又瀉肚了。他得花許多口舌，比一個牧師講道還耐心，說服她，吃得節制點。

就這樣，有時吐吐，有時瀉瀉，有時腦子裏炸彈開花，直鬧了兩個多星期，才算穩定。但她相當身體虛軟，不能坐起來吃，他必須一天餵她五、六次。此外，茶水和盥洗，料理大小便，洗滌床頭便盆、痰盂，按時服藥，這一切，也得他親自動手。這時，他還得護理正在做產婦的妻子。他們的第三位希臘大神：黃麗達，已經從奧林匹克山頂下凡了。先是住醫院時，大忙一陣，接到家裏，更忙。就在這個時候，高老太太卻躺倒了。這些日子，賽馬樣的，從廚房衝到寢室，從大街衝到井邊，他奔跑不停。兩個孩子，這一對希臘仙男仙女們，非但不能幫忙，反而成爲越野賽馬時的障礙物。

好容易，我們七十二歲的高老太太從死神嘴裏搶回來了，從此，事情更多了。因爲，一病經月，蘇北黑頭很久沒有開鑼，痊癒後，不免小試啼聲。過去，每次混戰後，關上房門，他還可以數說她幾句。此次病後，任何諫議諍言，——即使他比魏徵對唐太宗更忠實、誠懇，她也一滴聽不進。假如他繼續扮這位唐代名御史，高老太太就勃然大嚷：

「啊，唷，不好了！我的頭痛煞了！要炸了！求你做做好事，不要說了吧！」

這樣，他像捧著個泥菩薩跺水、淌河，無時無刻，不得不戰戰兢兢，唯恐引起她舊病復發。縱容她大唱黑頭吧！固然不行，禁止她吧！更不行。

這一切曲折、奧妙，人生的艱巨境界，絕不是他許多年前夢想得到的。

就這樣，我們這位希臘神話的翻譯者的生命，將永遠是一隻跌落的希臘古磁皿，變成一塊塊現實碎片。這一片交給醬油瓶，那一片交給醋罐罐，再一片交給待烘乾的潮濕柴火，又一片交給雞糠與雞屎，另一片交給老丈母娘的老病與利舌，又另一片交給產後的妻子，孩子的尿布和哭聲，而最多的一些片片，則交給那些永無休止的爭吵。假如這座院子是個美國衆議院，這個議院全部議員的精力，都支付在辯論雞鴨貓狗與孩子的糾紛上。正是這些可怕的偉大議程、議題，像一種古代石磨巨刑，把我們的翻譯家磨成虀粉，可以作爲家禽飼料，也會再捏成議員們激烈爭辯後小休時的廉價點心。生命假如不能化爲安特美恩每個黃昏的夢，就必須變成雞的飼料或它的調味品。沒有什麼能拯救他。阿波羅的智慧與美不能，上帝也不能，唯一的救主，是重慶南山公墓。但他目前還無法接受這位彌賽亞。他雖是渺小碎片的合成品，可還有五張嘴等待這些碎片的運動。對於這些張得大大的嘴，其實他既不是碎片，也不是蛆蟲，卻是肩扛一整個地球的阿特拉斯。不，他還不僅是這個駝背巨人，他簡直是地球本身，載著這五張能吃能喝能哭的嘴，日夜旋轉，彷彿這個星球上，只有這幾張嘴。然而，這個可憐的地球，眞是危險得很。今天早上九點鐘，丁家房門口多出現一灘雞屙，那是西西里的火山爆發。明天中午，老鼠把一瓶香油撞翻了，那是整個歐洲大水災。後天太陽下山時，孟家的孟夢被丁家的丁丁推了一跤，那是第三次世界大戰。在巴黎、倫敦、莫斯科，有多少陰謀、外交、談判、密約和宣戰書，在這裏，也就有多少同類複製品。第一次世界大戰，並不導火於奧國皇太子斐狄南被刺，而導源於仲老太太醬油瓶被打翻。假若人們不在每一立方公分空間預演肉搏戰，幾萬萬人就不會在五大洲上正式彩排。可我們黃幻華先生怎麼辦呢？他僅有一條生命，他只能把它獻給可愛的醬油瓶、麻油瓶、香油瓶，以及一切凡是能裝得下人類仇恨的瓶子。什麼也改變不了這些瓶子的命運。什麼也改變不了公雞聲、母雞聲、小雞聲、小鴨聲！什麼也改變不了他和這些瓶子及聲音的糾纏。希臘神話裏那些美麗翅膀，永遠是希臘的翅膀，他肩膀上卻扛著四百斤裝滿石子的麻袋。這就是他偉大的節目：每當偉大太陽從東方上升時，他就開始每一分每一秒宰割自己肉體，以印度高僧割肉餵鷹、投身飼虎的偉大精神，把自己肉片投飼雞鴨貓狗，與女人們比蛇還長的舌頭。註定了！一切註定了！一切綁得緊緊的，像章魚吸盤一樣吸緊他，一動也不能動。

讓我們趕快結束這位傳譯希臘故事的偉人的最後一頁吧！聽，窗外貝多芬「英雄交響曲」又在嗚奏了：

「日你先人，個瘟雞又跳上桌，吃我們鍋子的飯嘍！」

「你長眼睛沒有？是我們的雞嗎？你額頭上不是眼睛是屁眼吵。」

「你個龜兒子，老子就講你，怎麼樣？」

「肏你媽媽的，你開口罵人！……」

四

「昨夜小河上的月亮，我靜觀很久，我幾乎不認識它。至少，那不是我幾十年來所熟悉的月亮。也許，我有許多年，沒有好好看月亮了。每一個望日，當它以渾圓姿態展現時，似乎並未在我心靈投下任何美麗影子，也沒有給我血液以任何光、色，或圓形。它掠過我，像一個陌生人，擦過另一個陌生人；我們之間，不可能有比重，有溝通。昨夜，獨坐河濱，多少年來，我彷彿第一次又發現月亮，是這樣一輪高空圓形，斜對著我。「這是月亮麼？」我問自己。它是月亮，又好像不是。我記憶中——那是十幾年或二十年以前了，月亮似乎是極其偉大崇高的存在。它象徵大地上不可能有的光華和聖潔，永遠高不可攀。但今夜這片月亮卻如此平凡、庸俗，甚至曇醜。最致命的是，它就在我頭上，一伸手，彷彿就可以摘下來，像揭圓圓爐壁上一隻烤得熱熱的燒餅。是的，它不是月亮，只是個醜陋的燒餅，臃腫、污濁，有點糊黑，又有點焦黃。說燒餅，還是恭維它的，它更像一灘膿瘡，幾乎叫人厭惡。最少最少，它絕非聖母瑪利亞，而是一個衰老的黃臉婆。

「爲什麼這樣呢？一切爲什麼這樣呢？爲什麼月亮不再是月亮呢？爲什麼每一種高空事物，都如此充滿大地泥沼氣息呢？幸運的是，這小河流還沐浴於薄薄的朦朧光輝中，水裏的船，岸上的燈光、大樹，還顯示一派靜穆悠永的形象，略略沖洗它們的描畫者的庸俗。也許，月亮只畫流水、小船、大樹，並不畫燈火，但在月光中，燈火卻呈現一種奇異光彩。我兀坐岸邊，凝眸於這一輪幾乎落在地上的淡紅月亮，傾聽水面的謐味。一種巨大悲哀浸沒我。我知道，今後，我生命裏永遠沒有眞正月亮了。任何月光流過我，像黑夜流過我，影子流過我，再不會留下眞正光亮痕跡給我了。我是生活於一個無光宇宙，不管成百成千種光怎樣穿越過我，我仍活在一個沒有光的世界中。

「我坐著，直到午夜，不想睡，眞渴望這條小河水漲起，把我整個淹沒。假如它漲高了，我絕不後退，也不躲開。我沉思著，想搜索什麼，但什麼也捕捉不住。這河水、帆船、樹木、燈光，沒有一樣是我的。就連這庸俗醜陋的月亮，也不是我的。比一切更可詛咒的是：連我自己也不是我的。

「只由於某種幸運，昨夜我還能靜坐河岸上，悠閒的凝視月光。雖然沉思是沉重的，但從某一角度看，這還是輕鬆的。實際上，我並不能每一夜有這種幸運。在我門外、門內，經常出現的，是另一種緊張。許多不可理解的暴雨，要從門外衝向我，捲走我室內一切。首先，門內就是險惡的北冰洋，每分每秒，都有可怖的冰山冰浪在沖擊，一片猙獰的北極氣團，無日無夜環攻我的斗室。不錯，今夜，我是兀坐河沿，還能悠閒賞月，可明天，將有許多爬蟲，要從河邊爬過來，包圍我的腳步。哪怕我的步子是最無害於人的。此外，一百種繩索等著我。我永遠不能說出我們所想的，寫出我們所說的，讀出我所寫的。僅僅對於一輪陳舊月亮的厭倦，在我此刻生活裏，竟依舊是一個大負擔。沒有人會同情我這份厭倦。

「還不如讓我暫麻痺於夜風中，它會暫沖洗掉我許多厭倦的一部分。我坐著，沉浸於涼颯颯的午夜風中，不知何時起，我發現自己臉上充滿眼淚。」

這是禮拜一下午，黃幻華出現在棗子嵐埡那間地下室，歐陽孚家裏。他向主人敘述昨天遊歷南溫泉的經過。他是一個人去的，爲了高芰坐產期早滿，已能下床了。他那位「令岳母」，也鮮朗如故了。他必須蘇息自己的過度疲倦。他獨自泛舟半日，晚上，又幽坐小河畔看了一夜月亮。他是太疲倦於「井觀齋」的船長生活了。那些各型各態的風，比海水更可怕的淹沒他的感覺。他不是從感覺到感覺，是從瘋狂到瘋狂。人活到有一天，假如再多一陣風，多一片振動，就會拿刀殺人，或殺死自己的。這許多年來，經過那許多恐怖邊緣後，他徹底明白，什麼是「邊緣」的眞正含意。爲了不跨過最後的「邊緣」，他只有暫時放棄一切，孤單的找南溫泉河水與月亮。現在，他剛一返重慶，還未回家，就向老朋友抒洩他昨夜感覺。

這是殘夏季節，天氣已帶秋味，太陽光也大大降低殺傷性。但窗外——那和窗子一樣高的大操場上，仍瀦匯著太多的令人暈眩的光輝，彷彿一片紅色的洪水，要從窗外泛濫進來。人兀立洪水邊，當波浪還未沒頂前，暫時以斯賓諾莎式的勇氣與安靜來談話，好像他們完全預料到：這場談話完畢後，各式各樣的鯊魚就要把他們撕成粉碎。

聽完老朋友的話，歐陽孚閃著那隻尖銳的獨眼，苦笑著回答道：

「這是因爲，你對生命的厭倦，已到達頂點。你的感覺，完全歪扭、變態了。」

「可我每天依舊與白紙鬥爭，設法在上面舖滿蝌蚪式的黑字。沒有一天，我不在Scylla與Galatea中打滾，在Byblis和Lounus❺中掙扎。」

歐陽孚苦笑道：

「一天你未被送進瘋人院，或用鎗口抵住太陽穴，讓一粒子彈射穿大腦中樞以前，即使這種厭倦像黃梅天毛毛蟲一樣多，爬滿你的肉體，你仍得爲它們找飼料。」

「我的好朋友，你能不能告訴我，有什麼辦法，徹底殺死這些毛毛蟲呢？」

「你先得回答我一個問題。」

「什麼？」

「我問你，你能不能痛恨你的妻子，你的三個孩子，和你的岳母，像希特勒仇恨猶太人一樣？」

「我沒有理由仇恨他們。」

「那麼，你也沒有理由仇恨這些毛毛蟲。」

「爲什麼？」

「這是因爲，你必須讓自己暫時留在這個地球上，爲一家五口延續生命，同時，也接受這個星球給予每個敏感者的致命疲倦。」

「……」

「你可以厭倦一切人，包括那些最愛你的人，但你沒有理由殺死他們。人只能因被恨而被殺死，不能因被愛或愛別人而被殺死。」歐陽孚沉痛的道：「現在，我們連進瘋人院和舉起手鎗對準太陽穴的自由也沒有了。那樣，便有另一些人隨我們進瘋人院，或服大量安眠藥。」

「你這份意見，或多或少，帶了點基督教色彩。」他望著這位老朋友的嚴肅臉色：「我知道，你現在對聖經發生很濃厚的興趣。」

「基督教也好，非基督教也好，反正，眞實就是這樣。你可以用手鎗打死自己的肉體，但不能打死這一串事實。」歐陽孚睜大那隻右眼，帶了點感傷神氣：

「有幾個字，有幾句話，耗盡我們一生，也許兩、三生，甚至我們子孫萬代無數生。這總是那幾個最古老的字，那幾句最古老的話。彷彿生命本身太空虛，比撒哈拉大沙漠還空虛，無可寄託，我們便特別選這幾個字、這幾句話，塡補我們靈魂空白，而一整個世界的意義、內容，似乎便出現在這幾個蝌蚪符號上，這幾行蟹形文或楔形文上，爲了它們，我們曾付出無數量晝夜的苦痛和掙扎，以至血液。從它們裏面，很少有人聽到，那磨穿石壁的鋼錐聲，那敲擊巨岩的叮噹聲，那無數個千萬瀕死者的掙扎爬行……。也許，不只是永遠重複的這幾個字、幾句話，還有另外一大串有限與無限，那最神奇最壯麗的，附麗於它們上面，——不，簡直凌霄花樣，寄生在它們身上，是這些，誘惑我們，叫我們從口袋裏掏出一切。然而，這一切，依舊可以用另外幾個字、幾句話概括。不管怎樣俊麗的精素，必須透過字的肉體，才能通達我們。

「經過這許多年風浪、鮮血，和噩夢，我們早已放棄那幾個字、那幾句話。可它們的那些幽靈，即使我們靈魂空間死了九十九個，那最後一個，卻還剩著、活著，它是那許多幽靈的最後迴聲。它所代表的那最後一字、最末一句，也是那些字句的尾聲性的迴聲。現在，我們就爲這最無可奈何的迴聲活下去。因爲，這不只是一個幽靈，這還是我們最後的親人。」

聽到這裏，黃幻華嘆了口氣道：

「說來說去，我們追求的，並不只是幾個字、幾句話，而是一個彌天大謊。自有宇宙以來最可怕的大謊。」停了停，苦笑道：「就拿我所譯的希臘神話說吧！那裏面，不也充滿謊言、恐怖，和殘忍麼？」

「不，說生命是個謊言，還是樂觀的。因為，當它未揭穿前，至少還是個光輝的謊言，還有一片美麗幕紗，有時，甚至幌閃著一個瑰艷肉體。眞實是：生命中，從沒有過這種光輝、這片幕紗、這段肉體，一分一秒也沒有過。即使這些光輝是虛僞的雲彩，一片空無，從未有過眞實形體，但有時候，它仍然是迷人的、沁人的，正如夏季傍晚有時呈現於天空的那陣紅色閃光。但生命本身──不，一切形體本身，卻永遠是從黑暗到黑暗：課室黑板上寫了成千成萬個黑色的『黑』字，一個字也看不見。而我們卻必須在這片黑暗上爬行，為了那最後的幽靈，我們沒有理由加以痛恨的人。」

黃幻華走到窗口，凝望窗外操場上的夕陽光，一隻隻紅色蜻蜓，正在最後的紅色光輝飛翔、盤旋，透明的薄薄翅鞘面，閃起一片片艷麗。他的聲音，也像這些薄薄翅翼，從空中飛下來，降落到最低點，他喃喃著：

「想不到，我們這一代，就這麼毀了。如此艱苦卓絕的努力過、振作過、掙扎過，卻如此輕易的毀滅了。彷彿你化盡畢生力氣，才爬到喜馬拉雅山雪峰頂，一片冰塊突然破裂了，你整個從山頂滾下來，從最高點跌到最低點，一片破碎。」

「這不僅是毀滅，這只是毀滅的開始。你相信麼？更大的毀滅，還在後面等待我們呢！」

主人凝視那一群群紅蜻蜓。他想起孩子時代，他是多麼歡喜捕捉牠們。儘管大人一再警告：紅蜻蜓捉不得，誰捉，誰就要瞎眼睛，但他們還是拚命捕捉。然而，此刻，即使一隻紅蜻蜓飛到手掌上，他的指頭碰也不想碰了。

「是的，這只是毀滅的開始。」

歐陽孚面對窗外陽光，聲音沉痛的道：

「大風雨前夜，伏在水底的螞蝗，都浮在水面，或上下擺動，人們可以根據這個小小蟲豸，預測天氣。我們對未來的一切預測或幻想，只不過是拿螞蝗作氣象儀器，僅僅具有那粗糙的精確性。究竟是颱風雨，或地形雨，是對流雨，或氣旋雨，是楔形高壓，或鞍形低壓，是一級風，或八級風，這一切，螞蝗身上任何一節細緻環紋，都不能告訴我們。我們的幻想的環節，也不能眞實的向我們預報未來的冰洋氣團，或極地大陸氣團，那許多地面逆溫。或渦動逆溫。或下沉逆溫。它只能最單純的告訴我們：是一片太陽光或一陣暴風。光憑這一點，我們還不能精確的描畫未來。

「當然，在昏天黑夜中，即使能預告我們明天的太陽，也是好的。然而，單從這一點，就構繪一幅整體，是很危險的。

「一切悲劇，也正從這裏來。

「現在，人們幾乎完全毀滅了——或蠲廢了(這等於毀滅)一切觀測氣象的儀器，而單單聽命於螞蝗的多環節的身子。這正說明，我們是處在怎樣一個危險的緊張時代。人們已沒有時間利用工業時代的最新科學成果了。過度的危險與緊張，迫使人們不得不倒退到農業時代，抓住手邊的一切原始武器，來投入鬥爭。」

他轉過身子，望著老朋友的瘦削姿影，低低道：

「你等著吧！還有更可怕的變化在前面等我們呢！」

黃幻華正要開口，一條樸素的秀麗姿影，展現門口，他聽見羅眉茵的柔軟聲音——她從學校回來了。

「你們在談什麼？又是人類的命運？眞理的外形和內形？生命的本質與抖顫？……算了，歐陽，別老是這樣關心別人了。還是先把我們自己廚房收拾收拾，準備吃一頓可口的晚飯吧！」

五

視覺，起點是固體或液體，玻璃體或透明液；它的投射，卻如氣流直升、斜升，和巨大的渦漩，橫貫宇宙的光、色、香：一切奇妙的空間與斷層。它能越過帕米爾高原，以及它的因地震而被塞斷的巴爾唐河，也會沉入死海底。有時，它是太陽裏的黑子，熾烈而可怖，燒毀所有被它凝視者；有時，卻是阿爾卑斯山頂冰河冰塊，凍結一切透視對象。它會沉醉於樓蘭古織品殘跡中，也會旋舞於最新的火箭拋物線裏。它隨日珥的噴射而四濺，也伴空間深處一切返光、折光、變化曲線，而返、折、變化、是如此微妙的透明體，是萬千生命珍惜的靈犀，但在這個星球上，竟有它唯一的憎恨者。

這個憎恨者，是我們的歐陽孚先生。

他常常想，假如當年多一粒子彈，使他右眼也遭遇左眼命運，那麼，這許多年來，他就可以省略多少不必要的視覺旅行。藉這片玄妙視覺，偉大的天文學家，可以狂吻日面米粒狀，但他那隻獨眼，卻不得不常沿著碗面旅行，發覺有人在搶刼他碗底最後一粒米。更壞的是，爲了一些比米粒更小的誤會、矛盾、成見，當全人類爭取整個地球自由時，他又一次失去自由，有好幾年，以四堵灰暗牆壁爲唯一視覺飼料。是因爲他與S市一家左翼報紙記者閒談過幾次麼？那是他多年前的一個獄中老友、老同志，他們所談的是S市社會新聞，和柴、米油鹽，幾乎沒有多少正經話。他既是一個小報編輯，同行間偶有往來，原無所謂，而且，閒談中，他已正式向這位老友表示，他對政治再不感興趣了。是爲了他寫過幾篇諷刺現實的小品麼？寫這類文章的人多得很，爲什麼只有他獨中那個可怕的「頭獎」？是因爲他十幾年前曾經驗過牢獄生活，因而叫他再溫習一遍，像小學生溫課麼？這個理由，更不能成立。是因爲他隻身入陪都，單身獨宿，形跡可疑麼？山城裏中年單身漢多得很，何況他已結了婚？是因爲他妻子在淪陷區？這個理由，更荒謬得無從想像。但不管有多少不能成立的理由，他命定必須重溫達摩大師面壁十年那一課。因爲，有一個最重要的理由，是實實在在成立的：他得罪了同事B。在淪陷區的孤島S市，B沒有什麼權力，在重慶，他卻有。（他那個調查統計局，每一個職員都有。）至少，他擁有能陷害他的充分權力，更具備羅織罪名的能力。實際上，單憑他過去那段牢獄歷史，而他目前竟無黨無派，這就夠他遭受懷疑，再度蒙難了。

「假如當年再飛來一粒子彈，乾脆也叫我右眼變成無光的石頭，多好！」他常對羅眉茵嘆息。

「假如這樣，你能和我結在一起麼？你能享受現在的家庭溫暖麼？」羅嫵媚的笑著望他。

「是的，『溫暖』。現在，我總算是一個生活在溫暖火光圈裏的人了。」他帶點苦笑嘆息著。

然而，即使是一千個一萬個嘆息，也不能解開那個致命結子，——那個將影響他今後一生的黑色命運的結子。在這片黑色命運面前，他不得不運用多少年來應付各式風暴的經驗。這一代人，生於風暴，延長生命於風暴，也將死於風暴。他們儘有一大套隨風暴浮沉的常識。

他想，人在風暴中，總該有一種謐靜。越是浪濤最狂時，一個老舟子越嘆默，越恬寧，甚至越平安。因為，反正一尺以外，就是深淵，而且，整個肉體，已進入深淵外壁，靜與不靜，都是一樣。根據幾十年經驗，他覺得還是靜點好，這可以保障你的靈魂高度集中，因而也保障肉體暫不被毀滅。

愛倫坡那個關於挪威海峽大漩流的故事，永遠是一個現實寓言。也許，即使被毀於可怖的海底，仍應有一種自豪，因為，他終究有那種偉大的高峰式的岑靜。一個人既生於屈辱，就應死於驕傲。

不過，這份謐靜的代價，是可怕的。從挪威大漩流底歸來的那個漁夫，帶回一頭白髮，和一個啞然的嘴巴。他從幾年牢獄唄靜中，倒帶回一份宗教心情，特別是，對基督教的幻想。假如生命必須有幻想，也只能在一本羊皮聖經上獲得。他已試驗過各式各樣幻想，都毀滅了，只能在十字架空間，嘗試最後一次幻想。他知道，他已折轉身子，再走回原路，走那最老最古的路，這說明，他靈魂完全衰老了，一切勇氣已耗盡了，他對這個文明世界再不感興趣了。可是，他還得活下去，爲了自己，更爲了羅眉茵。她從幾千里外來，他不能叫她失望。於是，唯一的路，只剩下通各各他的路。

從牢獄出來，他決定儘快實踐兩件事：一件是，設法在輪船上找個工作，哪怕當茶房都行；另一件是，探尋那個拿撒勒木匠走的路，向十字架靠攏，必要時，準備受洗禮。

「你以爲，你在陸地上找不到的，水上就能給你麼？」日本天皇陛下尙未宣佈投降前，一個黃昏，當陽孚出現於林欝家中，要求這位老友在水上替他找一隻飯碗時，林睜著那雙幽邃的眼睛，望了他一會，發表一份懷疑的意見。

「也許，水上和陸上一樣，會叫我失望。可是，我們慣於把一些已經滲透我們血液的失望，叫做眞正的失望，而把一份尙未直接撲過來的失望，當做眞正希望的開始，在這一意義上，水上對我是陌生的，因而也就是充滿希望的——不，一些希望的殘渣，我們永遠沒有希望的新鮮整體。」

「以你的情形，輪船上的待遇不會高，我倒願意介紹你到銀行裏工作，收入要好一些。」

「不，我對陸地厭倦了，沒有一片陸地不帶給我痛苦回憶。活了這些年，城市從沒有眞正給過我快樂。我非常渴望流水，它將給我一份永不固定的生活。假如生活是痛苦，不固定的生活，也就是不固定的痛苦，——至少，它不是一些定了型的痛苦，這樣，就我看來，至少是我目前比較能忍受的。」

「好吧！讓我給你想想法子。」

仗著這位有地位的老友幫忙，一個月後，他在明生公司明元號輪船上覓得庶務員位置，待遇雖不很高，卻夠勉強維持生活了。假如他能奉守斯多噶派的生活方式，不像某些其他船上人員狂嫖濫賭，還可撙節一個小小數目，爲羅眉茵的地下室生活增加一些愉快呢！

羅眉茵同情他的黑暗心情。愛情的光明，暫時只能照亮它的一部分，不能滲透它的整體，因此，相當支持他改行。再說，又一個兵荒馬亂時代，找個工作也眞不容易。

然而，明元號的羅盤針，可以由船頭駕駛員掌握，命運的羅盤針，卻只能由一些代數符號XY控制。幾個月後，抗戰結束，照理說，這是一個眞正幸福的開始，但對他那條船和整個明生公司說，倒是大災難的開始。幾乎一半重慶市民都衝到這條船上，逼它把他們帶回闊別八年的東南故鄉，還不算成都及其他華西城市蜂擁而至的乘客。各式各樣人，包圍幾條可憐的船。各式各樣機關，包圍明生公司。船上每一個水手，每一個職員，甚至連每一個伙夫，全變成衝鋒的對象，我們的歐陽孚先生，當然也不例外，雖然他毫無能爲力，因爲他是一個新手。一條船規定載客六百人，最多時，竟達一千兩百人。每次開船前，有七、八個機關，主要是與輪船有關的檢查機關，及軍警機關，總要極緊張的開幾次協商會議，議定如何安插他們保送來的買不到票的搭客。僥倖協商成功，開船後，船上可又發生各式各樣悲劇。就拿他那條明元號說，十一月上旬啓碇前，有一對情人私奔，被原妻發現，窮追上船，大哭大鬧，終於演出一齣「打漁殺家」。有一次，啓錨前夜，一個白鬍老頭子，南京人，長跪在躉船上，居然哭了一夜，腦門不斷撞船板，叩了幾百個響頭：

「求你們行行好，把我帶回家吧！我有八年沒有回家啦！我一定要回家鄉呀！我是買票的呀！人家拿了我的錢，把我帶上船，說就算買過票啦！不付買票錢，我怎麼能上船呀！你們現在又臨時查票，不認帳，把我硬趕下來，這是傷天害理呀！我一定要回家哇！你們不讓我回去，我就死在你們面前。我是花了買票錢的呀！做做好事吧！……」

人們發覺，因爲叩頭太多，他的額顙青一塊、紫一塊，腫起來了。

天亮啓碇，快收吊梯時，船上經理像拾一筐爛蘋菓，匆忙把他拖上船，總算表現出一點人性。曾經聽他一夜哀嚎聲的滿艙乘客，嘆了一口氣：

「這老頭子要笑得三夜睡不著覺了。」

額頭浮腫一大塊的老人，一登船，「嘭嘭嘭」跪著給經理又撞了三個響頭，這樣，那青青紫紫額上，又添了一個新腫塊。

船開了，新的戲劇，一幕幕演出。一個孕婦擠得生下孩子。另一個孕婦流產。一個患心臟病的老頭子病死了。一個搭客上船後，晝夜賭博，輸光全部旅行費和私人財產，跳江自殺，又被救上來。另一個患嚴重哮喘症的病人，熬不過痛苦，服安眠藥自殺。……每一天，發生的大小悲劇，比巴黎歌劇院的悲劇歌劇還動人。此船最大容量只能裝六百人，竟載滿一千二百多乘客，一到晚上，全船變成一隻偉大的鯊丁魚罐頭，密密麻麻，擠躺著一千二百多條鯊丁魚。僅僅爲了搶抽水馬桶四周一點點地盤，人們至少大打過四、五次架。

作爲庶務員的歐陽孚，即使是一個千手觀音，這一千隻手也要累得像敗殘花朵，朵朵落地。十一月、十二月這兩月，他的嗓子沒有一天不嗄啞，他肉體上所有聲音，全像擠檸檬汁，被擠光了。

「看來，水上這隻飯碗，比陸上飯碗更可怕。假如陸上飯碗是鐵蒺藜做的，水上那隻，卻是刀尖做的。」有一天休假，他對羅眉茵嘆息。這時，林藹他們早已復員回S市了，他再沒有其他選擇餘地了。

「算了，做人是貓一天狗一天，過一天是兩個半天，你不必太認眞。我看你平生最大毛病是，對生活太嚴肅了。」羅眉茵溫和的勸他：「良心這兩個字，本是一種裝飾品，就像玫瑰花一樣。從前，我們花瓶裏，曾插過玫瑰花，我們的生活也不見得更好點。現在，我們瓶子內沒有玫瑰花，生活也不見得更壞點。」

「不，我們可以閉上眼睛，不看任一朵玫瑰。但深夜偶然甦醒，有一些奇異的聲音，我們總無法拒絕。」

「你硬硬心腸，一定要拒絕，總可以拒絕的。」

「不，這種聲音，不是你拒絕得了的。有的人，畢生未聽過這種聲音，這是些眞正走運的人。有的人，卻很容易聽見它，而一聽到，它不只衝入你耳膜卵圓窗，還滲透你的血液，你根本就談不上拒絕。」

「聽到這種聲音，又怎樣呢？」

「不，眉茵，你要知道，人類的眞正延續，文化和歷史的眞正進展，就全靠這樣的聲音。沒有它，或完全拒絕它，不只整個地球面的一切存在不可能，連我們之間的一切，也不可能了。」說這段話時，他特別有點感觸。他似乎回憶起什麼。他的語調放低了：「你要知道，你從幾千里外來找我，以及我們今天這份關係，生活，一大部分是靠這種聲音的。」

羅眉茵不開口，默默抓住他的手。有好一會，他那隻獨眼裏，充滿感傷神氣。他用另一隻手握住她另一隻手。

「看樣子，眉茵，我們只有選擇通各各他的路了。走這條路，我已考慮過好幾個月了。」

他低低嘆息：「假如人類不能找到最新的路，只能選那最老的路。」

這場談話後一月，歐陽孚進山城某小教堂受了洗禮。過了半個月，經丈夫勸說，羅眉茵也在同一聖公會舉辦入教儀式。她私下認爲，丈夫的選擇，即使不全對，至少，也不全錯。目前，她首先要做的是，讓丈夫遍佈創傷的心靈獲得暫時安慰。

六

你要我們歐陽孚先生怎樣呢？他挑選了一朵過時的玫瑰嗎？就玫瑰愛好者說，不管它是花園裏的，還是紙紮的，或畫上的、照片上的，對他都是新鮮的。歐陽孚對基督教，並不像一個玫瑰嗜好者那樣熱狂；對他，這只是生活中一片必要的顏色、必要的香氣。沒有這點，他再支持不下去。這不是新鮮與陳舊問題，是必要與否的問題。假如，他用短刀割斷自己靜脈，那又怎樣呢？匍匐於十字架下，總比割斷靜脈好一點。明知這似乎有點向後轉，但後面有玫瑰，前面沒有，怎麼辦？沙漠上的人，假如已乾渴五天，又假如他還活著，他會擎起任一杯毒藥酒止渴。只要它是液體，當毒藥未發作前，至少，他還可多活幾十分鐘，而焦渴本身，此刻連一分鐘都難延長。一秒鐘的死亡與一分鐘的死亡之間，人毋寧把後者當做剎那救星。只要再繼續六十秒鐘，就會有六十個希望了。

過去三十年中，可能，他有三千個或三百個希望幻滅了，但在最後的靈魂沙漠上，他還得捕捉那最後的六十個或三十個希望，必要時，甚至最後最後的一個，都行。沒有這個，他就得在短刀與安眠藥之間抉擇。正如他對黃幻華說過的：「你可以厭倦一切人，包括那些最愛你的人，但你沒有理由殺死他們。」他又對他表示過：「現在，我們連進瘋人院和高舉手鎗對準太陽穴的自由也沒有了。」凡有一個眞正愛你的妻子的人，實際也眞是這樣。他並不有意想採摘各各他西番蓮，但乘麥哲倫航船繞地球兜個半圈後，一些現實因素和精神症狀，卻叫他仍不得不接受那些古老原則。這些原則，在麥加有，在耶路撒冷有，在北印度和中國黃河畔，也有。

不管怎樣，這個漢玉一樣樸素純潔的女人，不遠數千里來找他，向他奉獻全部最後的青春，與誠摯的觀念。此刻，他們雖然生活於兩間地下室，可仍保持最低的穩定與家庭溫暖。這是一份平凡生活。但在這個混沌的類似洪荒的時代，這卻是一份極可觀的生活。比起黃幻華與鄺乍齋來，一向最不走運的他，由於妻子的純粹奉獻，卻暫獲一片風暴較少的港灣。每次從黃、鄺家裏回來，他就更珍惜這個港灣。水上生活儘夠痛苦，但休息的日子，他依然能和妻子準備一頓豐富的晚餐，餐後，一杯咖啡或一杯茶，一場電影，或一次街頭散步，有時，則是一次下午郊遊，甚至還能到南溫泉划一次船，欣賞那渺小的飛瀑呢！所有這一切，對他這樣一個經過幾年無辜牢獄生活的人，已是地球上的最大伊甸享受了。他還找尋什麼呢？他還希望什麼呢？

那個深夜裏的聲音，——也是他靈魂裏唯一的最後一個漏洞，他採摘各各他西番蓮補上了。就目前說，這是一種輝煌的彌補。

他還希望什麼呢？他還尋找什麼呢？

在他生命中，在那神聖的筵席上，過去一直佔首席的，其實不是基督教，是時間。花紅著，葉子綠著，菓子紅熟著，是這個首席主人。事情紅了，事情黃了，又黑了，也是他。「你紅我！」「你熱我！」「你火我！」又是他。「這個女人很海！」「這個少女很花！」「這個女子很牡丹！」仍是他！一切崩潰著，只有這個主人永不崩潰。星星是他的心，月光是他的皮膚，太陽是他的肌肉，風是他的血液。風不會變成廢墟，他也不會。這個主人，又美麗又野蠻的統治他三十多年，現在，他第一次不再愛他了。當他才一決心擺脫這些粗野的星星和風颸時，它們立刻墜落，滑走了。他爲什麼要受他的宰割呢？他又給了他什麼呢？他把他扔到廢墟中，自己卻風樣游走於永恆大宇宙。他不僅仇恨他，而且厭倦他了。

當一個人不再意識到時間對肉體的壓力時，也就是他眞正自由時。至少，這個世界，沒有什麼對他特別重要的了。一個人生活中，沒有一樣特別重要事情時，也就是他最輕鬆時。因爲，沒有它，就是沒有重量，沒有那可厭的壓艙物，對一艘薄皮小艇說來，是眞正遨遊的開始。他不是瑪麗號郵船，也不是納爾遜號軍艦。他也不想做郵船或旗艦。

他目前所以選擇基督，是在放棄一切可厭的壓艙物後，未能選擇一個較可愛的壓艙物。

他所以選擇水上生活——一艘平凡的輪船，也就是爲了斷絕與一切旗艦的關係，專挑一條較輕快的薄皮小艇。明元號儘管是可怕的，它的載重量，比起大郵船或旗艦，卻輕得像一條薄皮艇了。此外，在沉悶的都市生活中，他也還有其他選擇自由，補足前兩項選擇所留下的空白。

某一個晚上，他和溫柔的妻子談到都市與家庭時，他嚴肅的黧色臉上，第一次顯出點笑容。

「在都市裏，人們沉迷於各式各樣的實有，但眞正痛苦人魔祟人的，卻是那片偉大的抽象。人們很容易解決一個實有的謎，比如，以水解渴，以米解餓，以布解寒，但人們極難解決那些抽象的謎。人們以無窮實物佔有那片抽象荒涼，卻永遠征服不了，也塡滿不了它，仍留一片或大或小空白。正如哥德式塔尖，渴望飛翔，升入無限永恆，人們內心也有個塔尖，要求更高更遠更大的飛翔。有些人砍掉這個塔尖，也有人用地面一切代替天空，用白色尿布代替雲彩，用孩子哭聲代替鳥鳴聲，用遺忘代替無限永恆。然而，那個神秘塔尖仍渴望更高更遠的飛翔。也許，唯一答案，是孩子笑聲，它比雲雀歌唱更繁茂、更壯麗的編織一片新的天空——天空音樂。」

「我知道，或早或遲，你總要選擇這些，向我談這些。你既然已選了基督，當然也不會拒絕他在地球上的美麗代言人。」羅眉茵伸過溫暖的臉頰親親他的。「那麼，親愛的，給我一個孩子吧！我們自己的生命幾乎已瀕於毀滅了，讓我們在另一個生命上，找尋一線希望吧！你說好麼？」

他不再說什麼，把她抱在懷裏，溫柔的吻著她。許久以後，他才輕輕嘆息：

「眉茵，多少年來，我覺得很對不起你。今後，我一定要好好報答你。讓上帝祝福你，也祝福這個大風暴時代中的這一小角和平空間。」

當眞，我們的歐陽孚先生，找到他自己的小船和港口了，他內心的暫時平靜，雖然有時被黃幻華與鄺半齋的來訪攪亂，另些時候，也被他對他們的拜訪騷亂，可是，只要他一回到地下室，獨自和羅眉茵一燈相對，特別是，做晚禱時，他很快獲得剎那和平了。

七

大約在他們夫婦受洗兩個月後，黃幻華接到印蒂一封快信。信上告訴他們，考古學家杜古泉先生卜居重慶，正患病臥床，他唯一的兒子因事羈留東北，唯一的女兒，又遠住南洋，身邊暫無親人。他希望滯渝幾位老友，能代表他探望老人。信上已附一張數目不小的匯票，請他們轉給病者。

一個星期日午後，歐陽和黃、鄺到南岸鄉間拜訪考古學家，順便把事先已取出的匯票款子交給他。這天，他精神相當好，倒能下床，躺在籐椅上，和他們談天，由女傭曹媽照料著。

歸來後，歐陽孚對兩位朋友發表自己想法：

「在我看來，這位考古學家，只是『過去』的波浪，甚至是一片消逝了的波浪，一個古蹟，一墩殘碑。他的精神世界，永遠不是我們能攀登的。可能，他峰頂上，有一幅美麗的永恆雪景，然而，在現今這份塵凡生活中，我們命定欣賞不了。不管怎樣，一個人要維持他固有一角的暫時和平，總得花許多現實的努力，與這無關的一切，我們只得一刀兩斷，或者，慢慢的，把它們割斷。」

他這番話，究竟是說給自己聽呢？還是說給朋友聽？這眞是他最後的定論麼？

半個月後，當他再度站在甲板上，凝望黝暗江水時，他不禁想起對考古學家的這次訪問，以及他上面這番話。

面前是水？是江？非水？非江？是另外一種液體狀態？還是一片茫茫陰暗體？他不知道。他已習慣於這樣兀立著。午夜，船上乘客都入睡了，他自己一些雜務，早料理停當。甲板上沒有另外人，只馬達聲不斷響，彷彿不是由於一些火與蒸氣體，而是一些神秘聲音推動著船前進。

他微倚鐵欄杆，歡喜睜大剩下來的那隻孤獨眼睛，凝視矇矓江水。有時，船上比較閒空的那幾天，他就這麼望個半夜。這個世界，這片流水，本沒有什麼再可看的，但他仍愛端詳它們。越是無可見，無可聞，越要看、要聽。只當這個時辰，有關山城的一切，他那個溫暖的地下室，它的一角小小和平，羅眉茵的可愛形相，以及小教堂的鐘聲，或小學校的鈴聲，才以另一種姿態與聲音，出現於他記憶裏。它們應有的那些濃厚成分，被江水沖淡了。那派芬芳氣味，被午夜兩岸田野分散了。另外一些粗糙事物，不諧和的節奏也奇異的溫靜了、和諧了。在這個時代裏，像他這樣一種人，正如他那些走運的或不走運的朋友一樣，是不可能眞正讓自己被大自然吞沒的。他所要求於流水花樹小橋田野的，不是花樹橋水本身，是通過它們形式所反射的另外一片宇宙光、色、香。這些光、色、香，將使他破碎心靈暫獲一個整體，正如各各他西番蓮也會帶給他一個整體。此刻，他手撫著冷冷鐵欄杆，佇立於午夜，膏沐著稀疏星光，潮濕霧淞、露滴，和水氣，他是絕對孤獨的。可他覺得，這樣倒輕鬆些。不，這是眞正的沉重。只因爲沉重得不能再沉重了，而他又是以旁觀者心情領受的，好像明天他以旅行者視覺接受三峽一百八十里重壓一樣，這樣，他反而感到輕鬆了。這是一種苦痛被滿足了以後的沉默。人需要玫瑰與葡萄酒的滿足，也需要苦痛的滿足。因爲，後一項本是這一時代和生活的基調，也幾乎是人類全部歷史的基調。既然長久被這種歷史的時代音樂餵養大了，人當然不可能離開它。但是，今夜，他憑欄閒眺時，所有這些音樂，彷彿比平時離他遠了些，隔一段距離，聽起來，似乎舒服多了。

這一條川江，他往返飄泊一年多了。永遠是單調的兩岸平原、田疇、老樹、小橋，連那偉壯的三峽，他也看得眼睛起繭了，假如水晶體也能起繭的話。當初原以爲，流水接流水，港口繼港口，沙岸連沙岸，是一種新奇的視覺世界。現在，漸漸的，他不再這樣想了。這些山、石，兩岸與阡陌，是異常古老的。它們所蘊藏的幾千年的單調，和幾萬年的沉默，深夜，全裸露出來。這一切並不是可愛的。即使這條偉大的江水，同樣也含蓄一種巨大的單調，沒有一個波濤是新的，沒有一朵浪花是新的，沒有一條水紋是新的。那最新的，經過千萬年重複，也無比陳舊了。它的顏色是陳舊的，聲音是陳舊的。萬千年前那樣雄艷的氣象，在陌生視覺第一瞥裏如此浩蕩的奔流，今夜，也只是一些極度單調而重複的音響、動作、節奏。這不是江水，這似乎是沙漠的奔流。這也不是古代兩岸落雁平沙，是荒涼戈壁的靜面。岸上幾乎沒有什麼人，沒有什麼聲音。即使上面曾走過萬萬千千人，也沒有留下一絲眞正痕跡、聲音。那份空前絕後的單一、嘆然，幾乎叫人恐怖。他就是活在這樣的時代，這樣的陸地與水上，逼自己變成奇蹟式的單調的一部分。他第一次徹底明白，陸地是單調的荒漠，水上也是單調的荒漠。在這樣一個國家，他就找不到一塊沙漠以外的空間。似乎永遠是死一般地沉寂；這片靜寂，隱蔽了無數殘忍、冷酷，與陰謀。這可怖的一切，在水上，也在水下，在船上，也在船下，在船外，也在船內。他究竟怎麼辦呢？假如流水還不能把他流走，什麼能叫他流走呢？那個玄妙的眞正壓艙物——十字架，今夜又在哪裏？那無數個祈禱與祝福，又在哪裏？在陸上，在城市裏，傾倒於瑪格達娜裸腳上的膏油，曾那樣芳香，這些馥芬此刻又在哪裏？爲什麼？爲什麼？爲什麼這麼沙漠味？他們曾經一千次談沙漠，擺脫過沙漠，爲什麼今夜第一千零一次又被沙漠包圍？像那個蘇丹被一千零一夜和一千零一個故事包圍？這不是水，是流動的沙。這不是船，是沙漠駱駝。這不是機器馬達聲，是駝鈴聲。這不是長江天空的星光，是沙漠上的星光。啊，上帝，我的上帝，請給我一陣眞正沙漠大風沙，讓我肉體徹底埋葬吧！

他站著，沉思著，凝望江水。忽然，他聽見一陣人聲——水手的聲音：

「萬縣到了！……萬縣到了！……」

他嘆了口氣，轉過身子，離開甲板，讓自己消失於人聲中。

八

你想不到，這樣一幢老式石庫門房子，會裝滿那麼多人，彷彿掘開一棵枯樹根，發現一口白蟻穴，突然，從裏面爬出那麼多白蟻，簡直是如泉如湧的白蟻。又好像一大排鴿籠，夜裏，靜悄悄的，一點聲音沒有，天才亮，忽然飛出幾百隻鴿子，什麼「黑點子」、「鐵膀點子」、「老虎頭」、「鶴秀」、「洋樓」、「洋黃」，都飛出來了，擠滿屋脊，炳耀藍空。人似中國人口眞多。打了八年仗，死了千百萬人，人還是這樣多，而且要永遠「多」下去。人似雨，越落越多，一條雨飛濺出千百條雨，每一條雨，又噴灑千百水滴。每一條雨線，每一顆水滴，全有歸宿，有江，有河，有溝，有窪，有坑，有下水道。人也像生活於下水道，一揭開水泥蓋子，只見一大片黑溜溜、臭薰薰。這幢小房子，雖有樓，有底，有廂，仍給人以下水道印象。不同是：它的蓋子不是屋頂，而是那座搖搖欲墜的舊板門。

房東一家十口，佔一樓一底，卻把底層隔成兩半，前半間租給一座托兒站，裝罐頭似地，裝了二十七個小孩。靠樓梯口，一個馬桶間，擴建成一個船艙式的小房間，裏面只能放一床、一茶几、兩凳子，賃給兩夫妻，丈夫是郵差。樓梯邊，一間暗房，白天永遠點燈，住著母子兩個。母親是托兒站保姆。灶披間，本爲燒飯，卻出現兩個捏蠟質玩具的光棍漢子，這片煙燻過的黑色空間，白天是他們的工廠，晚上是宿舍。樓梯中側，那間暗室的閣樓上，睡了三條黑大漢，都是碼頭臨時工，晝出夜伏，常深夜歸來，同宅房客，幾乎數月不和他們照面，是常事。與杜披間毗鄰的小廂房，住著四個手工業者在造熱水瓶塞子。白晝，這是他們車間，夜裏，搭臨時舖板床。一隻亭子間，面積僅次於正樓正底和廂房，寓居一對夫妻，房主是書店會計。另一個亭子間，它比上海這類房間稍大一些，就是我們鄘半齋先生的「公館」。這樣，如果我們撥撥算盤珠，這幢房子一共容納將近四十九名房客。加上房東全家，則是五十九個。可房東的胃囊比這幢小房子的大肚皮更大，竟對現狀並不滿足，他異想天開，居然鼓勵會計太太把亭子間暫借給她表兄成婚，自己甘願讓出半個底層，分隔成兩間，又在它上面加了層木板閣樓，把自己八個小天使中的四位，送上這座黑色天堂，騰出來的黑色地獄，則租給會計夫婦。於是，全宅人口，便增加到六十一名。這還不算到房東家臨時住住的親戚朋友，他們，有時，是一兩人，有時是三、四個，佔據那唯一較寬敞的正樓後半間。人們要有莎士比亞式的想像力，才能幻覺到：這樣一點小小面積，竟擠滿這麼多活人。房主善於利用空間的特異功能，說誇張些，有點像美國煤油大王，能鑽油鑽到十八層阿鼻地獄，說平實些，簡直也和一九四五年底復員還鄉的川江民元輪船長媲美。那艘船，本來只能搭六百乘客，他一下子大大「通貨膨脹」，竟裝了一千二百零八人，夜裏，連抽水馬桶四周，都是黑壓壓人頭。

人一多，聲音就多。人是那樣一種專造聲音的動物。早知如此，鄺芈齋先生寧願上帝把人造成魚，大家靜靜游水，只有濺水聲、喋喋聲，甚至噴水聲，卻不會呼喊、吼叫，該多好。在有聲無聲上，比起獅子老虎，魚是比較可愛的生物，彷彿獅虎屬陽性男人，魚卻是陰性女人。（不過，這種說法，也不全對，有時，女人比獅子老虎更厲害，所謂「河東獅吼」、「雌老虎」即是。）一條魚，有時寧靜之至，眞如一朵水仙花。自然，這是指小池小塘小河裏的魚，不是大海裏的鯊魚、鯨魚，或什麼娃娃魚。

鄺芈齋用一尾池魚眼光，觀察這座石庫門內的生物，他（她）們幾乎都是瘋子。從早到晚，人們發出各式各樣呼喊。那不是談話，是吼，彷彿置身非洲叢苑，每頭獅子必須吼，才能叫同類聽見，而且壓倒牠們。大家又像住在前線戰場，炮火喧天，每個人是戰鬥員，在打軍用電話，非狂嘯不可。這幢破舊房子內，住戶即使是一個文雅嫻靜的小姐，也非變成唱

「黑頭」的不成。她必須扮楚霸王，或者，演竇爾登。常常的，遠遠聽去，你以爲人們正爲爭奪祖宗遺產而吵架，其實，他們卻親密的談著家常事務。你以爲他們瘋野得像鬥獸，他們卻自覺嫻雅如幽蘭，從唱黑頭降爲吵架，已算很斯文了。這裏，整月整夜，聲音的洪水不斷泛濫。假如要讓自已聲音流入對方耳部卵圓窗，直叩鼓膜，非拚命壓倒洪水不可。要壓，就必須吵。一吵，洪水收斂，波浪退潮，世界倒似乎鴉雀無聲了。假如人們不吵，地球自已倒彷彿在吵，而且，吵得很可怕，每一片天花板，每一扇牆壁，每一塊地板，彷彿都會發出地震式的吵聲。

　　人們不只是活，而是吵著活。不吵，不足以表現他(她)在活。於是，開門吵，關窗吵，走路吵，穿衣吵，喝茶也在吵，吃飯也在吵，無一不吵。一吵，波浪抵銷波浪，聲音與聲音平衡，天下太平。不吵，天下大亂。

　　這是此一空間的規律，你得明瞭它，徹底洞透它，運用它，否則，你就活該被它趕出去，彷彿它是一塊對你沒有地心引力的球面，你不被吸住，就要從它彈走，被吸往另一個不知所終的空間深處。假如愛因斯坦發現四度空間，這吵，這聲音，就是五度空間。在這樣一個奇妙時代中，在這樣一大片普遍混亂中，人們還能活下去，全靠這五度空間。

　　我們的鄺牛齋先生，天生不是五度空間的居民，但他卻必須住下去，這是他的悲劇。在這些無窮無盡的獅虎吼聲和黑頭喊聲中，他怎樣能欣賞他的可愛的蕭邦「夜曲」呢？在永遠開始而沒有終結的火線喊話聲中，他怎能傾聽莫札特的神妙的「鋼琴協奏曲」呢？在這片可怕的大海中，他怎樣沉醉於德布西的美麗「大海」呢？不可能，一千一萬個不可能。然而，一千個一萬個不可能中，他命定要建立那絕無僅有的第一萬零一個可能。這樣，每天，八小時辛苦工作後，像沙裏淘金，又像青年耶穌到約旦河畔、找尋聖約翰的聲音，他還得極辛苦的尋求生命裏的唯一慰藉和解放。他只能在深夜、破曉，和偶然的較清寂較平靜的時辰（謝謝天，一個星期裏，有時也會碰到半天這種時辰，大體是禮拜天，下午，托兒站放假，人們出去耍子了），悄悄享受他心愛的「夜曲」和「鋼琴協奏曲」。另外的時候，爲了壓倒這片史前洪水，他就播送貝多芬的「命運交響曲」、「第九彌撒交響曲」，或華格納的歌劇。

這樣的生活，夠苦的！他卻說不出。偶有所表示，他那位「獅子座」就睜大一雙渾圓的眼睛，狠狠盯牢他，像一頭猛獸：

「苦？這算什麼苦？沒有蕭邦和華格納，就算苦？『夜曲』和什麼帕西法爾，能當飯吃？當水喝？當襪子穿？當褲帶子繫？我們洛仙（他們大女兒），這麼個大個子，快像大姑娘了，腳上襪子還不斷賣鴨蛋。水仙（他們二『千金』），每年穿她姊姊剩下來的衣服，自出娘胎，從未製過新衣，瑤仙（他們三小姐）的學費，到現在還沒有繳清。你腰間那根玻璃褲帶，早斷了一截，這些，你都不愁，成天只愁你的貝多芬、貝少芬的，愁什麼『二、二計劃』，你這不是應著四川一句渾語：『旗杆頂上拉屎』，忒亮眼？顯世？我看，乾乾脆脆，把你這架留聲機和這些唱片賣了，好好買一條玻璃褲帶，讓洛仙也好買兩雙襪子穿穿，瑤仙的學費也好早點付清。不要成天像孝子守靈，守著這些德布西、德布東的。依我看來，一盤四川魚香肉絲，要比你那個白里遼斯、黑里遼斯味道好多了！」

接著，我們的獅子座大聲數說鄺先生的十惡不赦：

「從前，人家都喊你鄺土豪，可你哪裏有半絲土豪味？要眞正是土豪，我也不住這個破鷄籠了。這哪裏是人住的？這是關鷄關鴨的！這些四川人，都是雄鷄，白天叫、吵，半夜裏也叫、吵，吵得人眞想上吊。都是你不好，不聽我勸告，一定要吃這碗郵票飯，吃不飽餓不死的。別人家做生意，都飛黃騰達了，獨有你，混了幾十年，還是個郵局小職員，而且，偏愛學洋大人脾氣，愛上個什麼外國音樂。這是什麼年頭，還要玩洋音樂？恨起來，我眞要把你這些德布西、德布東砸個稀爛！早不聽我話，一定要服從上司，說調，就調到重慶這個鬼地方。你那位好朋友，神通廣大，高升了，復員回上海了。你個老實土豪，也不想法叫他把你帶走，卻孤伶伶留下來。好，你靠山沒有了，那些川耗子，不欺負你個下江人，才怪！蓉城總算好地方，卻把你調到重慶，明升暗降，說得好聽是陪都，哪有蓉城舒服？你本是個甲級郵務員，現在竟降到一般郵務員，拿這點點錢。活見鬼！一家五口，擠在亭子間裏。依我說，不幹！做生意，跑單幫，一口飯混不到嘴？你就是個老鼠膽子，沒本領闖。我嫁了你二十年，就沒有過過好日子。現在，頭髮快白了，還跟你擠在這個破鷄籠裏，受活罪！」

女人記性並不好，她完全忘記，幾年前，華達貿易行破產後，首先逼他回到郵局的，就是她。不過，現在鄺半齋不想提這些。天可憐見，這幾年被生活折騰得不像樣子，我們的「獅子座」也不像「獅子座」了。她披頭散髮的、瘦瘦的、小小的，倒像一隻捲毛獅子狗，徒有獅形，而無「獅實」。要獅吼麼，必須具備大量蛋白質與脂肪，而且還得不斷補充，這才能鼓動她肺部內燃機那股瘋勁。只有同宅子的那些「四川耗子」，個個稟賦一種特異天才，單靠一點平價米和辣椒，就能鼓足殺勁，從黑夜吼到清早，又從太陽吵到月亮。

每一次，兩位老朋友，黃幻華與歐陽乎來訪，他們的話題，總要涉及四川人這種特殊天才，這是我們鄺半齋永遠談不倦的話題，彷彿這個世界上，一切話題都死光了，只剩下這唯一的一個、最後的一個。有一點，他們三人一致反感，就是：對本地戲異常厭惡。

今天下午，這個絲毫沒有週末味的週末，他們又一次回到這個和地球一樣古老的話題上。

「音響，也有各式各樣音響。有的音響，越聽越靜，給你靜感，像樹葉簌簌聲、古寺鐘聲、蝙蝠聲、風鈴聲、風聲。有的聲音，卻兇暴的霸佔你、閹割你，像都市小商店的無線電聲、救火車聲、街車聲、汽笛聲、叫賣聲、爭吵聲。特別是：某些地方戲聲。後一類聲音播散時，儘管室內窗明几淨，卻不能給你一種明淨感覺。我永遠無法了解，有許多人爲什麼沉迷在那種單調的地方戲中？它窳陋的陳舊音節，幾乎從不可能與我的聽覺相聯繫。每一次聽見它，我渾身肌肉就會起無數鷄栗小疙瘩。」

從煙聽內取出三支煙，分給客人和自己。燃著煙火，鄺牛齋繼續感慨道：

「一世紀有一世紀的靈魂的呼喊，它們化爲音樂，表現靈魂的視覺；它們幻爲繪畫，表現靈魂的色彩；它們凝爲雕刻、建築，表露靈魂的形體。這切，常常是從一片嶄新發展到另一片嶄新。我們這個星球的變化，是如此巨大，假如不是新鮮的，它們很難成爲我們視覺、聽覺、嗅覺的糧食。可是，在我四周，是什麼世紀音樂呢？（他指指樓下孩子的哭聲、女人們的爭吵聲。）是什麼靈魂視覺呢？（他指指破舊木板隔成的牆壁。）是什麼靈魂的形體呢？（他指指對面電線桿附近牆上多年前的卜內門肥田粉廣告畫。）」

他側耳傾聽：附近商店收音機正播送四川戲，他皺皺眉毛。「在這樣的靈魂視覺與形體下，我們的命運只能是，讓我們全身肌肉起無窮無數鷄栗疙瘩。」

說到這裏，從房東屋子裏，發出一些古怪聲音。他們三個，驢子樣高高豎起耳朵，細聽一下，才弄明白，是怎麼一回事。天知道是什麼心血來潮，幾個客人居然模仿最流行的美國「踢踏舞」，把地板響得天崩地塌。

我們的主人長嘆一聲，微瘦身軀整個抖顫起來。

「你相信麼？一個人，有一天，他會完全累了，累得幾乎不能再喘一口氣。不，他連喘息的力量都沒有了。於是，他只想靜靜的，躺著，等死。可上帝偏不寬恕他，不讓他這樣輕鬆的獲得永恆休息。於是，當他每粒細胞滲透死神細胞時，卻又不得不仰體上帝偉大意志：暫時無可奈何活下去。不是他一定要活，是那個倒霉的機體強迫他繼續動作下去。除了安眠藥或手鎗，他找不到別的力量，能強迫停止這種動作，而他對這兩者又同樣沒有興趣。他累極了，累得連買安眠藥和找一支手鎗的興緻也沒有了。假如他有那麼一份強硬的主動，可能，他不會累了。悲劇是，他有無限的奴隸性，隨這個幾乎僵硬了的機體動作，卻沒有一滴主人性，強迫它永恆靜止。眞的，我一點不撒謊，除了做一個絕對聽天由命的奴隸，我現在什麼本領也沒有。」

「我相信你的話。我們大家現在都是奴隸，痛苦的奴隸。」黃幻華低低說。

「不，是戰爭的奴隸，凱撒的奴隸。」歐陽孚補充。

「是的，假如不是有人想做凱撒，假如不是那許多軍火在作怪，我們的命運可能好些。」

「不，即使沒有這些，我們這一代也命定完了。我們嚐過的、見過的、聽過的，太多了，太多太多了。我們可怕的記憶比喜馬拉雅山還高。不同是：珠穆朗瑪峰頂，盡是美麗白雪，我們的喜馬拉雅山巔，卻是黑色的詛咒。」

說到這裏，樓梯上出現一片山崩海坍的爭吵聲，那幾個四川人，又在排演內戰了。剛才還好好跳「踢踏舞」，這會兒，怎麼又爭吵起來呢？他們不知道，玉皇大帝也不知道。

鄺半齋先生低下他微微清癯的臉，諦聽四周一切。「比起我來，你們總算還有最低的自由，聽覺的自由，我連這點都沒有。」

「不，我比你也好不了多少。在我那裏，人不只是人的奴隸，人還是鷄鴨家禽的奴隸。爲了一點鷄鴨飼料，人們幾乎可以流血。至少，連十八代以前的祖先，也被咒罵得從墳墓底跳出來。」黃幻華嘆息著。

「至少，你可以逃出你的井觀齋。你的時間是你自己支配的。」

「往哪裏逃呢？」井觀齋主人苦笑著。「嘉陵江水既不是咖啡，也不是白蘭地，南岸的山峰樹林裏，也沒有高掛著麵包，夜裏，美麗的大月亮，也不是大月餅。那個可羨慕的時代早過去了。一百年前，人們似乎很容易乞討到一頓冷飯。再不，出家做和尙，也可混得一飽。那位唐代大詩人杜工部先生，雖然終於活活餓死，到底也在戚友處白吃白喝過一些時候。現在，物價這麼高，你如靠乞討爲生，連一個月也活不了。」

「我承認，比起你們來，我有較多自由，可以從朝天門碼頭溯江而下，直到長江中游，再從宜昌碼頭溯江而上，返回朝天門。可是——」歐陽孚接過主人遞來的煙捲，沉重的吸了兩口。「滾滾長江水，聽久了，和聽你樓梯口幾個四川人吵架，並沒有多少分別。」他嘆了口氣。

「難道我們永遠沒有可逃的地方麼？」黃幻華噴吐出藍煙。

「有是有的。」

「什麼？」鄺半齋問。

「當我站在船舷上時，腳下兩尺以外，就是永恆的逃遁空間。委實，我很喜歡讓這滾滾江水把我帶到日本海、渤海、黃海，或阿拉伯河和地中海。可是，說來說去，這還是幻華和我曾經談過的老問題。」

「什麼老問題？」

「在逃入永恆以前，先得把妻子兒女送進瘋人院，或火葬場。現在，我又多了個負擔，耶穌基督。也得先讓他老人家再釘一次十字架！」

鄺半齋聽了，不再開口，只默默吸煙。他聽見黃幻華的聲音：

「我並不想逃，也不想進天堂，我的要求很低很低，不，我的永恆幸福，很低很低，只希望我院子裏的鷄鴨聲低一點，人們環繞這些聲音的咆哮聲低一點——那麼，這就是我的剎那天堂——我的五分鐘天堂了。」

「在我看來，你院子裏的鷄鴨，已經是和平天使了。」歐陽孚苦笑道：「你們見過眞正可怕的鷄鴨麼？」他深深吸了幾口煙。「有一次，輪船出事，我在宜昌勾留兩天，寄寓一個民家，隔壁是鷄鴨倉庫。可怕得很。因爲管理人不當心，或者，人手不夠，那些鷄鴨從籠裏逃出來，到處飛，有好幾百隻衝入四近人家。牠們飛跳到廚房桌上，吃光青菜、豆腐、飯與麵，以及一切能吃的東西；又從窗口飛進房，喝痰盂裏、臉盆裏的水，打破茶杯、菜碗，一隻隻，簡直比土匪還兇。有生以來第一次，我發覺家禽是這樣可怕。那些鴨子，幾百隻，吼叫著，簡直像魔鬼的叫聲。」

「那大約是因爲牠們餓極了、渴極了。」黃幻華諷刺的笑著。

「是的，牠們大約餓極了、渴壞了。這是一家官營農場裏的家禽，管理人像後母對前妻子女，有意無意的虐待牠們，常常一、兩天不餵。」

「即使是一塊石頭，餓極了、渴極了，也要發火蹦到你食櫥裏，搶吃的、喝的！——你們見過被夏季太陽連曬許多天，變得火火熱熱的石頭麼？」

「不，連死屍也會饑渴得跳起來的——那些僵屍趕路的故事，我以爲是死屍渴望要吃的喝的。」

樓梯上爭吵聲低下去了，那幾個四川人，回到主人房裏，開始打麻將了。一陣劈劈拍拍聲，像放鞭炮。隨著鞭炮聲，他們扭開收音機，於是，另一陣古怪聲音震響著，依舊是四川地方戲。

鄺牛齋扔掉煙蒂，嘆了口氣，把話題稍稍轉開道：

「在一生中，一個人既不能只喝一條河的水，也就不能只有一種情感。春天情感，就和冬天不同，持螯賞菊時的內在場景，也和七月流火燙脊背時的心靈場景不同。我們渴望一個東西、一個目的，比如說，一塊美麗窗帘布吧，有一天，我們眞正得到了，眉毛下面，卻是一雙嚴重白內障老花眼，看不清了。也許我渴望的，是一個少女，有一天，眞有那麼一個少女，投入我懷裏了，可我卻一身痛風症，骨骼僵硬，關節不靈，不能擁抱她了。一雙薄底跳舞鞋，不能穿越大沙漠，更不能爬帕米爾高原冰山。一隻北極白熊的腳爪，也不能穿跳舞鞋，跳探戈。也許，我慾望一隻宋代瓷瓶，快三十年了，臨當第三十年的第一天，我竟獲得它了，可能，由於某種原因，我倒把它砸碎了，或者，再沒有那種感覺，發現它的分毫美艷了，或者，假如我這時正在沙漠上旅行，而帶它在身邊，卻不得不拿它當開水瓶用，甚至作夜壺用，也說不定。」他把煙蒂插到黑色煙缸的煙洞裏。「我只怕，有一天，今天下午我們所感到的苦痛，也完全變質，變得很投合我們的感覺，就像這些四川人，沒有爭吵就活不下去似地。」

兩位客人聽了，不再開口，他們默默吸煙，凝望窗外遠處商店的灰色屋脊，讓自己聽覺被活埋在一片猝發的無線電騷囂聲與隔壁新的爭吵聲中——那幾個四川人才打完兩圈麻將，又爭吵起來了。

本書作者很抱歉，關於我們鄺乍齋先生的最後姿影的描畫，不得不在此暫告結束。對鄺先生，採用這樣一種粗糙的告別式，實在令人遺憾。但作者也設計不出更精緻優美的了。我們乍齋先生的「二、二計劃」，看樣子，永遠付諸流水了。而且，命運再壞下去，可能，他手頭所有的一些唱片，和那隻「大中華」蓄音器，也許都保不牢。儘管這架「大中華」早已超齡，發條越來越鬆，像個老牛破車，每次他享受一通蕭邦或莫札特時，必須施出老式鍛冶工和鼓風機肉搏的膂力，拚命旋轉那隻手搖器。然而，這畢竟仍是他生活裏唯一大事，除了這個，其他全是枝節。這樣一個簡簡單單的人，這樣一種簡簡單單的生活，這樣一份簡簡單單的嗜好，都無法叫他心滿意足，這是一個怎樣的世界啊！你們希望，這個星期日下午，或另一個週末下午或夜晚，他們全家會出去同看電影或遊公園麼？那不可能。他們早已忘記世界上還有什麼好萊塢、壞萊塢了。公園內那幾張長凳子，也硬得很，比人心更硬，還不如在鄺家兩張床上之一坐著，舒服些。也許，他們頗願意到本地小酒館小酌幾杯，但那得「獅子座」同意，而這個下午或下個星期日下午，她是不可能同意的。大女兒腳上的鴨蛋，早把她胃囊塡飽了。鄺先生肚皮上那根「斷弦」玻璃褲帶，也緊緊綁紮她大腸小腸。進茶館麼？鄺先生寧可進瘋人院。這樣，這個下午，這三位老友聚會時，他們只能仰仗一杯淡淡沱茶，一包淡淡華孚香煙，一下午淡淡談話，進行最廉價的排遣。他們生活中，既不再有古典戲劇，也不會飛來一隻浪漫主義雲雀，和他們經常打交道的，只有那匹象徵性的正在南岸爬山的瘦馬，從山腳爬到山頂，再從山上回到山下，從早爬到晚，又從今天爬到明天，以致從中年爬到老年，直爬到上帝站立雲端向牠們微笑招手爲止，那才是眞正脫胎換骨。也許，他們此刻在做著人類最後的噩夢；也許，這還是他們眞正噩夢的第一頁。無論第一頁或最後，反正，一天不「脫胎換骨」，他們生活裏就再沒有什麼新戲。凡是他們所能演過的，都演過了，剩下來的，只是複本與迴聲，此外，準備做殘忍的觀衆，看他們兒子女兒體積逐漸膨脹，脹到能代替他們重演他們所曾演過的那些戲劇。地球就是這樣旋轉的。已旋轉幾千幾萬年了，他們自己也就是這樣昏天黑地旋轉的，已旋轉幾十年了。……依我看，這樣的粗糙告別式，對這些陰影叢中的黑色人物，也儘夠禮貌了。他們不早已吐盡胃液裏所能吐的麼？這些獨白或對白或三白或「三白」（三人白），不正是他們極致扮演的靈魂戲劇麼？好了，再會吧！鄺半齋先生！（也許，在最後一節裏，他會再出現一次，但那時他已不是主角了。）還是讓我們欣賞你可愛的「獅子座」的最後聲音吧！——是這個下午五點三十五分零十一秒開始發出來的：

「哼！又要喝酒。又要請客。還要我炒回鍋肉。哪來的錢呵！房錢還沒付。學費還沒繳。電燈費還沒給。一天到晚，一空下來，你就愛開個話匣子，還想用電唱頭唱音樂，電費比人家多兩倍。哼！一個月只有這點點薪水。還講什麼氣派！請什麼客！………」

「你眞是！老朋友來，難得——」

「我看，半齋不必留我們用飯了，老朋友！何必客套。」黃幻華和歐陽孚同時拿起帽子。

「不行！不行！不要走！不要走！內人脾氣，一向這樣，你們千萬別見怪。」

「去！去！拿去！自己買酒去！買菜去！先知教❻你一聲：炒回鍋肉，一定要腿子肉，不要買肋條。」

兩顆尖銳烏珠突出的獅子座，把一疊小鈔票擲到木板桌上，像手裏一副富而好斯的老賭客在攤牌，施出吃奶氣力，猛把撲克全擲到牌桌上，接著，開足窄小胸膛裏的大馬達，她正式向樓下作獅子吼：

「洛仙！去把煤爐開開，先燒一壺開水！水仙！去淘晚飯米！去洗菜！」拍的一聲，她打了旁邊最小的三女兒一巴掌。「瑤仙，你個小鬼！又偷吃抽屜裏的冰糖。快滾！滾下去刷鍋子，幫姊姊燒晚飯去。」

鄺半齋拾起鈔票往樓下走去，忽然，他又轉回來，打開蓄音器，取出一疊唱片，放了一張上去，是貝多芬「第五交響曲」。

「你們先聽聽音樂！我這就來！……歐陽，你力氣大！你開發條。」

兩位老友目送「土豪」的瘦削背影，右手拎了隻菜籃子，其中一個，不禁聯想起馬致遠那首著名小曲「天淨沙」中的一句❼，他那隻獨眼有點發怔了。將近兩分鐘之久，他竟忘記開發條，請那位偉大聾子登場，傾訴他的命運吼聲了。

九

在本卷，作者曾勾勒過一堆屬月球陰面的人物，以及他們和我們分手時的最後形姿、臉色、聲音。現在，這類人物還剩下最後一個，我們必須向他握手道「再會」，這就是那位風貌像古董一樣古老的考古學家——杜古泉先生。也許，他的靈魂狀態並未眞正古老，但他與世無緣的生活方式，容易叫人聯想起一些已出土和未出土的殷虛古物。

鏤繪這一件古物的最後形相時，作者頗感無限辛酸。作者已追隨這類人物十幾年了，完成這位考古學家的最後姿態後，他不得不永遠離開這片月球陰面空間，和它上面的一些居民。究竟今後是否眞不會再遇到這類陰影麼？他自己也不敢保險。但在這個巨大故事中，那些非常陰暗的河流，必須在這裏告一結束，或者，乾脆讓它們自己流到黑暗大海裏，或改道，或逐漸乾涸。

陰面也好，陽面也好，對月球本身，並沒有多大區別。總是那些寰形火山石、沙磧、山岳和荒漠、石頭和陰影。不同的是，在我們視覺裏，一面是接受太陽的反射，一面卻沒有。也許，從火星或其他星球角度看，它的陰面正是陽面，我們所見的陽面，卻是陰面，也未可知。但那是另一種星球觀念。目前，我們首先生活於地球觀念中。我們是地球人。

在地球人視覺裏，我們的杜古泉先生，似乎屬於月球陰面的居民。

自然，杜先生也曾從月球陰面衝出來過。抗戰勝利前三年，當他老朋友印修靜先生被裝進一隻磁罎後三月，他離開N大城，從海路漂入西南，找到他唯一兒子杜松平先生。一個六十左右的人，能具如此勇氣，一半是由於他平生旅行本能與嗜好，一半也由於他還想作最後掙扎，盡可能讓自己與那半個明亮月球多接近點。經歷幾個月長途奔波，因爲病發，他在昆明休養時，正是印蒂暫居重慶時。他們未能照原定計劃見面。人生總是這樣的，一些我們不喜歡的人，可能與我們天天邂逅、握手，另一些我們尊敬的人，卻三年、五年碰一次，而任一次分別，可能就是永別。以後，印蒂進華西古寺削髮爲僧，因爲商務，杜松年先生卻不得不定居重慶。太平洋烽火燒紅印度洋時，緬甸淪陷，滇緬路商業完全中斷，杜松年便在川江水上做運輸生意。杜古泉也由昆明遷徙重慶。他的體力，一度復原了。經幾位老友介紹，他參加發掘和研究漢墓。空下來，他還想續寫那本中亞及非洲旅行記。抗戰最後兩年，緬甸北部和昆明的交通又重新開放，杜松年又返雲南，重理舊業，父親卻未同去。日本投降不久，兒子隨第一支出國部隊轉到東北，想做皮貨與人參生意，老人便暫被扔在一邊。以後，一場政治風暴高捲，在長春的杜松年先生，竟無音息。有人說：可能，他已上天堂經商去了。他那遠嫁南洋的唯一女兒杜鵑鵑，一時似乎沒有興緻走出爪哇，來訪問重慶。南岸那座芭蕉園，她父親的寄寓，雖然她曾函告老父，等她健康好轉些(她患嚴重胃病)，她將返國探親，與闊別多年的爸爸重聚。他的媳婦，相當洋派，很注意衛生及健康。她貪戀昆明氣候美麗，四季如春，對長年少見天日的又潮濕又悶熱的重慶，畏之如虎。以三個孩子健康爲藉口，一直不肯隨丈夫遷居山城。丈夫跡近失踪後，她更無意爲了侍候公公，常作霧都奴隸了。他們公媳關係不算好。她嫌他太古板，合不來。不過，迫於五倫，有時，也偶爾寄點錢來。(她手頭掌握丈夫大部分歷年積蓄，不寄錢，說不過去。)最近，聽說老人病漸重了，說要來看他，可到現在，還是只聽樓梯響，不見人下來。據有人說，即使對丈夫一時失踪，她也不太關心。原因是，她相貌不錯，徐娘半老，風韻猶存，在社交界很得意，不無幾個男性知交。正由於這個，她過去才堅決反對遷居重慶。但這一切，老人卻蒙在鼓裏。

這樣，他最後一年，不得不在病榻和芭蕉葉子聲中度過。陪伴他的，僅是女僕曹媽。有時，幾位老友也來看看他。

那一塊塊出土漢磚，對他再無意義，因爲太多，後來也不再受社會重視了。發掘了十幾座漢墓，他們既未獲得眞有價值的文物，像山東肥城武梁祠或孝堂山祠的石刻之類，也沒有找到劃時代的資料。殘磚斷塊上的石刻，破闕糢糊，那些帶神話味的鬼神魚龍、奇禽、異獸、祥瑞，只留下一些不連貫的線條。他的「漢墓考」與「漢墓出土記」，只撰寫一半，便提不起精神寫下去了。不久，疾病阻止他繼續參加任何工作。每天，他只能躺臥病榻，或籐椅上，諦聽一陣陣穿過芭蕉葉的風聲，經過一條公路的卡車聲，以及娘姨曹媽的脚步聲。偶爾，他也翻翻幾本舊書及當地報紙。

這個芭蕉園，是一組平房，共四間，四四方方，有點像漢墓。它座落於南岸一條公路附近，是他兒子託人租賃的。兒子歡喜山中空氣新鮮，雖寓重慶，有時也返南岸住兩天，陪陪老父親。

這個住宅特點是，四周都植芭蕉，說是蕉園，不算過分。左近一帶人家，戶主多半兼房主，宅與宅之間，有一定距離。他們大約都飽經滄桑，生怕距離太近，重演大雜院風波，每一座離另一座，越遠越好。人煙既不稠密，古泉先生的蕉園遂顯謐靜。人們踱進來，很難想像，不太遠處，就是一條四通八達的公路。其實，公路並不熱鬧，僅清晨黃昏，車子多一些。其他時間大體像芭蕉園一樣岑寂。一個考古學家，在這片芭蕉聲音中度過殘年，並不算壞事。但作爲一個旅行家，卻免不了叫他感到單調，色彩的單調、聲音的單調、人物的單調、靜寂的單調，——最後，是他自己的單調，老是在床上或籐躺椅上翻兩個身，打一個滾，而且還那樣吃力。

由於偶爾能聽見來往汽車聲、喇叭聲，公路本身倒象徵一種永恆的流動——旅行，對杜古泉先生這樣一位旅行家，不管怎樣，是一種心靈慰藉。他自己肉體衰頽了，從世界退隱了，但這條黃澄澄公路，卻代表他通向世界。

除了芭蕉的綠色和形象外，就是架上几上桌上那些漢代陶俑、陶器，大多有點殘闕，較完整的，已上交歷史研究所。那一尊尊斷臂缺腿臉破身殘的暗色陶俑，不但鮮具古味，卻使他聯想這次地球大戰爭中的那些傷兵病院。那些破了的陶盤、陶碗、陶皿，也使他記起廣島原子彈襲擊後的一些日本住宅內景。

他患風濕性關節炎、慢性腎臟炎、心臟擴大與高血壓，以及支氣管哮喘症。他很奇怪，怎麼會害這麼多病？正像他過去常常奇怪，在埃及和中亞，怎麼會有那麼多傳奇神話？

他抬起頭，凝望窗外芭蕉碧綠大葉子。

那個秋天下午，歐陽孚、黃幻華及鄺半齋來拜訪時，他正陷在這份偶然的「奇怪」心情中。不用說，這三位客人的出現，對他也是奇怪的。

「哦，印蒂這個可愛的孩子，他還沒有忘記我這個被擱在一邊的老古董。」

事情是這樣。大約一個月前，他預感自己末日將臨，曾給印蒂一封信，說他有一口黃色牛皮箱子，存放N大城一位親戚處。後者是他的侄媳婦，印蒂也相識。他打算把它送給印蒂，聊作紀念。箱內積存一些他心愛的古董，有値錢的，也有不値錢的。他認爲，讓平生最好的老朋友的兒子做它們的主人，是一件愉快的事。關於身後其他事項，他另立遺囑，妥善安排。他那遠居南洋群島的女兒，他那去東北後生死不明的兒子，甚至他的侄媳婦一家，他全有些餽贈。他請印蒂不必爲此不安。

「這個可愛的孩子，接到信，竟這樣客氣，馬上匯我一大筆錢，並且託你們來看我，我非常謝謝他。」他吸著粗大雪茄，有點黑黔黔的消瘦臉孔，顯出一份微笑：「在這樣的時代，一個人有時還能記得另一個人，這是件了不起的事。像我那位遠住南洋的女兒，就似乎不常記起她的爸爸。也許，那裏陽光太強烈，迫使她消失對過去的一切回憶。我唯一的兒子，記憶一向是好的，可東北火光卻燒燬他的記憶。也許，連他肉體竟成爲大火燃料，也說不一定。我昆明的媳婦愛享受慣了，這種人的記憶，天生是差的。……另外一些人，大體也是這樣。

或許，陽光叫他們忘記我，或許，火光使他們不可能記起我，或許，一些和火光差不多的東西，強迫他們忘記我。」

他談起幾個老朋友，大多是名學者或名文化人。此刻，他們有的老病，不能出門；有的被灶堂裏的火光燻得喘不過氣；另外幾個，卻被整個時代火光分割開，劃成幾個不同陣地，相互對立著、敵視著，像生活在火線上一樣。於是，他這個「過去」的幽靈，命定是永恆的幽靈，活該被人遺忘。

「抗戰前，我們還有些東西；抗戰中，我們有許多許多東西；現在，我們什麼也沒有了。『天皇』那紙投降詔書宣佈後，眞正投降的，似乎不是我青年時留過學的那個島國，卻是我們自己心中最珍貴的一些觀念、情感、原則。你們看，一切就是這個樣子——一切就是這麼一回事。」

「杜老先生，您有什麼事，需要我們效勞麼？我們樂願盡點力。」黃幻華恭恭敬敬道。

考古學家搖搖頭：「謝謝你們好意。可我沒有什麼需要麻煩別人的。」噴了一口雪茄煙：「是的，沒有什麼需要麻煩別人的。」他苦笑著：「我已經麻煩這個地球六十多年了，不應該再麻煩別人了。」他望望三位客人：「從前，我和印蒂談過：我和某些知識分子一樣，害了『遺產病』。我害的尤其重。（你們知道，我家先祖與先嚴都是金陵鉅商。我堂兄去年逝世前，一直是政界紅人。）這場病，幾乎叫我跑遍大半個亞洲和一部分歐洲、非洲。我到過日本、印度、巴比倫、波斯、希臘、埃及、西歐，以及中國東南西北方，名義上是考古，大部分時間，卻是旅行。因爲，我既擁有鉅大遺產，非巧立名目，好好花掉不可。只有前幾年，發掘漢墓，我算眞正有系統的做了些考古工作。我寫了半部『重慶漢墓考』，和半本『重慶漢墓出土記』。先前，我大部分生命，消耗在對過去古代的欣賞中。我是一個『過去』迷。現在，什麼也不是。中年時代，『將來』和『現在』對我就是一個零。臨到瀕死的晚年，此刻，連我一向迷信的『過去』也沒有了。或許，因爲我自己肉體不久將眞正變成『過去』，我自己將是『過去』一部分，我反而不再珍惜它了。人對自己已佔有的，永不會歡喜的。」

「杜先生，您太謙虛了。您目前孤獨一人，總有些事情，需要別人協助料理的。特別是醫藥方面。我們都是印蒂的好朋友，也就是您的小友。請您別客氣。」歐陽孚依舊提起黃已提過的話題。

「不，謝謝你們好意。確確實實，我很滿足於我的現狀。娘姨曹媽對我照料得很好，她是個善良的四川女人。關於醫療，我算走運，附近南山肺病療養院柳院長，是個韓國人，曾留學日本，能操中日韓三國語言。這個人機伶，有遠見。過去，他本在廬山開設牯嶺肺病療養院，抗戰一爆發，馬上遷重慶。那時，這一帶下江人很少，他捷足先登，選擇南山辦醫院。果然，這些年，生意興隆。我們都是日本留學生，算起來，我還是他前輩。我們關係不錯。他幾次勸我進他療養院，我卻捨不得這個蕉園。人老了，一個地方住了幾年，再不肯換新地方了。我答應他，有朝一日，我眞爬不下床了，再請他讓我住院。每週他來看我兩次，指導我服藥，甚至替我打針。他不說，我也知道，人老了，病太複雜，拖拖日子算了。手頭還有錢，這就很夠了。……可能，我的女兒、媳婦，會從外地來探望我。我的兒子，還是沒有消息。」他雪茄煙在煙缸裏弄滅，他咳嗆起來，憩了一會。「柳院長勸我絕對戒煙，可有時仍想吸，眞沒法。」目光轉對客人：「假如我眞有什麼事，既然印蒂拜託你們，我一定會找你們。現在，一切總算還好。至少，今天或明天，我還不至於拜訪上帝。此外，一切我全馬馬虎虎，無所謂。一個人對生既早已不再重視，對死和死後的一切，自然更不會重視了。」

考古學家談鋒越來越健，似乎好幾個月來的沉默，都要在這一刻砸個稀爛。被沉默大閘門嚴密封鎖的話語，洪水才一開閘，全想滔滔汩汩傾瀉出來。儘管三位客人一再請他休息，他卻不肯。

「你們知道，從前我最愛山水，幾乎走遍大部分中國。東西南北嶽，我攀登過。雁蕩天台和黃山，我遊過。屹立泰山日觀峰巓，我抱吻過剛升起的太陽。漫步華山西峰頂，我欣賞奇偉的夏夜大流星。神幻的黃山雲海，我沐浴過。我也看過雁蕩山天柱峰與展旗峰之間的絕技表演，人們在懸於兩峰頂的一根長繩上翻跟斗，懸空行走。那眞像尼采所說，人必須從這一峰頂跨向另一峰頂。我愛一切名山深處的古跡，一碑一石，一坆一廟，我無不細細賞玩、研究。可現在，我厭倦了。即使我不老，仍健步，也永不想遊山玩水了。我印象中，雖然山山有別，嶽嶽不同，歸根結柢，卻彷彿從一個模子澆鑄出來的。總不外巨巖石峰，削壁千仞，幾乎每一座山都有日觀峰或觀陽台，深嶺的石洞，崛屹的石級，嶸峙的山路，翻飛的瀑布，流響的泉水，泠泠的溪溝，老樹與松風，名剎和五角亭，古池與古潭，名碑及名人題字。雲海雖以黃山最著，別的山也有，只規模小些罷了。當你爬過十幾名山後，再看新山新峰就會覺得，它們的形體，其實不新奇。奇異的，是你的慾望、衝動。你自己期望什麼，找尋什麼，就從山底升入山巔，好凝鑄你的期望和找尋。當你滿足慾望後，任何偉大山峰，也只是一座平凡空殼子，它的外形並無魔術式的玄秘。魔術只是你的本能而已。

「即使我再返回二十歲，我也不想爬山了。除了石頭、草樹，與泥土，那裏什麼也沒有。這種石、草、泥，到處都有，不需要上高峰頂尋覓。至於那最迷人的一幕，在峰頂山巔眺望，望久了，大體也不過如此：反正你在最高處，別人在最低處。

「即使將來乘火箭，身在宇宙空間最高處，也沒有什麼新奇，更不用說它的最低處山峰頂巔了。

「我對一向沉迷的生命最高處，現在是如此灰心，對生命以外的事物——死或死後的一切，更無所謂了。有些老年人，那樣重視棺材，一定選楠木的，或上等椿木的，又一定要用福建漆，漆好幾道，這說明，他們把死看得和生一樣，渴望有頭有尾的熱熱鬧鬧。在我看來，這是不可思議的。」

「當眞，杜老伯對於後事，是否需要我們效點勞？歐陽在船上工作，不常住重慶，我和幻華可以爲您盡點力。」鄺半齋誠懇的道。

「不，你們太客氣了，眞正沒有什麼可麻煩你們的。好吧！假如我想到，會寫信奉告。我在此地也有兩個老朋友，他們會來找諸位的。請把地址留下。好了，不談這些了，談談別的吧！在這樣美麗的充滿陽光的秋天下午，談一些塵凡瑣事，是可惜的。近來，我常常想起我的老朋友印修靜先生。臨終前幾月，他對我談的一些話，我不斷記憶著。眞奇怪，類似他的思想的一些思想，竟然也出現於我思想裏。」

當他這樣侃侃而談時，黃幻華把他們三人地址寫在一張白紙上，交給他。他夾入枕下一本洋裝書裏，是斯文赫定的《亞洲腹地旅行記》。

他望著窗外被風吹動的芭蕉大葉子，綠葉上的陽光，和芭蕉與芭蕉之間的兩株棕櫚樹，幾簇玫瑰枝叢。他用一種清醒的聲音極明智的道：——這聲音彷彿有點像宣示他最後的人生結論。

「永遠是同樣的太陽形、月亮形、蝴蝶形、玫瑰形。在同樣形式下，卻換了成千成萬個主人。這一秒太陽，不是下一秒太陽。這一分鐘月亮，不是下一分鐘月亮。可是，生命容易感到，今年的蝴蝶與玫瑰，不是明年的蝴蝶和玫瑰，卻不容易感到，今年的太陽風或月亮風，不是去年或明年的太陽風或月亮風。因爲，由水晶體及透明液那一串折光所構成的平凡視覺，只是一條街一間屋子內的視覺，不是天文臺的視覺，更不是另一個星球的視覺。其實，那個可怕的惡性循環——地球繞日的橢圓循環，正如另一個惡性循環——葉子由綠而黃而落而化泥且周而復始一樣，雖然不斷畫著同等圓形，但此圓非彼圓，這一片綠、黃、落、泥，不是另一片綠、黃、落、泥。

「一切殘忍壓力中，窗外太陽溫度變化是最殘忍的壓力，它摧殘你的意志，變形你的肉體，用各式各樣幾乎是抽象的魔力搾取你、挫折你，有時，又誘惑你、軟化你，叫你由生變到死。你無法擺脫這，正如一切地面物體，永遠無法擺脫地心引力。

「可是，不管它怎樣固執，隨著時間，這可怕壓力感也會逐漸痲痺。一種新的壓力代替它。經過生活這塊大石頭幾十年磨挫後，你會感到，這個石頭壓力，比窗外天空壓力巨大得多。然而，謝謝天，這片壓力，對於現在的我，也不再成爲壓力了。因爲，無論是窗外天空或窗內窗外大石頭，我不再會成爲它們的對象了。在這個星期或下個星期，我自己可能也要變成天空和石頭的一部分。不幸的是你們。你們還得在這個可怕天空下呼吸，在這塊大石頭下面爬著走。——說詩意點，你們還得在石頭下面開花、結菓。」

「不，我們永遠不可能在石頭下開花，我們僅僅在它下面喘息。」黃幻華苦笑道。

歐陽孚低沉的道。

「不，在石頭底下諦聽柴可夫斯基的『寂寞之夜』，或莫索爾斯基的『荒山之夜』。」

「比起你們來，我是最幸運的。不久之後，我會在石頭底下做著永恆的安特美恩之夢。」

從煙盒裏，考古學家又拿出一支雪茄，吩咐旁邊胖胖的曹媽，繼續向客人敬煙、獻茶。先前，三位客人恐室內煙氣太濃，不利主人病體，煙吸得極節制，只是不斷飲著沱茶。

「杜老，您談了這麼多話，不吃力麼？我怕我們不是替您分勞來了，倒加重了您的負擔。」黃幻華抱歉的道：「歐陽，我們是不是該請杜老休息一會？」

杜古泉搖搖手，在籐椅上轉動著身子。「不，並不吃力。我許久不和朋友長談了。偶爾長談，精神反而強旺。今天是我興緻最好的一個下午。你們的光臨，特別是，作為印蒂朋友來訪，非常使我高興。也許，下一次來時，你們可能不會聽到我這麼多的聲音了。在生命裏，只有第一次是新鮮的、充滿刺激性的。你們不妨把我今天談話，寄一點給印蒂。我們再談一會。」

他憩了一會，抬起陰重的眼睛，凝視窗外那幾棵芭蕉，它們正迎風搖舞，一大葉一大葉的，像綠色雲彩飄浮窗口。

「剛才我說，最近一些天，我越來越覺得，自己接近老朋友印修靜先生了。真怪，像我們這些飽閱世故和書本的老年人，都具有一份共同基調，特別是將離開世界時。我們全感到那相同的情調、氣氛、觀念，和原則。近來，我頗有些奇怪的思想。」

「什麼奇怪思想？」黃幻華問。

「近來我常想，我們很容易拾起一撮鹽，放到飲料裏，喝下去，卻很少有人從這一小顆鹽粒裏聽到海水的聲音，看見海面的顏色，咀嚼到大海無極無限的廣泛，以及海洋形成這點鹹味時所經歷的奇異變化過程。更少人想過，一尾鮭魚也曾穿過這一滴鹽液——這一顆未來的鹽粒，也曾嚐過這點鹹味，從而最後形成牠美麗的鱗紋。這些鱗片上，雕刻著一些符號，寫出牠們的年歲，以及在海裏河裏居住的時間。寓居江南山林邊的人，每年五月，很容易聽見黃鸝或鵓鴣的歌聲，傾聽時，這片聲音流如酒液樣使你酡醉、沉沒，但你很少想起一種閃耀的光，它照入鳥的視覺、肉體，於是，牠的胸下腺活躍了，分泌出一種荷爾蒙，靜靜的或熱熱的流到血液中，再刺激鳥的腦髓，於是，牠歡快的唱了。

「生命從風中出來，又從風中穿過。沒有一條生命不游泳於風中。最沉寂的早晨，依然有最輕微的風飄過。是的，生命開展於風中，正如玫瑰和蝴蝶花開展於風中，但很少有人想過，每一種風的奇異變形過程，以及與它們有關聯的千百種因素。也沒有人想過，蝴蝶有千百種內在變化和外形變化。接受了那投映於視覺裏的一串串色彩，接觸了在肌纖維素上的一串串撫摸，人們以爲：風總是風，蝴蝶總是蝴蝶，很少人從它們第一點壓力、第一粒彩色，計算到最後一點壓力，最後一粒彩色。也沒有一個在海邊享受陽光的人，會展開太陽光譜，或計算起每一種氣體元素的獨有光譜。

「生命佔有生命。生命享受生命。卻很少有生命眞正沉入生命。更少有生命具有鳥類那種感受地球南北極的磁力線的器官（據傳說），在迅速的剎那，立刻感受生命南北極的那份磁力。我們的感官，是如此可憐，在誕幻萬千的生命萬象中，很少能一擊即中，更不能在一剎那，像魯賓斯坦的神妙手指，一秒鐘能彈遍所有鋼琴音階一樣，能遍歷全部萬象變化。科學家只藉助儀器與冗長的思維，才能抓住這整個過程。我們平常人對此，卻一無所知。說到終極，就像我這樣一個幾乎走遍世界的人，活了一生，幾乎也等於愚蠢了一生，無知了一生。另外萬萬千千生命，還不能像我這樣走遍世界，他們的一生，又是怎樣浮淺的在生命的最外層空間掠過，極少有可能進入它的眞正內層空間。」

說到這裏，他嘆了一口氣。「是的，我這一生，就這樣白白度過了，我什麼也沒有抓住。我不只沒有未來，沒有現在，連眞正的過去也沒有。」

談到這裏，客人們從椅子上站起來告辭，他們發現，考古學家在喘息，顯然相當疲倦了。他像一隻足球，儘管打足氣，經不住無數話語的長足大踢特踢，漸漸的，球洩氣了。他臉上興奮的紅光退潮了。

他們把主人扶到床上睡下。誠懇的一再叮囑老人，假如發生什麼事，他隨時可以派人來找他們。

「好，再會，謝謝你們的光臨。我不能送你們了。」考古學家想從床上坐起來，卻不斷喘息、咳嗽，幾乎有點哮喘的樣子。經客人一再勸阻，他才躺著不動。三個客人見他不咳了，替他掖好被子，才慢慢走出去。

客人一走，他就從枕下取出那本洋裝書，對曹媽道：「來，把這本書好好放在抽屜裏。記住，書裏夾有一張紙條，今後，不管什麼時候，假如發現我病重了，不能講話了，就按這張紙條上的地址，通知這三位客人。」

曹媽嘴裏應著，心裏卻想：「這老頭子哪裏會『走』得這麼快？這些日子來，不拖不拖，也拖了半年了。可能還有半年好拖呢？看他今天下午這樣精神，有說有笑的，哪裏就會見閻老五？這孤老頭子眞晦氣，兒子沒消息，女兒、媳婦，只見信來，不見人來。幾個老朋友，前兩個月倒來這裏探望他，這會兒，鬼也不見。到底柳院長好，準時來。剛才這三位，也怪忠厚的。看樣子，老頭子不愁沒人送終了！幾年來，他待我不錯，我有良心，我要好好照料他。」

不過，曹媽想法，未免太樂觀點。三位客人拜訪後幾天，杜古泉先生非常不舒服。有好幾日，一直不能下床。也許，因爲他和客人談話太多，也太累了點，也許，是別的原因，誰知道！

一個人既然會莫名奇妙的患這種病，自然也會莫名其妙的嚴重起來。他躺著，頭暈，四肢無力，心口痛，淌虛汗，不想吃，且不時哮喘。

星期三下午兩點，鼻架金絲眼鏡的柳院長按時到了。他嚴肅的端詳病人臉色，坐在白鐵鋼簧床邊，傴僂著瘦瘦高高身子，微探下頭，進行叩診、聽診、量體溫，又量血壓。他皺皺眉頭，用不太流暢的華語道：

「怎麼啦？發生什麼事？情況遠不如前幾天了。上星期天，舒張壓還是九十，怎麼忽然到一百零五了？收縮壓也高了許多，二百零五。……心臟不行。……有點熱度。……」

他迅速改操日語，誠懇的道：「杜先生，我看明天就要院裏護士僱個滑竿，送您進我的醫院，住一段時期，怎麼樣？」

「非常必要麼？」病人也口操日語。

「非常必要。」

床上人沉思一會，慢慢道：「謝謝您的好意。不過，還是再觀察幾天，怎麼樣？……星期六您來時，如果認爲沒有好轉，那麼，我再進醫院，好不好？」他苦笑著。又從日語改操華語：「我眞不想離開這個老窠。」

「好吧！就這麼決定。星期六，如果情形不改善，你就住院。」

柳仍操日語，把聽筒、血壓計，和口表放到黑皮包內。又從裏面取出三包藥與一支針藥。先是替他注射一針，再把口服藥交給病人。

「這三包藥，你每天分三次服，紙包上註明服用劑量。希望您靜靜休養，盡可能少說話，少動腦子。」用華語對曹媽道：「這幾天，你好好服侍杜先生，有什麼事，隨時來醫院找我。」

「柳院長，你眞是個菩薩。我們杜先生，全靠你了。」曹媽眼睛裏溢出淚水。

柳走後，杜古泉的想法，很快又改變了。他想，當眞就這麼嚴重麼？就算嚴重又怎麼樣？嚴重或不嚴重，結果總是一樣。聽其自然吧！

老實說，現在，他連喝一杯水的興緻都沒有，哪裏會對住院感興趣？眞奇怪，人活到有一天，竟變成一根鎢絲，像活在眞空電燈泡裏，可他是一根不再發光的鎢絲。他只感到，四周有一片最純粹的空間包圍他，沒有氣體，沒有聲音，沒有色彩。最妙是，他幾乎走遍半個地球，實際上，卻從來等於沒有他這個人。他自己呢，也覺得不再有自己。過去有一個長時期，他的「自己」曾黏附於「過去」幽靈，一旦這個幽靈完全消失，他的「自己」也就完了。雖說有沒有他是一件小事。可他還活著、躺著、哮喘著，這倒不是一件小事，至少，這是一件麻煩事。說不出爲什麼，有時候，他對自己眞是厭煩。對床、被、枕、帳子、桌子、椅子，甚至曹媽，都感到厭煩。「我爲什麼還這樣躺下去呢？」他不懂。活了六十幾年，這個簡單問題，卻比巴比倫殘餘石柱的確切年代更難回答。

星期五下午，他自覺精神特別充沛，一股神秘力量，從他肉體深處湧溢四肢、大腦皮層。「對了！我眞正要落山了。太陽已經把最後光輝孤注一擲了。」他知道，這叫迴光返照。這時，曹媽正在外面洗衣服，他不想使喚她。他掙扎著坐起來，從桌上拿起一支鋼筆，在一張白紙上，歪歪斜斜畫了一些字，接著，就感吃力，仍躺倒床上喘息。他把紙頭置於枕旁，又怕風吹開，便用自己的懷錶壓住。這隻ＯＭＥＧＡ錶，陪他四十年了。可能，今夜或明天，它將失去它的老主人，孤獨的嘀嗒響，正像老友印修靜先生走後的他家那隻德國自鳴鐘一樣。假如他僅僅是一隻鐘、一個錶，嘀嗒個幾十年，該多好，多簡單！他眞不懂，當年他爲什麼去埃及捫觸喀那克阿門神廟的圓柱和碑石，到古敍利亞廢墟徘徊，赴波斯研究拜火教的遺跡，遊北印度巡禮釋迦的佛跡，甚至穿越玉門關和星星峽，在塔克拉馬干大沙漠四周找尋古跡。這一切石碑、石柱、斷簡、殘絹，究竟又能增加他生命什麼？那許多旅行與腳印，又能給這個世界添些什麼？終點不在非洲沙漠或新疆戈壁，卻在今天，這個下午兩點鐘，或三點鐘，或者，今夜八點或十二點。我窗外陽光多柔和，芭蕉仍是那樣綠，風仍在綠色中穿梭，他的白紗方帳子微微閃動著。謝謝上帝，四周如此謐靜，沒有哭聲與吵鬧，曹媽大約去溪溝邊浣衣了。此刻居然聽不見她一點聲音。也好，沒有一點人聲，正好讓他靜靜走出世界。假如我走了，我的女兒鵑鵑可能仍在爪哇椰子樹下喝巴達維亞咖啡吧？我的兒子松年呢？天知道他是在東北？還是在東南西北？在地面上？還是在地腹？幾個老朋友、老教授，多半回長江下游了，剩下兩三個，像地底古碑一樣，一直活埋於校園，難得出土。地球上風沙這麼多，還是「入土爲安」。他眞佩服自己，這最後的最後的時辰，還能這麼幽默的嘲笑自己和別人。他嚴肅了一生，臨到最後一點鐘，忽然幽默了。不是他有意如此，是他感到自己一生滑稽。

僅僅爲了偶然看到一塊殘闕的發銹的古銅片，一面漢代美女的鏡子，他就突然改行，做考古學家。留學日本，和印修靜先生認識時，他本學歷史。帝國大學畢業後，才回國當了兩年教授。這塊古銅片，又叫他拋棄一切，赴英國讀考古學，他學會阿拉伯文。這以後，就參加一個英國考古團，在非洲和中亞旅行。那個考古團收穫不少，他個人卻成績有限，因爲，此後，他對尼羅河水的興趣，超過法老神廟，對古碑古石古墓古杜的詩意欣賞，又超過它的科學考據，結果，別人對他有意見，他不得不離開那個團體。這樣，他開始亞洲腹地的旅行，直到塔克拉馬干大戈壁的流沙捲走他對古代的一切幻想。這一切，是突梯滑稽的。特別是，他居然也讀過阿拉伯文，這完全是「遺產病」作祟。他記得誰曾這麼說過，有些西方世家子弟，精通十幾種語言，卻一事無成，從不留什麼有意義的痕跡於地球上。哦，痕跡！什麼痕跡！一切只不過是流沙！流沙！流沙！什麼古代、現代，未來無數代，一切只不過是流沙！流沙！流沙！要不是蘆溝橋頭炮聲，他也不會訪問這座山城，在生命殘年，還對漢墓煥發熱情。他更不會被這些芭蕉葉子、葉影子，以及葉子的聲音所包圍。也許，他將隱居N大城的寬大邸第中，享受暮年。即使兒子、媳婦和女兒不環繞膝前，他侄兒一家會給他天倫溫暖。如果不是蘆溝橋炮聲，他女兒也不會遠絕南洋，和他難以團聚。他兒子也不會奔波四方，遷家西南一角。這個巨大事變，使每一個聰敏人都變成流浪者。這是一個偉大的流浪時代。流浪的空間。到處是各式各樣的流浪者。誰知道鵑鵑此刻是不是還在椰子樹下吹海風？荷屬東印度淪陷後，他們一度中斷音信。直到此刻，還不回國探親，說不定她的生活發生變化。說健康惡劣，可能只是托辭。還是他的亡妻幸運，婚後三年，帶給他兩個孩子，就早他三十年走出這個世界。她永遠想不到，他一家人，就這樣七零八落，成爲碎片。啊，遐想這些，有什麼意義？人在最後剎那，畢生的記憶突然湧現出來，像一大片潮水。但他到底曾在人類記憶中生活過三十年，他不想再記憶什麼了。一切只是戈壁流沙，流沙，流沙。有一天，整個地球也要變成流沙。不是已經爆炸原子彈麼？下一次戰爭中，地球眞正會化爲一片流沙和火海。還是現在早點走好。至少，這一刻，芭蕉葉的色素很美，影子很美，聲音也美。它們像一片微妙音樂，伴送他離開這個世界，雖然有點寂寞，卻不是最寂寞。幾點了？他還有力氣側過身子，看看錶，正是午後四點五分。曹媽或許已經回來燒夜飯了吧？爲什麼她不進來看看他？算了！不來就不來。來也沒用。還是讓我悄悄走好。反正紙條上已寫明了。再會！……他哮喘起來。一陣奇異的顫抖似有一台神秘的抽水機在動作，把他肉體裏全部水分吸去，抽乾，搾盡。啊，越抽越快了。……怎麼回事？……哦！我明白了……「再……」

「再會」兩個無聲的字，還未在腦海裏把字形拼湊完整，考古學家就閉上眼睛，一大陣痰湧上他的咽喉。

四點二十三分，曹媽洗好、晾好衣服，（本應早晨洗衣，但上午杜古泉精神不濟，不希望她常離開他，除了燒午飯。）淘好米，洗好、切好菜，又把飯鍋放到煤球爐上，（他頓頓要吃新鮮飯菜。）這才走進室內，看望病人。原還以爲他熟睡了。可那副睡態極特殊。試試鼻翅，一點呼吸也沒有。再摸摸身子，遍體冰涼。她不禁慌了。四處亂張時，發現枕邊一張白紙條，被掛錶壓著。

「曹媽：今天下午，我可能要和你永別了。我死後，請馬上到附近南山肺病療養院找柳院長，請他照我抽屜中那本洋裝書內夾的白紙上所開地址，去找那三位先生中的任一位。他們來時，請告訴他們：我抽屜裏有四封信。我的後事，請按信上所寫的辦理。謝謝你，以及代你看這封信的人。我有些東西，將留給你，酬謝幾年來你對我的照顧。

再會！……永別了！」

這張紙條，是她抓住公路上第一個識字的過路人，唸給她聽的。聽完了，她哭了。上午，他還是好好的，想不到突然發生變化。眞是一個難得的好主人，可身後如此淒涼，一個親人也不在身邊。

她把門鎖上，胖胖臉上充滿淚水。她急忙往南山肺病療養院走去。

就這樣，我們的考古學家被鎖在黃昏寂靜裏。謝謝天，究竟仲秋了，蒼蠅沒來麻煩他的蒼白消瘦的老耄臉孔，只幾片芭蕉葉子把巨大影子，不斷搖晃於窗玻璃上，似頻向他致意。這些影子，遠遠看去，倒眞像一些古代敍利亞石柱的影子，那樣嚴肅、沉默、神秘。

【附註】

❶蘇北土話：「晦乎」即倒楣之意。

❷蘇北土話：「皮臉」意即「玩皮」或「玩耍」。

❸醬「憂」，憂是四川口音。

❹抗戰復員，有人乘木舟東下，中途遇劫，人財兩亡。又俗傳：酆都城是鬼域，鬼魂集中於此。有些迷信遊客，專門入城，進廟燒香。

❺Scylla, Galatea, Byblis, Lounus都是希臘神話中人物的名字。

❻「知教」即「告訴」意。

❼此指「天淨沙」中的「古道西風瘦馬」那句。

第七章

一

潮常在漲，又在落。海灘有時盈滿，有時又一片空白，只閃爍棕色沙粒。人類靈魂海灘正亦如此，永遠變化。假若它固定如磐石，必將僵化，經過賡續的時間狂風，便風化，一碰即碎。永恆的變易，就是永恆的得救。沒有變幻，就沒有那最透明的美，最堅實的人生眞理。這種演變是風，帶季節性，也涵時間性。這一季的風，不是下一季的風。早晨的樹枝搖晃，不是夜晚的花朵款擺。有時，變遷又具有面積、含空間性。這一空間電變，不是另一空間的雯變；大海的閃變，不是高山的轉變；花園的雯變，不是礦場的更變。

一九四×年春天，對於印蒂這群人這一角說來，潮是漲得滿滿的，靈魂海灘經常呈現美麗的泛濫。這是一個燦爛的春季。

清明後幾天，西湖簡直變成一口火湖、熔岩湖，到處迸冒火星。一股偉大熱力，從地腹底傾潑出來。一山一樹、一草一石，彷彿全著了火，遍處火點火花，宇宙間瀰漫強烈的光與熱。那種火熱的華麗，使人不禁聯想起葉凱士天文臺拍攝的太陽圖片，特別是太陽邊緣鈣燄噴射的壯艷景緻。昨天，堤上所有桃樹，還只搖閃著小苞，今天，它們就輝煌怒放紅灩花朵。一片片春氣，猝然如火山瀑布。通過一陣陣熱風，叫一切全膨脹了。湖水漲得滿滿的、熱熱的，那片綠色璀璨，也滿滿的、熱熱的。假如可能，它直欲綠得上與天齊，叫天穹化爲湖，叫湖扮演天穹。一座座山峰似金字塔，溢非洲熱帶味，一襲襲熱氣像山嵐，滲透山綠。天空氾濫無量數光與彩，紅的光，藍的光，熱的光，虹的光，暈眩的顏色，五彩繽紛的色點。巨大光彩中，沒有一條生命不轉化爲帆，脹得滿滿的，飽飽的。每一個人又像爛熟水蜜桃，只要輕輕觸，就會滴下汁液：極甜蜜的流汁。暖孜孜的血液，愉快的旋舞於脈管內。一雙雙眼睛，在額下燁燁放光。每個人都渴望衝出去，衝到堤岸上、柳叢中，湖水邊、高峰頂，放生命投入海洋樣的宇宙光熱中，讓一整個春天的熱烈與旖旎，都透徹心底。這是一個絢爛世界，上帝自己也在無限春氣中昏眩、沉醉，詭變成一個駘蕩的浪漫主義者。

就在這片強烈春情中，泛濫性的愛的季節裏，瞿槐秋和許蘋芳、藺愛禮與李蓓莉，雙雙舉行婚禮。

有多少事，我們說過一千遍，仍不厭再說。有多少題材，我們寫過一萬遍，仍不厭複寫。賽尙納的名畫，主題幾乎永遠是花、樹、山、村與水菓。果根的名畫主題，也幾乎常是泰葉蒂島的女人。永恆沁人的事物，總是永恆沁人的事物。一切沁人時辰中，最沁人的，是婚禮時辰。假如我們說，這一天，這兩對新婚夫婦完全誕變成蝴蝶翅膀的色彩，海水的藍色透明，山嵐的嫵媚，雲彩的嬝娜，一點也不算誇張。

啊！生命！生命！晝與夜！黎明與黃昏！太陽和月亮！春天和秋天！大海與沙漠！流水與高山！花朵與美酒！教堂和肉體！蝴蝶和蟑螂！兀鷹與麻雀！勝利與失敗！愛與恨！悲與喜！……這些萬印千象，兆光億色，在這最幸福的一天，全轉爲蒙娜麗莎身後的山水風景，明暗襯托，爲了烘染畫像那片永恆不朽的微笑。當人們化身爲新郎新娘時，過去一生的一切複雜波浪，都洶湧成幸福的海水，歡樂的巨濤，圍繞著他們，每一秒不停旋轉。

對藺愛禮說來，假如他這一生像十九世紀英國女皇的一頂王冕，那麼，「今天」像燦爛的印度，是冠冕上最亮最大的一顆寶石。早晨，剛從床上睜開眼，就發現室內一片紅光，他還以爲是大火。定睛細觀，才知是一片檸檬黃，一種鮮嫩極了的水菓顏色，一陣陣烘染湧入的陽光，印透白紗窗帷。他的一切俊美幻覺，也隨曦陽光熠耀。他的嫵媚姑娘的整個形相，也伴這片朝陽灼亮了。從這陣起，不，從昨夜起，他的心靈，無論醒著、睡著，都洋溢她的姿影波浪。正午前，當她婀娜的身枝、穿一襲瑰艷的淺黃色毛織西式連衣裙出現時，他的眸子幾乎一直沒有離開過她。他的視覺擁抱她的。他的聽覺也擁抱她的。他的觸覺更擁抱她的。

快午飯了，他百忙中抽空，和她單獨相處，在花園芭蕉樹附近，散步了十幾分鐘。他輕輕對著她耳畔道：

「昨夜，我還這樣想，只有環繞著對你的回憶，我的想像的感情水流，才能勉強運動。假如你的眞形出現，水流反會凝固。就字句或詩來說，它彷彿寧拒絕一個眞實的茱麗葉，而選擇那回憶中或字行中的。那些句子，好像疏疏落落竹簾，影影綽綽的，激發人無窮想像，比眞實肉體所能創造的更豐富的想像。」他傾側過頭，用黑髮悄悄吻了吻她的黑髮。「親愛的，現在，我才知道，這樣想是錯了。由於我們就要溶成一片，你眞實的形體，竟超越一千種想像。今天上午，從一看見你起，我整個心靈與肉體，就完全投入你的心靈與肉體，像游泳者投入水池深處。」

「那麼，昨天和以前，你並沒有投入我？」她撫摸他的鬈髮。

「以前，僅是我心靈投入你，你的肉體，對我完全是一件聖器。」

她笑了。他們迅速互吻一次。「瞧，有人來了！」她推開他。

各種愛情畫幅，儘管表現千變萬化，但除了最新的現代畫和未來派外，比較接近傳統的那些畫面，所傳達的，基本上一致，那就是：人類偉大的博愛情調的濃縮化、微型化。因此，瞿槐秋的感覺和藺愛禮似有點像。也有點不像。由於年齡，他情感的震蕩，沒有年輕畫家那樣五色繽紛。可是，那依舊是驚人的激盪。一生中，只有今天，他才感到自己生命眞正是一股噴泉，華麗而光明的噴射出狂猘生命力。

婚禮儀式樸素而高貴。先去法院登記公證，再在婚宴上舉行極簡單的儀式。除家屬與相好親友，他們聯合邀集一些不得不柬請的朋友，借樓外樓舉行正式婚宴，約四桌客人。午宴開始時，鄭蘊荃代表瞿家家長，從富陽伴老妻來的老父許楨代表蘋芳家長，蘭素子代表愛禮家長，由蘇州偕妻子趕來的長兄李承德代表蓓莉家長（她父母雙亡），先後宣佈兩對新人的婚禮。前一對的介紹人是印蒂，證婚人是馬爾提，後一雙的介紹人是瞿縈，證婚人是喬君野。雙方家長、介紹人、證婚人，陸續簡短致詞，祝賀他們幸福。自S市專程來致賀的林鬱夫婦，由林代表客人，也說了幾句祝語。接著進行午宴。飯後，老畫家客廳舉行一次樸素茶舞，備了豐富茶點，和輕快的音樂。茶舞間歇時間，瞿縈與蓓莉表演鋼琴獨奏，馬爾提奉獻男中音獨唱，蘋芳則作女高音獨唱。客廳四壁，滿掛蘭素子作品，不啻是一個現代畫展。音樂繪畫之外，茶舞結束時，蘭夫人用法文朗誦梵樂希的「年輕的命運女神」幾個美麗片段，由瞿縈譯成中文，算是象徵這次婚禮幸福的美的高峰。

休息了一小時，大約六點多鐘，開始晚宴。筵席設於蘭素子客廳，只辦兩桌，僅限家屬與知交。菜點由樓外樓送來。

論世俗唯美的氣氛，這似乎不大像婚筵或晚宴，倒有點像黃山縹緲雲海瀰溢室內。酒杯內不是酒，是綺麗雲彩。人們在斟滿一杯杯雲彩，笑著喝下去，又把雲彩奉獻別人，把一片五光十色遞給最親愛的人。他們臉上不是笑，也是掛著雲彩。他們嘴裏不是說話，卻是噴吐雲彩。這一片片幻麗雲彩，使人不像活在地面，倒像生活高空。每個人自覺化爲一朵彩雲，在無極無限中飄游。這種神奇雲彩，有一個通俗名字，叫「幸福」。是幸福彩雲把生命神化了、奇蹟化了。他們靈魂竟像一大群白鴿，翩翩飛舞於雲彩下。不管這些翱翔的鴿子怎樣不同，叫「點子」也好，「烏頭」也好，名「老虎帽」、「雪上梅」也好，是「鴛白」、「玉翅」、「皀兒」、「紫犍」、「銅牛」、「銀西」也好，牠們有一個共通特點，就是：牠們的起點就是終點：鴿籠——也就是一種和平而堅實的幸福。也許，他們比這些鴿子更幸福點，因爲，他們還可以更久的勾留於綺麗雲彩間。他們究竟是坐？站？飛？連他們自己也不清楚。他們完全沉醉了。

紫色是葡萄的語言。透過三稜鏡的七種色彩，是太陽的語言。他們此刻的語言，卻是那一杯又一杯酒：葡萄酒的紫色、白蘭地的透明白色、黑啤酒的棕色。也許，他們從未喝過這麼多酒。因爲，這是一個絕少見的綺麗春天。朋友們的幸福，等於是自己的，至少，人們又一次重溫生命記憶中的春季。他們不斷喝著、吃著、談著、笑著，歡樂的程度，超過午宴。因爲在座的都是親人與知己，大家可以忘形。假若他們的聲音是陽光，笑是月光，那麼，隨著言語，纚纚灑灑的光明，就不斷從他們嘴裏噴瀉出來。上帝既然配給他們夢一般的三春和千花萬朵，他們怎能辜負造化的偉大意志？

「現在，窗外，沒有一株湖邊柳樹，不搖閃著你們的笑。」馬爾提笑著，向兩對新婚夫婦祝福。

「哦，沒有一扇窗子，不晶亮著你們的笑。」瞿縈笑著應和。

「此刻，可能，這個地球上，沒有一塊玻璃，不明亮著他們愛情的明亮。」印蒂笑著道：

「來，愛禮、槐秋，乾一杯，讓我代表地球上每一塊玻璃，向你們祝福吧！」

「謝謝你！」藺愛禮喝乾一杯，有點紅著臉道：「讓我代表我洞房內所有窗子和玻璃回答你：今夜，我們將關閉得緊緊的，不叫第五隻耳朵聽見我們的笑聲，也不叫任何星星們聽到我們半夜的笑聲。」

「愛禮！你又瘋瘋癲癲了。你說這些，只代表你自己，可不能代表我。」蓓莉赧紅著臉龐。

「今夜，我的窗子可不就是你的？那些包圍我的玻璃，可不就是包圍你的？」愛禮笑著說。

「蓓莉，請原諒我的孩子吧！這一生，只許今夜縱容他瘋癲，這是他應該瘋癲的時刻。假如世界上有『愚人節』，上帝也會批准今天是我們的『瘋人節』。」藺素子舉起酒杯。

「來，孩子們，爲這個『瘋人節』乾一杯吧！」

瞿槐秋喝完酒，笑著道：「剛才愛禮只代表他自己的窗子和玻璃。我可聲明，今天我代表我寢室所有窗子和玻璃宣佈：我們將敞開得大大的，讓全世界都聽見我們的笑聲，也邀請星光作客，欣賞這些笑聲。」停了停，他大笑。「假若可能，我連整個屋頂都要揭開，好讓全部銀河系星星都變成我們的笑聲。」

「槐秋，你這種樣子，我可要逃回去了。讓你一個人蹲在沒有屋頂的廢墟裏大笑吧！」蘋芳緋紅著臉說。

「好，槐秋，新娘抗議了。罰你一杯！」喬君野笑道。「剛才愛禮的話（畫）倒是寫實派，你的話（畫）卻是達達派了。」

「領罰，領罰！」瞿槐秋一仰首，喝乾杯中酒，笑著道：「沒有一種眞正幸福，不混和著最大的瘋狂。剛才藺老已經鼓勵我們，今天我們應該畫達達派的畫。」

林𪐀首先鼓掌，接著，大家也鼓掌，一致同意。

「槐秋，你得注意，你今天講的，全是達達派的話，只能代表你，不能代表我。」蘋芳脹紅臉道。

「蘋芳，你放心，我這一秒不做達達派，改行做象徵派了。」他望著大家笑道：「我的戀愛經過很簡單。有一夜，我夢見一隻香蘋菓從樹巓落到我嘴裏。第二天，我第一次遇見蘋芳，我知道這個夢是什麼涵意。她也承認：這隻蘋菓，是她有意爬上樹頂，搖落下來的。好了，於是，我們就——」他大笑。

衆人也大笑。蘋芳笑著大聲道：

「這是胡說。是達達派——沒有人相信。」

「不，我們全相信。」大家你一言我一語，嚷嚷著。

「看樣子，你有另外說法了。請你用寫實派風格，或者司馬遷的風格，談談你們戀愛歷史吧！」李茶對蘋芳笑著說。

蘋芳猩紅著臉，微微怔了一怔，忽然，又調皮的笑著道：

「這個，我全不知道。你們還是請問槐秋那隻蘋菓吧！」

大家鼓掌大笑。

「好了，槐秋先生談過他的戀愛史了，愛禮，你也談談你的。」藺太太笑著說。

「哦，媽媽！您今天也——」

「哦，孩子！今天你是主人，我是客人，我可不能放棄客人權利呀！」

「你去問問蓓莉吧！沒有她的簽字、蓋章，我是不能發表任何愛情宣言的。」

「剛才你不是代表你的那些窗子和玻璃，發表過愛情宣言嗎？」鄭蘊荃笑著道。

「可我的內閣總理剛剛不是駁斥我這個外交大臣的談話麼？」

「好了，愛禮，你這是才開始組閣，過了今夜，明天才能算眞正組閣成功，正式有內閣總理哪！你現在這種說法，你的『總理』馬上會把你撤職查辦的。」馬爾提笑著嚷。

「瞧，爸爸，媽媽，我的保護人大哥還在旁邊，他們就這樣欺負我。」蓓莉向藺先生夫婦求救。她大哥李承德是蘇州一個大公司經理，不善於應酬這類言語，聽了直笑。

「我剛才不說過，今天是『瘋人節』，誰叫你拒絕進瘋人院的？寓言裏那口叫人瘋狂的井，只要你喝一口，你就和大家一樣了。」老畫家笑著說。

「好，我喝！我喝。」

「來，蓓莉，你喝一杯葡萄酒吧，讓這代表那片井水。」藺太太給蓓莉斟滿葡萄酒，笑著道。

「井水是灰綠色，這酒是紫色。」

「這井也像人，因爲許多人不願喝，他氣得臉色漲紫了！」藺太太表現出巴黎女人的風趣。

蓓莉笑著飲乾一杯，滿面酡紅。「這片偉大井水，我已喝過了，可我還是不瘋，我仍然說不出。」

「好了，讓我代表蓓莉和我自己回答你們吧！」愛禮笑著道：「爸爸畫了那麼多美麗女像，蓓莉看到它們，非常歡喜。有一天，我問她：『我也很想畫這樣的畫，可我沒有爸爸的本領和想像力量，我只能用生活做畫筆畫紙，找現實主題，——你願意做我的『永恆』主題麼？』她聽了，點點頭。於是——好，蓓莉，我這樣回答，你不會感到緊張吧！」

「不行，不行。愛禮，你不老實。」瞿縈笑著道：「你現在喝的是葡萄酒，不是『忘川之水』，可你健忘得厲害。你完全忘記了，那天下午，你和蓓莉躺在樓下花園那棵雪松旁邊，欣賞德布西的『牧神的午後』？不知怎的，你們忽然打起滾來，差點滾到水泥行人道上。要不是我們趕下樓，說不定你們早滾到大門外，叫柏油馬路上行人飽覽你們美妙的打滾姿態了。……這一段，才是你們戀愛史的本傳、正文，你應該源源本本說清楚。」

愛禮、蓓莉聽了，臉孔直紅到耳根，一時都窘得說不出話。

大家不禁大笑，鼓掌。

「好了，Madame印，我要替我的孩子們討饒了。你這著棋，可把他們將軍『將』死了。你再『將』下去，他們說不定又要逃到園子草地上打滾了。這樣黑的夜，園子角落裏有火赤練，那可不是玩的。」藺太太笑著大聲說。平日，她極少這樣大笑，大聲說話的。

大家全笑了。

一杯酒又一杯酒斟滿，一杯又一杯變成空杯。笑聲一盃又一盃斟滿，卻永遠不再轉爲空盃。人們從未笑過這麼多的笑。這片巨大歡樂，人就是僵成化石，也不會忘記。這個瑰緻的下午和夜晚，是如此迷人，並不是豐富的酒液叫人沉醉，是那火犡的幸福使人酩酊。世界是這般大，地球是這樣圓，幸福可並不如世界一樣大，也不像地球一樣圓。但這個小小空間，這小小一群人，卻是這個星球的幸運者。他們能擁有如此金黃色的時辰，讓自己淹沒於歡樂大海洋中。

音樂、舞蹈、琴聲、歌唱、畫幅、故事、笑話、詩歌、陽光、星光、花朵、春天，這一切編織成一個幸福花環，他們每人頭上都掛了一圈，像夏威夷島胸前五顏六色的土人。

大約將近午夜，終於，蘭素子用誠懇的低沉聲音道：

「朋友們，孩子們，今天我們過得太快活了。我感謝你們，也感謝賜予我們這個幸福的地球。假如我們不是活在這個地球上，就不可能有這麼多幸福和快樂。可是，任何歡樂的筵席，都有它的終點。爲了把這個終點安排得更詩意點，更華麗點、深沉點，我準備請印先生作一次長篇談話，算是婚禮演說，也算賀詞，也算他最大的抒情與忠告。我想請他向我們談談幸福。我想，他的忠告和明智的意見，不僅對愛禮、蘋芳、蓓莉，有極大的教益，就是對槐秋先生和我們，也有可貴的啓示。這樣一種談話，將使我們這場婚宴不落一般俗套，特別是，不會叫我們感到，婚宴的終點，就是歡樂的終點。當然，我也希望，印先生不僅對我們談陽光哲學，也可以談談午夜哲學。在生命裏有陽光，也有午夜。只要我們具有智慧的觀照，任何午夜也會化成光明。我的畫紙上，曾出現過這些，但要把它們譯成言語，這卻是印先生的事了。——怎麼樣？大家贊成麼？」

全體鼓掌，一致贊成。

印蒂站起來，酡紅而明亮的臉孔，充滿愉快。他張大那雙燃燒性的大眼睛，神采煥發的望著大家。他表示，他想談談「幸福」這個題目。

二

幸福不是固體，像一件假山盆景，我們可以隨便放在桌上、几上，又從几上搬挪到書架上，而且，我們可以用手捫觸它的堅度、硬度、柔軟度或光滑度。幸福不是液體，口渴時，我們喝一杯，喝足了算數，而且，我們可以聽見它的流動聲。幸福也不是空氣，單單為了滿足生理需要，我們必須呼吸它，而且，我們可以看見它的飄漾。幸福不是這些。它似乎是一種光體。我們可以設法使它濃或淡，一直淡到無，卻無法拆開它，像拆一座玲瓏寶塔或一個假山盆景。無論是一點、一線、一面，或一座房屋、一片天空，都可以是光，即使是最微小的沙粒一點，全可以構成光的整體，你卻不能一絲一毫拆散它。拆散的，是光的附著形體，牆壁、窗子、布幔，甚至沙粒，卻不是光本身。

火是氣體，但投映在牆壁上的火光，不是氣體。水是液體，反射出的水光，卻不是液體。光僅僅輝煌於視覺裏，只有我們眼球的晶狀體透明時，光對我們才形成光。透明度與光的亮度成正比。越是深徹的透明，光也越強烈。

沒有透明，沒有光，沒有幸福。

當我們靈魂視覺極度透明時，也許，它可以產生其他官覺，能摸觸幸福的硬度與滑度，傾聽它的流動聲，呼吸它的芳香氣氛。

那種像星球一樣旋轉飛翔的智慧水晶體，就能把靈魂視覺的透明度發展到頂點，使我們極濃烈的感受光和幸福。不僅感受，還能鞏固這些。

每一朵花，每一株草，每一個石頭，每一塊玻璃，每一座水池，每一片雲彩裏，我們都可以感覺光。每一分、每一秒、每一個空間、每一根頭髮、每一條手臂、每一片胸膛裏，我們都可以感覺到幸福。必須自己先有幸福感，才能感到宇宙萬象的透明與艷麗。假如我們的感覺是奇異的寶石，即使在黑暗的午夜，它自己也會熠熠發光。

每一個存在事物，都含有幸福，正像每一種元素，都有它自己的光譜。但不管是鈉的很亮的黃色雙線組成的光譜、氦的十二條線的光譜，或氫的七條線的光譜，不管是單色的光、複色的光、波長短的光、波長長的光、屈折最少的光、或屈折最多的光，都需要你視覺晶狀體有健全的透明度。沒有這個，光對宇宙是存在的，對你不存在。

沒有幸福的光，你可以存在，但你只存在於存在和非存在的邊緣上，一個懸崖口，你不能確切的抓住宇宙整體。

我請求你們透明，是爲了希望你們有更多的光，更多的幸福。

今夜，我的最好的朋友，兩對新婚夫婦，像四條夜明魚，游泳在黑夜大海中，但魚身上的光，大多是官能的光，我請求，假如可能，我請求你們捕捉那種阿爾卑斯山頂冰河式的透明，爲了把官能的光變形爲精神宇宙光譜，那是一種更永恆、更鞏固的光譜。

沒有人能否定官能。

在官能蓮花的姿態裏，總有那許多美麗的摺疊、氤氳著的香氣，和神秘的搖顫，從夢色的黑、搖展到畫色的白，從我們的肉體，氤氳到我們的靈魂，從每一朵思想摺疊到每一渦意識。這花，白在生命的臉上，就白在鏡子裏，每一片玻璃上，到處顯出它的色彩與存在。那花，紅在我們視覺裏，就染紅每一扇窗子，每一汪湖水，每一條長堤，每一片海灘，每一甲貝殼。隨著花的凸凹、反射，無窮的光也在凸凹、反射。每一種反射是如此具有彈性，光本身就形成一種神秘的光的肉體，它可以無窮擴大，也可以無窮縮小。

每一秒鐘，生命總想抓住一種光，無論是虹帶的光，還是雲帶的光。官能自己就是光的反射。在我們最深處，有那麼多光要湧出來，向外發射，如射火箭。官能蓮花彷彿不是花體，是永恆放射體。幾乎每天，每人總要發射這種火箭。

可是，我希望這種發射，不僅僅是從你射到我，從花射到花，從蝴蝶射到蝴蝶，從太陽光射到月亮光，應該讓它射到宇宙空間最深最沉的海洋。只有在最偉大的放射中，生命才能得到最醒酣的滿足。不僅偉大，還要有高度透明、犀利，射入我們第一眼面對的任何事物，射透海水，射穿最堅硬的冰山，射中那最複雜的宇宙萬象的核心。

必須把最官能的蓮花昇華為最空靈透明的靈魂境界——成為又結實又超越的花。

是的，幸福！沒有人不願為它奉獻一切。

我們常常習慣於追逐它最燦美、最溫柔的一面。

我自己深深經驗過這一切。我也願再一次回憶它們。

啊！幸福，是從碧琉璃瓦上滑墜下來的朝露，一顆顆貝母色珍珠，滴落在白大理石階上，一粒粒，晶瑩透明，璀璨發光。它的新鮮，帶雲的香味、海的香味，香透入夢，晝夢或夜夢，叫靈魂俊美，自動神經系統沉酣。有那麼多色彩，高空的雲，隔著一岸的紅，環繞它，形成錦鱗、花朵。有那麼多呢喃、翅膀，隨它形成夢中掠過的燕子，花蔭中飛撲的蛺蝶。有那麼多仙緻的氣體、液體，隨它形成月光，天邊的雨虹，這個星球的磁軸，不是南北極，是它。

像在湖上，幸福是荷水香，從我的身上，流到你的身上，滲透我的腦髓處漆體和乳狀體，又浸沒你的灰白結和半月形神經結。它以黑玉眼睛眼睛我的眼睛，以瑪瑙嘴唇嘴你的嘴。沒有一個宇宙粒子，一個氣壓帶，一個選擇收吸或選擇散射，不被它的螭髓鱗脂淹沒。在最高峰時辰，我們不是呼吸通帝座，是通它的星座。這是仙女座大星雲。在所有空間深處星城中，這是我們肉眼唯一清楚看得見的。要記住，我們視覺網膜面所投映的它的鮮麗的光，是它經過九十萬年旅程的人性味的終點。

可是，這一切，依舊取決於我們視覺晶狀體的透明度。特別是我們水晶靈魂的透明度。

我很難描畫這種透明度的極致。爲了再顯這種視覺奇蹟，我不得不求助於聽覺。我們知道，蝙蝠是以聽覺代視覺的，牠利用「迴聲測物法」代替「視覺測物法」。人類的耳朵，每秒鐘，只能聽到二萬次震動上下的聲音，蝙蝠卻能聽到四萬五千到五萬次的震動。我們靈魂視覺的最高透明度，就像蝙蝠的神奇聽覺。而且，它也可以代替聽覺和其他一切感官。那種感官與感官間的轉換作用，和戲劇意味，到了智慧水晶體的透明舞台上，就發揮到頂點。

也只有在這裏，幸福的轉換作用與戲劇作用，才能發揮到頂點。

我親愛的朋友們，我本該對你們完全談幸福，談最純粹的幸福，談花、談月亮與海水、談高山玫瑰與熱帶蝴蝶，這也是我極歡喜談的題目。爲了這些命題和它們的映證，我曾抛擲我二十五年的生命。我應該把我多年來的追求幸福的經驗，坦率的告訴你們。事實上，前面我也曾把我經驗海水中的一些鹽粒，呈獻給你們。可是，坦白說來，（我很抱歉，這種坦白，也許或多或少傷害今夜歡樂場景。）我們無法構成那最完整的幸福圖案，除非把那極花崗石的、極沙漠味的，也變成圖案的一部分。

當然，在人性的窗框內，嵌在裏面的眞正幸福，總是那明亮的玻璃，與塗繪著彩畫的五彩玻璃。不過，要每一天的視覺，都投映這種玻璃的光色，那需要最強烈最恆久的喜悅，誇張點說，那幾乎是比一座太平洋更多的歡樂。從歡樂的海花上，灑射那透明的水珠——幸福。這種水花，在太平洋裏、大西洋裏，天天有，在生活中，卻不是日日有、夜夜有。也許，今天早晨，我靈魂中有這種水珠，正午時分，窗外一個投石子聲，卻影響水珠的透明和圓瀅。對一般人說來，有時候，我們的透明，並不是寶石珍珠，只要放在雨過天青宋磁盤裏，就日日夜夜永恆放光。常常的，它寧是一方平面鏡子，極直率的反映宇宙間每一條光與影、凸與凹、色與彩、直與曲。

現在，我想對你們談談幸福的另一面。我把那極粗獷極麻煩人的，也當做幸福的一部分。

我們的生命，常常在屹嶁的山巒間爬行。願意翻山越嶺者，要爬；不願意攀登者，也要爬。關鍵不在你的意欲或觀念，而在生命本身。只要你有一分鐘的呼吸，你就有一分鐘的山岠與巖岫。我們祖先早就警覺到在平地上的危險，遠遠大於巨峰。比起我們幾十萬年前的遠古祖先，我們現在每分鐘遭遇的山嶽性風暴，已經少得多了。在遠古，我們祖先的每一餐，幾乎都要用全部生命和鮮血來交換，不是我們有愛於那些花崗岩與火成岩，而是，它們早已構成我們生活的本質。那些岬嵑的削壁，正習慣於形成我們每分鐘面對的事物。

初爬山峰時，每分鐘一個神奇，每秒鐘一個驚訝，我們不只會被一座座石頭的森林所禁閉，可能，我們還會發現七、八尺高的仙人拳與仙人掌，以及那些肉食植物貉藻、貍藻。石頭會有如此巨大的凝結，如此頑固的圍攻，「神仙」的四肢會如此粗獷，那些美麗的植物會如此殘忍，我們有點無法理解。可是，生命就是這麼多的凝結與圍攻，構成空間深處的，正是極粗獷極殘忍的。當我們成爲職業的爬山攀峰者時，最大的神奇或驚險，經時間不斷磨礪、研究，也就變成一片單純。無論是峰頂的朝日，峰底的萬丈深淵，全化爲無色無光無形的空虛狀態。

記住，最偉大的聖保羅教堂，或聖彼德大寺，平凡神父們當做經常的踐踏場所。最華麗的印度亞格拉的塔姬陵，一個無知女人的屍體，卻把它當做永久寢室。最名貴的紫窯汝窯磁器，宋朝人曾用來吃家常便飯、喝茶飲酒。文藝復興大師蒂善的名畫，現代一個匈牙利貴族，乾脆拿來當大衣裏子。一個近代最有名的思想家和革命家就說過：對於他，拉斐爾不朽的畫，也不比一雙皮鞋更有用。

最神秘的北冰洋，有愛斯基摩人在拉屎、撒尿、放屁。最危險的太平洋深海底，有萬千魚群在嬉戲。最崛峋的阿爾卑斯山頂，有溫柔的高山玫瑰，和粗硬的岩石。最可怕的非洲大叢莽森林中，有大羚羊在睡覺。最恐怖的機鎗大炮坦克旁邊，有人在喝酒、跳舞。

當我們經常旋轉於奇蹟中時——無論是崇高的奇蹟、危險的奇蹟，我們的感覺，就會變成愛斯基摩人的感覺，魚的感覺，羚羊與酒徒的感覺。沒有一種最高的、不會變成最低的。沒有一種最深的、不會變成最淺的。沒有一種最偉大的、不會變成最渺小的。沒有一種最危險的、不會變成最安全的。

生命是如此複雜、錯綜、多變、險巇，爲了保持靈魂穩定，常常的，我們不得不以玫瑰感覺或龍蝦感覺來面對它。海水淹不死魚。北極凍不倒愛斯基摩人。沒有一種新的巨大泛濫不形成新的船隻。在這裏，幸福本身，也就是化一切敏銳官能爲崗岩感覺的極殘忍的工具。起先，我們千辛萬苦追逐幸福，像蝙蝠追聲音，鏡子逐物象。但當我們眞正獲得它後，卻又覺得，它寧是一種絕大的殘忍。一杯酒叫我們歡樂，一瓶酒叫我們沉醉，一桶酒卻會叫我們變成標本酒精瓶裏的畸形胎兒。

最累積性的幸福，最堆疊性的幸福，即使堆得比伽利略的比薩寶塔還高，它的形式仍是斜的。每一層堆疊，又只是更深的忘卻，更高的麻木。沒有一種幸福，不具有最大的癱瘓性和痲痺性。眞正強烈的幸福，只在那沙漠初雨的第一滴、第一秒、第一分。這以後，它僅是癱瘓與痲痺的重複，不斷攪拌第一秒第一滴的記憶汁液。而這一巨大記憶的維持，又必須倚賴單調的重複。宗教的幸福，即在於許多禱詞的重複、聲音的重複、形相的重複。其他任何幸福的魔術，也出於同一手法。由記憶、懦怯，與官能形成的幸福偶像，常常代替幸福的流動性的眞正本體。

我完全不想做一個幸福的否定論者。我只是對你們——我的朋友，提出我的誠懇警告。必須看清幸福巖巔的巨石，冰河的奇寒，沼澤的陷沒性，洞透幸福地圖上一山、一水、一林、一河，明瞭它可怕的單純與重複後，你才能重新第二次或第三次獲得眞正幸福。只有經歷過無數岭邃的絕境，微妙的玄境，才能在第二次或第三次、第四次攻取最後的幸福陣地。

鏡子是一種簽字，對一朵玫瑰簽字，對一副美麗女臉簽字，對一隻癩蛤蟆也簽字。人性就是這樣的鏡子，它是無窮簽字的化身。人類地球也正是這樣一片無比巨大的鏡子，日日夜夜、每分每秒，在簽字。由於這種輕易的簽字習慣，以及對簽字以後所發生的一切加以頑固的維護，我們所遭遇的生命畫幅，不僅比我們中間最簡單的人所想的爲多，也比那些極偉大的人所預感的爲多。假如倉頡意識到今日的文化狀態，他當初可能不造字。假如亞當當初預想到今天的人類戲劇，他可不會偷吃禁果。我說這些，絕無意誇張生命中的巖峰成分，嵔魔形相，我只想說明，在生活方面、靈魂方面，在高下盤曲複雜叢錯方面，我們所對付的，要比我們祖先所面臨的麻煩得多。沒有一隻果子到嘴時，不耗盡我們鮮血。沒有一座屋頂安全的覆蓋我們時，不絞竭我們的智慧。這是就現實低地說。假如就海市蜃樓說，歷史上所有皇帝和統治者的偉大愛情，絕大多數都是悲劇，或浸透陰影。明白這，今天假如我們能坐在一場豐富筵席邊，當每一個座客捧起第一杯酒時，他應該湧起怎樣一片又感激又沉靜的情緒。沉靜，是我們應該再一次回憶拿破崙第一次橫越阿爾卑斯山時的臉上的光，那是又透明又沉靜的光。

記住，在我們面前，有多少阿爾卑斯山峰，要我們衝過去，又有多少義大利戰役與奧斯特里齊戰役，等我們攻打。

那些最亮的燈光，是美麗的，有時卻是殺人武器。不管是一朵燭燄、一串鎢絲、一座燈塔，它們常叫人忘記火災、爆炸、海水的泛濫。但不管生命奉獻它們多少血，生命仍不願肯定它們是兇手。說得緩和點，燈光也是一種毒害，許多人都害光明病，正如森林貓頭鷹都害黑暗病。沒有人以害光明病爲病，這是此病與一切病不同處。自有人類歷史以來，沒有一種藥能治此病，它也從未眞正治癒過。治療此病的醫生和專家，自己也一生害此病，從未痊癒過。這可能是生命本身最無可救藥處。雖則如此，但只要不讓病入膏肓，始終保持輕等或中等程度，在必須付代價之餘，仍可作一種點綴、一份裝潢——罌粟花也能裝潢田野。適量的此花汁液，有時也能有助於健康。關鍵是，必須有一種洞透萬物的智慧深度與限度。深度困難，限度也不易。

這種深度，可以讓我們洞徹奧斯特里齊戰役全景。這種限度，可以保證我們把這個戰役打完。

在這篇談話裏，我從最透明的，談到最陰暗的。終於又談到義大利戰役和奧斯特里齊。這似乎極紊亂。但它們正是人生建築最基本的三根楹柱。能牢守這三者，我們將獲得眞正的生命宇宙大謐靜、大和諧，以及那永恆的舍利子的堅實、穩定——那極完整、極眞理味的幸福。

三

對印蒂這群人說，他們眞正的奧斯特里齊戰役，是地球農場。

早在兩對幸福夫婦結婚以前，從春天起，他們已著手籌備這個農場。

很久以來，印蒂幾次向朋友們表示，他要辦一個小小農場，作爲個人良心、智能、情感與意志的一種初步鍛鍊，也是他個人理想——人與人新關係——的一個雛形實驗。

不過，緊接著他就鄭重聲明：

「我談到幸福時，曾同時提到最陰暗的，以及奧斯特里齊。我不是托爾斯泰主義者，相信『毋抗惡』式的絕對和平的氣球，可以把人類運入天堂。我也不贊成他那種絕對良心論。沒有適當行動和正面效果的配合，良心僅是自我安慰的心靈裝飾花環，有時只起一半道德作用，有時甚至產生相反的後果。聖西門、傅立葉和歐文式的理想主義，也只能創造一座極小的和平蝸牛殼——蝸牛廬，聊以滿足自己，這個殼再擴大些，馬上會被現實擊碎。儘管如此，按我個人道德原則，只要一天我們是地球人，我們仍該或多或少，無條件的對他人奉獻一點人力物力，以盡一個地球人的最低道德責任。我一貫想法是，假如所有地球人一生一世，永遠爲自己打算——或只在絕對的或相對的有利於自己的條件下，才做利他之事，那麼，這個地球將永遠是一個自私的星球，或充滿自利的星球。其後果，它將不可能獲得眞正安寧，與恆久眞和平。我們並不想做釋迦，或耶穌，或聖人，把整個肉體送交十字架，或割肉餵鷹、投身飼虎。那樣做，不僅不現實，也不必要。除了特殊時刻，如這次抗戰，個人整體犧牲是必要的，此外，在和平年代，每個地球人只要做出部分或小部分自我犧牲，就夠了。整個社會平均道德像一本帳簿，簿子上『利他』一項收入多於『利己』項支出，或者，至少兩者收支平衡，這個社會的秩序將是穩定的，或接近穩定的。如收入遠少於支出，這個社會或我們地球秩序，將是不穩的。正爲了使這個地球多一點這一類『收入』，我這才考慮，我們必須無條件的，奉獻別人一點自己的人力、物力。一個小小農場是這種『奉獻』的具體結晶。這既不是由於托爾斯泰式的良心，或歐文、聖西門式的空想或理想。只當希望我們這種作風能被普及時，我們才強調它的道德原則的重要性。是相對的重要性，不是絕對的。」

在家庭裏，他對妻子與舅子表示：

「除了寫作和出版，我還可以抽出一些時間。我們應該爲人群多做點事。我們不能永遠做夢想家。我們得嘗試把理想幻夢化爲一部分現實。即使失敗，也不要緊。」

天緣湊巧，槐秋的C銀行有一個小農場，在九里松一帶，經營失敗了，想賣，賣不出。賣貴了，沒人要，賣賤了，等於奉送，銀行不肯。這時候，物價三日兩頭賽跑，銀幣不斷直線貶值，商人多把資金囤貨，或作投機買賣，農場是賠錢貨、爛攤子，誰都怕。這個農場，只能光賣地皮，那些破舊房屋和生產工具，沒人要。由於時局不靖，資本家想在這一帶蓋房子的胃口也不大。槐秋聽見這些消息，就和印蒂他們商量。

「行裏已在這農場賠了不少錢，決定洗手了。賣呢，一時也賣不掉。這倒是個機會。只要我們出一筆適當租金，一半等於貼補行裏保養費，他們是願出租的。不過，起碼得租三年。而且，合同要訂明白：一年以後，我們有優先購買權。行裏不得收回或轉售。關於農場作價，應該先估個公道價格。到時候，我們如有力量買，可在三年內分期付款。」槐秋笑著說：

「賣我的面子，和李經理打交道，一切全可通融辦理。橫豎這是個不三不四的小農場，行裏並不放在眼裏。不過——」他沉吟著：「租金倒是小事，一筆開辦費，倒要費點心思呢。」

「這個暫不談，我們先去看看再說。」印蒂說。

一個星期天，印蒂他們和一群畫家到農場巡視一番。它座落在九里松附近，大約二十幾畝地，竹林佔兩畝，茶樹一畝，此外隴地，大半種番薯。農場有八、九間草舍、一座養蜂房、一個羊欄、一個豬圈。

抗戰以前，C銀行買下這個小農場，原是李經理假公濟私，幫朋友忙。銀行派一個職員在經營，並非圖利，只想收穫一些茶葉、竹筍、蜂蜜、豬羊肉和番薯等雜糧，分潤行員，算是福利。想不到收購才兩年，抗戰爆發，接著是戰後社會經濟蕭條，物價高漲，勢如奔馬，幣制又瀕於崩潰，這個小農場也奄奄一息。近年來，百事停頓，只有一個看管人，守在這裏，到處一片荒蕪零亂，簡直像一座刼後廢墟，根本不像什麼農場。

印蒂看了，很高興：

「行，只要有地、有房子、有最起碼的家畜，我們就可以試著幹一下。」

當天晚上，大家在瞿家開了個會。

在會上，印蒂首先發言：

「我們辦這個農場，絕不是爲了經商，我們是經營一個小小理想。由於這是一個沸騰的時代，當前藝術家、思想家或學者們，僅僅把自己囚禁在音樂、繪畫或書報上，或白紙黑字中，已嫌不夠了。我們應該分一部分精力，投入現實生活，為人群做點事。特別是知識分子。因為我們先天條件沾了不少命運的光。假如我們僅為自己而生活，是說不過去的。我承認，過去二年多，特別是抗戰勝利後那半年，我整個沉沒在個人幸福中、歡樂中。那是我二十多年痛苦旅程的一個豐富休息。我也是個人。我也需要凡人的最低享受。儘管比這更高的享受，在西方、在我們的上述階級中，早已司空見慣，但我在我的伊甸園中仍常感不安。每一次從夢中醒來，我清晰的看見這片苦難的大地、喘息的人群。為了這個，今後，我希望我自己，也盼望大家，共同為那些需要援助的人群提供我們的一點小小力量。現在，我對你們的要求並不大，只請求你們捐助一部分畫，和一些人事關係，別的，我和槐秋他們設法。」

「怎麼，單憑幾張畫，就能辦農場？我有點搞不清楚，你究竟是辦農場呢？還是要我們畫農場呢？」馬爾提望著印蒂。

印蒂說明他的計劃：並非用他們的畫辦農場，是請他們為農場在S市舉行一次聯合畫展。「每人捐出二十幅，不需精品或好畫，只要過得去的普通畫就行。

「你們五個人，藺先生父子、爾提、君野夫婦，一共就有一百張。爾提，你爸爸是S市金融界名人，請他老人家賣老面子，把這一百張畫推銷出去。這就是一筆可觀數目了。估計總有五、六千美金吧。當然要扣除畫展費用及你們繪畫材料成本。另外，我自己設法再湊一筆不低於你們捐款數目，這就可以勉強對付農場開辦費了。」

說到這裏，印蒂忽然把話岔開去。

「揚州八怪是清朝美術史上一批闖將，爲當時藝壇吹來一陣充滿新鮮活力的狂風，也給中國美術貢獻了一些可貴作品。他們的領袖金農，才氣特別橫溢，字、畫算是妙品，詩文也是能品。特別是他的分書，與鄧頑伯、伊墨卿、何子貞等人同分畫壇秋色，可能，格調的高雅超過前三人。他的花草，尤其是梅花，堪稱韻絕。和他的藝術相比，鄭板橋的字畫就差一等了。然而在畫名上，卻不及鄭板橋。遍江南皆知鄭而少知金。這是因爲，鄭善沽名釣譽。鄭有些書法作品，把眞草隸篆四體雜湊於同幅，自衒其博、其怪，倒博得一些俗人的讚賞。他的畫幅題款，有的也極怪，也爲了譁衆取寵。他的家書，處處標榜自己清高、崇德、濟世，一派做作氣，竟有人奉爲尺牘經典。他的『板橋道情歌』十四支，更替他賺了普遍的聲名。就像他的橫幅『難得糊塗』四字，及下面的解說，是一種很淺薄的哲學思維，卻正中一般小市民所好，眞跡難求，大家紛購拓片，懸於室內，附庸風雅。我對此人，實在最不喜歡。老實說，眞講趣味，黃愼的字畫，可能比他更有風趣，火氣也少。」停了停，他笑了。「剛才正談農場，我怎麼忽然又大談揚州八怪？主要是我想把祖傳的那幾幅鄭板橋畫竹『驅逐出境』，湊幾千美金，開辦農場。爲了對先祖列宗有所交代，我不得不發表一通上面談話，說明個中道理。」

他的計劃：「這筆開辦費，大半用來購買生產資料，小半作工人伙食費。農場的主要業務，雖然從事農業，稱場員爲工人，也未嘗不可。因爲，這是一個城市企業。正像這裏西湖牛奶公司，稱擠牛奶的人爲工人一樣，雖然他們的工作性質屬於農業。我們先招收二十名工人，十男十女。事先講明：農場不屬於任何私人，歸他們工人全體所有。第一年，我們完全盡義務，把它辦起來。如果一切順利，第二年，它可以自給自足，我們將把農場全部交給工人們經營管理。我們退居朋友地位，從旁義務協助。創辦後，最初幾月，只供他們膳宿，其餘等收穫後，除開支，他們分享全部盈餘，我們這些人，徹頭徹尾不收任何酬報。這樣，既不存在任何工資問題，或勞資問題，也省了許多因這類問題而起的麻煩——包括一些額外支出。」他沉思了一下，繼續道：「根據我的計劃，如果經營得好，一年後，它就可以初步奠定經濟基礎。三年後，它的事業將蒸蒸日上。」

「不管你怎麼說，這仍是個冒險！」藺素子沉思道：「你要我捐四十張畫，這倒不是難事。」

「世界上每一種理想，都是冒險。比起別的千千萬萬種冒險來，我們這個，還算是輕微的，大不了白賠一些錢和人力罷了。」瞿縈幫她丈夫解釋。

「這樣吧！勝利屬於工人全體，失敗則屬於我。我願承當一切最嚴厲的後果。」

「我願分擔我丈夫的責任。」瞿縈堅定的說。

「我也願分擔我大哥責任。」瞿槐秋也從椅子上站起來。

許蘋芳、李蓓莉也先後起立，鮮明表態，願意竭盡個人力量，分擔印蒂所冒任何風險。

「印兄既然這樣勇敢，大家又如此熱情，我也不願做懦夫。畫展事完全由我負責。」馬爾提大聲道。

「我們夫婦願捐出八十幅畫。——不過，一部分是陳畫。」喬君野也高興的說。「除了畫畫，聯合畫展一切事務，我願盡力。」

「這個，讓香香多幫點忙好了。她的時間比我們充裕些。」

「我也願捐出四十張。」藺愛禮道。

「那麼，今天晚上，我就擬農場創辦計劃和招收工人簡章。我們不必登大幅廣告，只要登一個長期小廣告，再在各報發點新聞來配合，就行。我們還可以印刷一些廣告，到公共場所張貼。」印蒂興奮的說：「這個農場，就叫『地球農場』。你們有甚麼意見。簡章要略略詳細點，讓人們多少了解農場的眞實性質。由於它帶點理想性和實驗性，招收工人，不得不附加一些條件。應招者必須具備下面五個條件：一、年齡不得超過二十五歲。二、必須是未婚青年。三、文化程度至少相當於高小畢業或初中。四、身體健康。五、品行端正。你們覺得怎樣？」

大家全表示同意。

五個畫家答應先從舊作中遴選一部分，其餘，盡可能於一個月內趕成。好在不須精心傑構，只要過得去就行。必要時，滲入一些劣作，也沒有甚麼大不了。反正買畫的多是商人，大半是外行。

幾天後，印蒂擬定農場設計藍圖，大體如下：

目前農事重點除竹園茶地暫保持原狀外，主要是種蓖麻子樹，又名蓖麻樹。這種樹，生命只有一年。春天栽植，秋可收穫。它優點是：成活率百分之百，易生長，長得也快，不需施肥。（當然，如能施肥，效果更好。）它秋開單性花，雌花在上，淡紅色，雄花在下，是淡黃色。果實熟了，自然裂開，內有芝蔴似地果子，可以搾油，叫蓖蔴油，是輕瀉藥，也可以製印泥、頭髮油、皮革油，和燈油。它用途廣、銷路大，經濟價值極高。唯一的，是秋收剝菓實，取黑子，儘管繁雜，卻仍算輕便勞動。

除遍種這草本植物，其餘精力，則用於飼養。飼養重心有二：一是養雞，選購澳洲黑和白萊克種蛋數百隻，買一架電孵箱。通過人事關係，先派人到本市一家禽蛋哺坊學習電孵，一、兩個月，基本可以學會。幾百隻種蛋電孵出小雞後，飼養得法——主要靠飼料，上等飼料是泥鰍和小魚——一隻白萊克小雞，四、五個月內，就會有五、六斤重。不到一年，經交配後，新雞就能生種蛋，一月達三十隻。以四百隻雞算，每月出蛋一萬二千隻。按時下洋雞種蛋價格，極為可觀。此外是養兔，選購品種優良的安哥拉兔若干隻，牠們繁殖率極快，每年生育三、四次，一年後，牠們所繁殖的數目，就很驚人了。現在，市面種兔頗俏，安哥拉兔毛更俏，市價也高，據他所知，本市養兔爲業的，大有人在。養兔主要飼料很簡單，只要有人割草，另外再搭配豆腐渣、青菜之類，就行。除了雞、兔，還可以養些羊和蜂，這兩種，入息也不少。三、四十箱蜂，只需一個人管，沿本省鐵路線，一路放過去，蜜蜂自己會飛翔到菜花瓜花地裏，所釀出的瓜花蜜，質地是優良的。特別是蜂皇漿，屬於高級滋補品，市價甚高。當然，飼養員須通過適當渠道，先向本市一兩民間養蜂者學習，或者予以適當補貼，搭他們的班子，一道出去放蜂。至於養羊，就更簡單了，俗話說：「養羊不要本，只要繩子一大綑」，只要有人放羊，一切問題就解決了。

「一個剛開辦的農場，業務要盡可能單純些，不能太複雜，攤子太大、太雜，不只麻煩，搞得不好，還會太浪費人力、物力。這個農場，草創伊始，試驗從事這五項業務，擔子也不輕了。」印蒂解釋。

組織方面，地球農場的經營機構，則稱「地球農場籌備委員會」，大家輪流擔任主席，共十二人；印蒂夫婦、瞿槐秋、許蘋芳夫婦、馬爾提、藺愛禮、李荼、蓓莉以及喬君野、藺素子。餘二名由工人民主選舉一男一女。每人任主席一月，十二人恰好是一年，籌委會設秘書一人，負責實際業務。因爲這些主席各人全有自己工作，僅屬兼任，多半不能抽大量時間從事農場經營。另外，設會計一人，總務和副總務各一人，宣傳員、教務員、美術員各一人。

爲了便於對外聯絡、進行註冊、履行法律手續等等，又虛設經理一人，由籌委會聘定。經理只對外，不對內。經理所辦各事，須籌委會多數通過。經理任期，暫定一年。

經大家民主磋商，請印蒂暫任經理，兼秘書、總務。因爲他可以抽出的自由時間較多。會計由瞿槐秋効勞。宣傳員，邀馬爾提負責。教務員一職，找蘭素子幫忙，由他規劃工人的文化教育事務。美術員，則內定喬君野主持並設計整個農場的美化工作。

「關於時間方面，我建議作如下安排。一般的，印蒂獻出整個上午，瞿縈獻出下午，五時半以後到夜九時，由我負責。你們各位如能零星抽出的時間，爲農場辦點雜務最好，否則，每星期日，大家奉獻全天時間，爲農場工作就行了。」瞿槐秋建議。

大家都同意了。

這次會議，所以開得很順利，不僅是由於大家一片熱情和堅定決心，主要是這個新事業，他們從未經營過，開始籌備規劃，只能因陋從簡。他們深深意識到，最艱巨的困難是今後實踐過程，而不在開首的設計。

四

爲了追求一種理想，人類生命總是從一片艱巨到艱巨，鬥爭到鬥爭。當這種理想——不管它多麼渺小，臨當開始實現時，更是無比困難，到處佈滿荊棘。單是籌備農場開辦費，就是一場大戰爭。轉售幾幅鄭板橋的畫竹甚至作價偏高，也易如反掌，把五人聯合畫展的作品全部推銷出去，可不是簡單事。先不說五位畫家爲創作忙得焦頭爛額，更痛苦的是，他們不僅要賣畫，幾乎同時也要出售藝術良心。以藺素子爲首，他們全是國內著名的美術革新派——新繪畫派。中國傳統的陳套濫調的國畫，和西方的學院派，他們早已唾棄，至少也打入冷宮。這一次，爲了多賣點錢，他們不得不畫一些因襲的國畫，和庸俗的學院派油畫。不只一次，平日說話有點靦覥的馬爾提，竟把畫筆憤憤甩到桌上，幾乎向印蒂大吼道：

「老兄，我這不是畫畫，是當妓女。爲了生活，妓女不得不賣淫，還可以諒解，可一個畫家出賣良心，是一件比拉爾孔雕像更可怕的事。」

「老弟！我全理解你的痛苦心情。妓女賣淫，是爲自己，你賣淫，是爲別人、爲人群、爲社會，上帝將站在雲端宣佈你的貞潔——像聖瑪利亞一樣的貞潔。」

「哼，『上帝！』……S市美術界那些『上帝』們早在一邊等著，準備向我們投石子呢！像砸瑪格達林一樣。我年紀還輕，倒沒什麼，可藺先生爲了他那些倒霉的濫觴國畫，準被那些『上帝』們咒罵、嘲笑，笑他新國畫革命鬧不成，又回老路了，而且『回』得並不高明。」

「眞理總是眞理。等農場辦好了，我們設法再給他開個新繪畫展覽。他的一張女像或風景，都能全部洗清那些『上帝』們擲過來的爛西紅柿的骯髒痕跡。我相信，不太久的將來，你們將把美術界那些木乃伊們砸個粉碎，像砸臭鴨蛋一樣，不管他們全身塗滿多少永恆香料。」

不出所料，畫展期間，這五位畫家，果受到那些「上帝」們和木乃伊們的抨擊、譏訕。蘭素子胸襟素向開濶，一笑了之。其餘四個，由於事先精神上早作準備，思想上也早有估計，總算忍耐住了。

銷畫過程又是一場新的「天路歷程」。爲了這件事，馬爾提被他那胖胖圓頭大耳朵的金融家爸爸排揎好幾次：

「我的好兒子！你這是請我坐轎子爬華山，過老君犂溝和鷂子翻身，這生活，我吃得消？」

老人說明：時下社會經濟幾達崩潰邊緣，物價上升，如倫敦賽馬，鈔票貶値似挪威山頂滑雪。許多有錢的商人，大半精力都用在黃金、美鈔買賣上，誰願意買這些只能掛掛，不能當飯吃、當衣穿的畫？這次畫展，那些像軍事地圖上小紅旗子標籤似地紅紙條子，全是賣他老面子贏來的。每一條紅條子都是人情，有些，是人家還他人情，有些，等待他將來補還人情。

「好兒子，你們這次聯合畫展，撈到五、六千美金，一半等於我包買付錢。算了，你們要辦農場，總比辦賭場、舞場好，我不是支持你們畫展，是支持你們辦農場。……年輕時，我也算是個理想主義者。……」

老人還說明，爲了爭取這次畫展全盤勝利，他將來不得不應付許多麻煩。那些買過畫的朋友，總要巧立名目，向他伸手，或者，有意刮沾他。最叫他頭痛的是：有些平日他不願結交的人，這次特意藉購畫機會，夤緣和他來往。

不過，他是寵愛這位兒子的。而且，他也不缺少精明眼光。正因爲如此，他才不許馬爾提進銀行界，寧願他到西湖邊獻身美術。他相信，這個生活嚴肅、工作辛勤的畫家，或早或遲，總會給他的家庭帶來榮譽。

經費籌措，雖然不是一帆風順，經過巨大艱辛，但不管怎樣困難，通過頭腦、舌頭和手腳，特別是堅強的意志苦鬥，總算一一解決。接著出現的難題重重挫折他們的，是招工問題。一些青年人看到廣告，索取農場簡章，有的來信探詢，有的親自登門造訪，提出一些叫印蒂目瞪口呆的問題：

「你們這個農場，爲什麼叫『地球農場』？它在美國和歐洲是不是有分場？通過它，將來我們能夠出國麼？」一個胖胖青年問。

「爲什麼頭八個月沒有工資？你們這不是封建剝削麼？在二十世紀，怎麼能許可這種殘酷剝削？」一個紫膛臉的青年粗聲粗氣說。

「你們簡章上說，第一年終，除了四個月的起碼工資，要看盈餘多少，大家才能分多少。如果沒有盈餘，除起碼工資外，不是一文分不著？你們這不是耍滑頭？」一個雪白臉孔的矮矮青年細聲說。

「你們選工人條件這麼苛，要五個條件，這算什麼爲人群服務？」一個黑黑青年大聲責問。

另外一些人來，大加冷嘲熱諷。說他們是發神經、演醜劇，將來他們什麼也撈不了，除了供人們茶餘酒後的笑話。

還有人笑他們是些幻想家，白日作夢專家，這個農場，註定非失敗不可，說不定破產後，要把他們「老婆」全部衣褲剝下來，賣了還債。

更有些人，乾脆給他們扣上一頂鷄冠紅的帽子（使他們形相有點像西方近古教士），罵他們是過激派、無政府主義者、××黨代理人，等等等等。幾乎凡是歷史上的一切鷄冠紅的帽子，全請他們戴上，最近戴到法國大革命的雅各賓黨，最遠則戴到古羅馬奴隸領袖斯巴達克斯。

有一次，印蒂開玩笑，笑著對馬爾提他們道：

「還好，這些到底是紙彈，還沒有眞鎗實彈，也沒有開來一排人討伐我們，更沒有組織敢死隊，向我們衝鋒。不要緊，這一切還算吉兆，預言我們這個農場只需支付法幣或美鈔，不需支付鮮血。」

儘管飽受嘲罵和諷刺，倒也同時受到另一些青年的熱情支持。一天上午，有兩個人找印蒂，一個身材高高的，頭髮長長的，一副黧黑面孔，和一嘴胳腮鬍子，年約二十三、四；另一個條幹瘦瘦的，有一雙美麗的小眼睛，秀氣得像個女人，年紀和上一個差不多。高個子叫吳璣，瘦子名徐旭紅。

談不幾句，吳璣就單刀直入道：

「印先生，我很直率的請您回答我一個問題。你們辦這個農場，究竟是爲了一時興趣，還是爲了利用一種巧妙的方式歛財？」

「朋友，我完全諒解你們的直率。可是，我們簡章上不是說得明明白白麼？」

「當眞，你們是爲了想試驗實現一些比較合乎人性眞理、正義、公道的原則，才辦這個農場？」徐旭紅插進來。

「朋友，假如你們不相信簡章上所寫的一切，我另外還有什麼辦法、說什麼話，才能叫你們相信呢？假如一開始，我們彼此之間連最起碼的信任都沒有，你說，我們將憑藉怎樣一種另外的力量，或條件，才能繼續談下去？這個可怕社會，詐騙案天天有，騙子到處是，它們和他們多得已超過人類計算能力，只有電子計算機才能勝任了。不過，我相信，我們在簡章上所說的那些話，它們本身所表現的莊重和自尊心，假如運氣不太壞，是應該能贏得一個具有同等莊重和自尊心的人的尊重和信任的。」

「好，印先生，請千萬原諒我們的鹵莽、粗率。看了你們的簡章，我實在太興奮了。剛才的話，我說得那樣坦白，也正因爲我太興奮了，幾乎急不擇言了。我完全支持你們的理想，唯恐它只是曇花一現，這才用反面的激烈言辭和您談話，請原諒。」吳璣大聲說。

「是的，我和吳璣意見一樣。我們兩個是同學，都是高中畢業生，感到這個社會太混沌，我們沒有眞正的出路。看到你們的廣告和簡章，我們像看見一線新鮮的光明。我們希望，你們能允許我們參加地球農場的工作。我們都不到二十五歲，身體健康，一向正派，從未作奸犯科，未結婚，文化也夠你們簡章上的條件。」

從談話與舉止上，憑他那雙老於湖海的眼睛，印蒂馬上發覺，這兩個正是他所渴望的帶新鮮朝陽氣味的青年。他們的直率、坦白，寧是一種巨大熱情的產物，說明他們還未沾染這個社會的種種習氣。

「好吧，請你們寫一篇簡單自傳。就在我這兒寫。」印蒂指指草舍裏的兩張桌椅。

一小時後，看完他們的自傳，印蒂立刻宣佈，他們是地球農場成員。

「今後，一切請等我們通知書。」

招收符合上面五個條件的男工，不算難事，但具有類似條件的女工，就較難遇見了。可是，經過一段時期後，還是勉強招到了。多數是家境清寒，無力升學，結婚吧，嫌年齡太輕，工作呢，也不易找，她們便報名參加這個農場，求個出路。其中有幾個，對農場信心並不很堅強，但大多數與印蒂談話後，卻對未來理想發生興趣。她們的文化程度，大半是初中，少數也達高小畢業，一般說來，天賦還算敏感。招工過程中，除上述五個條件外，印蒂特別注意的，是報名者的天賦感覺。只有那些敏感的青年，他們才容易吸收嶄新事物。

這二十個青年男女中，可能，還存在一些問題，但大體上，他們已形成一種對未來的渴望，和或多或少的理想氣質，再加上他(她)們的純潔心靈，這就具備一種壓倒的精神優勢，把一切暗淡逆流阻斷了。

招工與籌措農場經費同時進行。

前者完竣時，恰好聯合畫展結束了。

不過，有些事情經過實踐，仍與原先估計大有距離。拿經費說，三幅鄭燮畫賣了五千美金，聯合畫展，除成本淨收入約四千多美金，一共九千多，仍不敷農場創辦費和第一年開支。印蒂不得不把一張文徵明山水送到S市某著名古董店，換了三千多。人是船，錢是水，這樣，他們才能較自由的舒展他們的肉體和靈魂——夢幻和理想。

印蒂每天時間，分割爲三部分，上午在農場三、四小時，下午爲時代出版社編務忙三、四小時，晚間著書寫作五、六小時，每天工作十一——十四小時。他們買了三輛自行車，他、瞿縈與槐秋，各佔一輛。從他們寓所到農場，騎得快點，來回四十分鐘，可算是一種體育鍛鍊。

自從吳璣、徐旭紅接到通知書，來農場後，印蒂立刻分配他們工作。早已接洽好了，徐旭紅先赴本市某禽蛋哺坊學電孵一月。吳璣暫任總務，負責初步基建、房舍修理、生產工具及各種物什購置。他搬入農場，吃飯在附近一戶農家搭伙。

原有十幾間房屋，小修可用。僅需新蓋一間較大草舍，作禮堂，兼教室、飯廳、圖書室，和會客室。禮堂約六十平方呎，可容六、七十人。規模略似小學禮堂，內設五十副桌椅，正中壁上掛黑板，便於上課。地上澆水泥，牆堵用青磚與黃泥混合砌成，頂上覆一扇扇「稻草片」，算是草舍，創業初始，只得因陋就簡。

飼鷄養兔的鐵絲籠，和其他工具，盡量一一新購。食堂灶房所有炊事用品，也要買齊。此外一些生產工具，除盡量利用原有設備外，也要補充添置，諸如：耕鋤的釘耙、碎土平地的平耙、除草鬆土的魚尾鋤、做畦的鍬、集草用的竹梳耙、除草鏟、割柴火的鈎刀、曬種子的簸箕、竹蓆、篩種的篩、盛種子的洋鐵箕、盛野草的竹箕、打樁碎土的大木鎚、整地的棒，甚至扁擔與籮筐等等。

爲了節約，他們從附近鄉間，僱了一批農村泥水工和木工修築房舍。有些用具，比如木器吧，則到舊貨店去「淘」。

吳璣不僅是築舍修房時的監工，也是一切用品的採購員。

一個多月後，當徐旭紅學好電孵家禽，農場基建與一些籌備工作也大致完成。二十名招工滿額。幾百隻澳洲黑和白萊克種蛋也運入場舍。

地球農場正式開幕，是四月上旬，大約在瞿槐秋、藺愛禮兩對夫婦結婚後幾天，一個星期日。

這是一個陽光燦爛天。早晨六點鐘，所有人都到齊，滙集於小禮堂內。開幕儀式很簡單，沒有任何形式舖張，主要節目是印蒂和藺素子的講話，以及吳璣代表工人致答詞。這幾乎不像開幕典禮。但後來閒談中，印蒂卻有他的說法：

「朋友，這僅是地球農場的第一天，以後還有許許多多天。這許多天，每一天可能比第一天更重要，也更豐富、更複雜。爲了摒除一般企業開幕式的虛僞和形式主義，我們這次，應該盡可能簡單化。幾百萬年前，這個地球上，我們的祖先，開始他們的第一次集體鬥爭時，也未舉行任何開幕式。他們全部生命，都忙於和野獸搏鬥。我們這個農場在地球上的第一天，也應該像我們祖先一樣，簡單、樸素、緊張、熱情。雖說樸素，可毫不降低這場開幕典禮的莊嚴。可以說，這是我們在這個地球上過眞正比較新鮮的生活的第一天。我們將永遠不會忘記這一天。」

正式演講時，印蒂發表下面談話。

「親愛的朋友們！很久以來，我就夢想著，在這個地球上，能有那麼一個小小角落，哪怕是最小最小的角落，它能開始實現一種比較新鮮的人與人的關係，一種基本上合乎人生眞理、正義、平等、博愛的關係。這個夢想，謝謝你們，哪怕是一點螢光，像雪花一樣只有萬分之一克重的公道的幫助，從今天起，就在我們大家站著的地方，第一次開始變成現實。對我和我的從事藝術的朋友們來說，這是我們永遠忘記不了的一日。對你們來說，可能，也是一個值得紀念的日子。

「在一段短短接觸中，也許，你們已經知道，由於某種幸運，我和我的從事藝術的朋友們，現在正過著一種相當穩定的和平生活。在這種生活中，本不缺少一種快樂和滿足，最低限度，無論在精神上、物質上，我們都能自給自足，保持一種光明與平衡。可是，正如我們在『農場簡章』上申明過：目前整個世界的動蕩不安，和它面臨的巨大危機，使我們不能再自安於一種個人生活的滿足，哪怕是最幸福的滿足。我們必須從個人天地中分出一部分生命，來爲這個世界，試著做點實際工作。我們的小小理想是：希望我們的地球多一點光明和公道，哪怕是一點螢光，像雪花一樣只有萬分之一克重的公道。這樣，我們便籌辦這個地球農場。我不知道，這個農場將來究竟可能會發生一些什麼事。然而，我們一定盡一些力量，使它合乎我們大家的小小理想，那種或多或少接近正義、公道，和眞理的原則。」

接著，他按照自己觀點，約略分析他對這個世界的看法，又簡單說明這個農場的籌備經過及具體計劃。所以「約略」，因爲開幕前的一些小組座談會上，他早已談過這些了。最後，他用一種興奮的語調，極親切的對大家道：

「你們大家都知道，我是一個從事文化工作的人。在思想上，特別是人生哲學上，可能我們之間還有一些距離，甚至是很大距離。所謂『眞理』、『正義』、『公道』、『博愛』，這些美麗的名詞，在今天世界上，還存在極大爭執，有時幾乎是極混亂的糾紛。不過，對於你們年輕一代說，你們暫時不妨就這些名詞的純粹字面來了解它們。因爲，不經過歪曲的純粹字面，它們的含意，幾千年來，在群衆心裏完全是一致的。至於更深刻的了解，我們將在以後更長的時間中來探索。首先，今天我們要把這個農場辦好。

「最後，讓我把簡章上的一些話，再重複一次，作爲我今天談話的結論。『我們辦這個農場，絕對不是爲追求經濟的、政治的目的，也不是由於一種個人好奇心和一時衝動。特別要強調的是：我們絕對不是爲了追求財富，而且，我們永遠不會追求它，除非它隸屬於一種崇高理想，而它本身完全是純潔的，不具有任何剝削性和損害性的。我們追求的，是一種人與人的新鮮關係。一種更持久的和平、博愛、幸福，以及藉以實現它們的光明正大的智慧，和較顯著的道德。』」

接著，印蒂又補充一段：

「我曾經和你們談過，按照現代科學偉大成就與人類財富來說，假如是在一種眞正合理的制度、計劃，和理想的火炬下，全世界的人，每人每天只要勞動兩、三小時就能溫飽。可是，今天，這個地球上還充滿許多饑餓、貧困、戰爭、失業，和痛苦。這是爲什麼呢？今後究竟應該怎樣呢？關於這個，許多人已提出許多解釋與答案，我們地球農場也是一種小小解釋、小小答案。

「今後，我希望我們的答案從白紙搬到大地上。我更希望，除我們以外，其他人也能用他們的答案，用他們的雙手和頭腦促進這個地球的眞正和平、幸福、公道與博愛。

「我再聲明一次，我們絕不是聖西門和歐文的純粹的信徒，儘管我們相當尊重他們。我們興辦這個農場的道德解釋，我已在另外場合談過了，這裏不再贅述。」

他揮了揮手：「好，我的話談到這裏爲止。時間很可貴，今天是我們第一個勞動日，我們將用行動代替千言萬語。」

藺素子的講話很簡單：「任何開幕典禮大會都是演講會，或言語會。我們今天這個卻不是。這是一個行動會。地球農場的未來將取決於大家的行動，不是語言。我想說的話，印先生已經全替我說完。我不想再重複，也不想搬弄另外理論，這些，將來有的是時間，今天沒有時間。開完這個會，我們馬上就要播十幾畝蓖麻樹種子。我希望，大家能儘快完成這次播種，因爲，它將決定這個農場的今後命運。假如我的話說得很現實，那是由於，我們這些發起人雖是書生、理想主義者，但面臨實際行動時，我們將盡可能適應現實。好吧！讓我們快點出發到地裏吧！我誠懇的盼望，這塊農場能像蓖麻樹一樣，經得起各種風霜雨露考驗，在各種風暴中成長。」

輪到吳璣致答詞，他微笑道：「我只有五句話：我完全同意印先生、藺先生的話。我代表工人感謝你們的熱心。我希望我們所有農場的人都變成一個人。我建議我們馬上到農場，用千萬個行動代替千言萬語。」

大家聽完了，熱烈鼓掌。這時大約六點四十分。整個儀式只花了四十分鐘。

五

世界上假如有最單純的幸福，那就是某種農業勞動。上山砍柴草，揹木頭，下田種水稻等等，那是很艱鉅的，不折不扣的眞生活。揹木頭，一不小心，會跌下山，摔死。砍柴火，得一刀一刀殺下去，還得沉重的挑下山，說不定會遇見什麼野獸、毒蛇。種水稻，肉體與一片黃泥漿水打交道，不時受螞蝗圍攻，頭頂上還燃燒著狂猘太陽，夠「傖」的。旱地作業，像種菜園子，雖說挑水澆糞，非常辛苦、骯髒，習慣了，倒也簡單。至於種革蓏樹，簡直是很輕鬆的活兒了。

長久生活在囂雜城市，一旦投入田隴間，藍朗的天穹，艷晴的陽光，清鮮的空氣，一片坦蕩平原，四周到處綠色，整個人會覺得無比原始、純粹，彷彿與藍天陽光溶成一片，萬千煩惱，頓時一掃而空。這時，一柄鋤頭在手，彷彿代表一種巨大自然力量，你一鋤鋤掘下去，眞像在修理地球，開闢地球，顯示一派神聖意義。漸漸的，你的手勢、動作、步伐，如鐘擺一樣，有規律的運動著，節奏分明，秩序井然。這種單純勞動的美麗詩意，確是迷人的。

人類如求精神解放，必須先求肉體解放。如果肉體不能坦白的接觸天空、大地、陽光、花草、樹木，靈魂也將被關閉在宇宙大門之外。這一天勞動中，他們這群人的肉體，算是赤裸裸的擁抱了眞正大自然。

儘管這天勞動是輕鬆的、詩意的。對於地球農場這群勞動者說來，仍不很輕鬆，詩意也得大打折扣。說寫實點，上午是輕鬆的、詩意的，下午不全如此。

這些人，包括吳璣、徐旭紅在內，從未拿過釘耙、平耙，或魚尾鋤。

經大家集體商定，二十個男女工，除兩名男女工華峰和董琳擔任炊事，其餘十八人與印蒂、瞿槐秋、馬爾提、藺愛禮，從事除草鬆土、挖洞。藺素子、喬君野(照顧他生過ＴＢ)、瞿縈、駱香香、李茶、許蘋芳、李蓓莉，則負責佈種，清掃並運走雜草。

宣佈臨時勞動紀律：工作時，除必要，不許講話，更不准隨意談笑，或離開現場。

上午四小時，極嚴肅的過去了。

午飯時，一片共同的突出反應是，大家餓極了，一個個幾乎都是狼吞虎嚥，連平素飯量最小的瞿縈與蓓莉，也吃了滿滿堆尖一大碗。印蒂足足報銷三大碗。

下午勞動時，半數人漸漸露底了，大多是婦女。她們掘洞的魚尾鋤，速度越來越慢，佈種的手勢，也慢慢顯得沉重了。四時左右，有幾個女工，面色蒼白，不斷氣咻咻的，很明顯的，她們是在咬緊牙關掙扎，不肯示弱。李茶、駱香香和蓓莉，簡直是挺腰板直，站著散蓖蓖種子，再不肯彎腰。由於姿勢不得法，加之精神渙散，偶然有幾次，那黃豆大的咖啡色帶斑紋的蓖蓖種子，竟投到洞外。瞿縈竭力保持原狀，但每彎一次腰，再抬起時，她美麗的臉蛋總顯出點痛苦神色，雙眉深鎖，彷彿在和一個看不見的幽靈角鬥。這幾位穿著乾淨藍布工人裝的「女士」，僅靠短短一天時間，究竟不可能鍛鍊出強項的勞動力量。和她們相比，印蒂就大不相同了。先不說他充滿風暴的一生，北伐、地下工作、獄中勞動、東北戰爭、外興安嶺漁獵生活、朝鮮海峽的走私，以及抗戰期間的戰地工作、宗教階段的潛修……單說他隱居華山這一年多，不時挑水砍柴，翻山越嶺，也能把他磨治得一身堅強筋骨，受得住任何艱苦勞動的壓力。

不管什麼甜蜜的歡樂酒釀，痛苦總是強烈的酵素。沒有後者，就沒有無上美和至上善。這種痛苦，畫在天空、峰頂、海洋，也攪拌於戰場、和平生活中。正由於它的糾纏，他們這群初入勞動小學的孩子，今天才分外感到生活的刺激和誘惑。

下午四點一刻——提前三刻鐘，他們完成四千棵蓖蓖子樹的芨草佈種工作。前後花了八點一刻，原定是九小時。

「萬歲！地球農場萬歲！」吳璣把手上魚尾鋤往地下一擲，忍不住在工地上大叫起來。他一面叫，一面高興的跳著。

「萬歲！勞動萬歲！」徐旭紅也跟著喊。

「萬歲！我們勝利了！」一頭捲曲長髮，有點像外國人，綽號叫「高鼻子」的儲紀貞，也搖幌著魁梧身材，大聲吼著。

「萬歲！萬歲！……可我的肚皮早餓了，早跟我打電話喊『萬歲』了！……今晚我要吞一萬碗飯！」平日被稱做「屠夫」的紅臉孔屠克儉，大叫兩聲，故意滑稽的捧著大肚皮說笑話，引得大家全笑了。

「朋友們！你們儘管喊『萬歲』，可農具不能亂甩，甩壞了還得修理呢！……好，收拾農具，我們去吃飯吧！」印蒂笑著說。

被勞動紀律鼇了一整天的年輕人，這時全像洪水放開閘門，洶洶湧湧，表現各式各樣情感。

平頂頭、大洋馬一樣的大個子華峰，平素被戲稱爲「鎮關西」，他才把兩大木桶熱騰騰的白米飯挑到禮堂兼飯廳時，大家一窩蜂湧過去。

綽號「黑非洲」的高大黑胖子董琳，把一臉盆又一臉盆的青菜紅燒肉捧出來，大家拿著大飯碗，卻井井有條的挨次盛菜，不像剛才盛飯時那樣擁擠了。每人只裝一銅勺，絕不多撈。接著，還分了一大碗蛋花湯。

「大家幹嗎這樣客氣！菜有的是，你們盡量吃，像吃飯一樣。農場剛創辦，一切還未上正軌，希望將來伙食會改善。」

印蒂一面說，一面把一勺勺青菜紅燒肉加到每人大碗裏。

「印先生，你猜猜『屠夫』今天吃了幾碗飯？」吳璣笑著問，嘴裏還塞滿飯，說話有點咭咭吧吧的。

印蒂笑著搖搖頭。

「不到十分鐘，他就吞下堆尖四大碗。還在吞，這是第五碗。眞有他的！」

屠克儉以發射迫擊砲彈的速度，迅疾把嘴裏那糰飯射到肚子裏，接著，他紅紅臉孔更紅了：

「我剛才早聲明過，我的肚皮早對我喊『萬歲』了！我發誓要吃一萬碗，這才第五碗，還早呢！……我們地球農場有許多自由，最大的一個自由，就是吃飯自由。只要你吃得下，吃一萬碗也不要緊。印先生，是不是？」

印蒂笑著道：「你要是眞能吃一萬碗，我們地球農場全部人馬，加上我全家在內，全要半年餓肚皮，才能供養你呢！」

屠克儉津津有味的吃了一塊紅燒肉，笑著道：「印先生，你放心。我肚皮喊『萬歲』，拆起字來，『万』是『一力』，『歲』是『止歹』，意思是：我只能用一人力量吃飯，不能請別人幫忙，否則，那就是『歹』行，必須『止歹』，也就是，我不能『行壞』。所以，算來算去，我一個人只能吃五碗飯算了。」

「屠夫！你什麼時候學會算命、拆字的？」儲紀貞問。

「我們家世代都有算命拆字的。『屠』即『尸者』，也就是算命拆字的。因爲十個算命拆字的，倒有九個面孔像尸首一樣蒼白少血，形相很可怕。所以，我從小就會了。有空，我一個個替你們細挑流年八字，慢慢拆字。」

大家聽了，全笑了。

當他們大笑時，另一邊，一些婦女卻在喊痛叫苦。

「李老師，我這條腰今天不是我的了，這一夜夠我受了。」黑黑面孔身材細瘦的戴玉蓮對李茶說。

「我的腰今天也不姓李了，它姓『痛』，它的名字不該叫腰，改爲五個字，叫『痛苦的源泉』。」李茶皺眉說。

「你的腰如果叫『痛苦的源泉』，我的腰叫『金針的舞蹈』。」駱香香一面皺眉頭，一面解釋，她渾身像扎針似地痛，就如金針在她身上舞蹈。

李蓓莉笑道：「我們這群娘子軍，只有瞿老師是英雄，她不斷彎腰佈種，一直堅持到最後一分鐘。不過，後來，她那神氣，好像在和一個看不見的魔鬼打仗，兩彎蛾眉，恨不得用一把鐵鎖緊鎖。可怕得很！」

大家都笑了。

話雖如此，這場簡樸的晚餐，卻像羅馬狂歡節，充滿歡樂。主要是，每個人的內衣，幾乎全浸在汗水中，而週身這種液體的溫度與濕度，卻使他們感到一種充實的幸福。由於整天肌肉運動，他們深味到生命的眞實和豐富。特別是對他（她）們中間的知識分子說，要滌盡靈魂中的蒼白色，絕對不是任何書卷所能奏效，只有憑藉這一片片帶鹹味的汗液。

這一晚，回到藍室，印蒂夫婦沐浴後，瞿縈對丈夫道：

「蒂，你知道今天我爲什麼這樣堅持，始終彎腰佈種，保證一粒蓖蔴種子不落到洞外？」

「你這是給農場撐面子，開門第一天，總不能像辦喪事，一個個愁眉苦臉的。」印蒂笑道。

「正是。今天第一天勞動，就出洋相，以後怎麼能叫大家樹立信心？」忽然，她撲到床上。「天知道，晚飯時，蓓莉、香香她們都喊腰痛，我一直熬著不響。咳，這會兒，我的腰簡直像辣椒著火一樣，火辣辣的，痛極了。」

「來，我給你想辦法。你匍著，平躺。」

她眞的直直平躺著，臉朝下。印蒂低下身子，握著兩隻空拳頭，替她上下輕捶了四十幾分鐘。果然，她破顏轉喜。

「眞怪，果眞痛得好些了。親愛的，你什麼時候學會這一手的？」

「那還是牢獄裏學的。同房有一個浴工，犯了搶刼罪，關起來，興緻好時，就替大家捶捶腰、背、腿、肩，眞是舒服。我向他學過，並不難學。」

「那好！以後每次參加勞動，回來你就替我捶吧！」她笑著道。

「這是第一回下地，腰板特別酸痛，將來，多勞動幾次，你就不會這樣痛了。這叫『玉不琢，不成器』。人不鍊，不成金。」

不久，當他們並躺在床上耳語時，他低低問：

「縈縈，你知道，爲什麼我特別熱衷於種蓖蔴樹？」

「當然是因爲這種經濟作物利潤高，在市場上行俏。」

「這只是一部分原因。」

「蒂蒂，親愛的，你是一個神秘幽靈，我總算是你肚裏蛔蟲——你血液裏的『印蒂元素』了，可我有時也猜不透你。」

印蒂微笑道。

「也難怪你，這個，你當然猜不透。」

他臉孔向上，眼睛斜望著金色傘燈光，一半回憶，一半帶點嚴肅的道：

「在大上方，我窗口種了一棵蓖蔴子樹，種子是天遐送我的。不到幾月，就長成了。有一次，我對它趺坐靜觀半天，從它那片綠色，我參悟宇宙境界。假如我記下當時感覺和思想流動過程，倒是一篇有意義的散文。那時，它每一滴綠色，每一秒搖顫，每一纖與翳，全像風颸，吹我入同天境界——天人化一境界，也就是滲透道體的境界。那是一個『悟道人』的極高享受。」他的神色從回憶中醒過來。「今天，我們佈種萆蔴種子，將來它們長成，我再觀察綠葉時，這也是一種大自然境界——但卻含有二元的同天境界。我既可以享受幾年前在大上方的境界，也可以享受現實性的自然境界。前者，『天』比『人』稍重，後者，『人』比『天』稍重。我們必須兼有這二元性的境界，生命才能圓全。從這一角度說，我們的愛情也可算是一種同天境界——眞實的大自然的境界。……也正因爲這個，現在我才特別選中蓖蔴子樹。它是一種生命的象徵，也是二元性的一種新人生哲學的象徵。」

六

羅馬帝國所以能征服半個世界，除了當時的特殊天時、地利、人和等條件，主要原因之一，是由於它具有一種偉大的組織力量。這種力量，突出的表現於軍事。稍後，基督教不只征服羅馬，也統治歐洲，它的勝利，不僅是思想的勝利——一種劃時代的偉大思想，魔術樣主宰人們心靈，也是組織的勝利。它從羅馬軍隊組織生命中吸取靈感，轉過來創造一種空前嚴密的宗教組織。就在我們十九世紀、二十世紀，某些政黨，更扮演普羅米修斯，從天主教大神那裏竊取組織與情感的火焰，點燃新的神聖信仰，竟也獲得或長期或短時的成功。

地球農場舞台正式揭開帷幕後，印蒂和他的朋友們，首先想起的是組織。

大家與工人開了一次聯席會議，對現有二十名工人，決定如下安排。

吳璣——充印蒂助手，兼內外勤工作。

穆珍珍，有一雙恬靜的亞蔴色眸子，性格安靜得幾乎有點像修道女——任會計、出納，兼文書。因爲，她文化較好，又學過會計。

儲紀眞、潘振遐——任外勤採購兼運輸，包括每早上菜場買小菜。潘的形相，比他年齡老得多，有一副老太婆式的多思善慮的銅盆銅。

戴玉蓮——一個面孔黑黑，身材細瘦的少女，負責倉庫及農場一般衛生工作。

以上四人，除本職外，須抽出小部分時間，從事一般勞動。就儲、潘說，他們有時拉鋼絲車，任運輸，也就是一種勞動。戴玉蓮做完一般衛生工作，如倉庫無事，也要參加別的勞動。

徐旭紅、鍾星星、柳蒨、聞鶯——負責飼養近四百隻洋鷄。三個女孩子，已從徐學成有關電孵小鷄的技術，以及一些養鷄常識。小鷄未出世前，電孵期間，她們當徐的助手。

謝玳花——她有一副圓圓的胖胖的紅臉孔，主持養兔。過去兩年，她牆門裏，有一個鄰居，曾操此業，她看也看會了。

傅永春——一個白面書生型的文謅謅青年人，負責養奶羊，爲此，他已赴本市一個官辦農場參觀幾次，吸取經驗，加上書本知識，也可對付了。

樓芳——她有一副純潔的孩子臉孔，被大家戲稱為「孩兒面」（這是當時流行的一種雪花膏），專事養蜂。由於她父親曾搞過這一行（現已洗手不幹了），她頗熟諳此業。

倪永吉、夏桂芳——倪是個小黑胖子，夏是一個有一雙「鬥鷄眼」的姑娘，善唱歌，被稱為「甜蜜的聲音」。他們二人管種蔬菜。

華峰、董琳——主司食堂。

何大沉、袁順欽——共管蓖蔴子田。何平日沉默寡言，工作時，面色尤其嚴肅。他的形相特徵，是一張血色鮮紅的大嘴巴，臉孔也是紅撲撲的。他家境比別人都好點。袁順欽有一張清秀臉孔，中等身材，平日也不喜多講話，和何個性相近。

金明芬——一個頭髮濃密，臉孔微長雀斑的胖胖姑娘，負責養魚。由於嗜好，平素她在家裏養過一陣子金魚。

屠克儉——這位綽號「屠夫」的胖胖年輕漢子，負責竹林、茶地和種樹。必須圍著那口方塘栽滿水楊柳，並沿農場四周遍植燥楊柳，以代替象徵性的籬笆。柳樹種完了，閒時兼雜工，哪裏需要人、缺人，全由他臨時塡充。因此，人們稱他是「不管部部長」或「無任所大使」。

解決人事組織後，又開了兩次業務會議。關於業務前景，幾個月前的計劃藍圖，與農場正式開辦後的現實畫幅，有了些距離，必須調整、修改。根據目前實際資料和研究，農場未來主要經濟收入，首先是倚靠飼養洋鷄，其次是種蓖蔴子樹，這是支撐經濟大廈的兩大支柱。養兔只能算副業，小有貼補。由於種種原因，養蜂、養魚等等，目前僅能作爲工人們的福利，不可能靠它們維持農場開支。

樓芳把養蜂問題說得頗精闢入理。她從小就看見父親養蜂，長大了，有時，也幫忙。這幾年，她父親乘船沿運河出去放蜂，連生兩次事故，照他們同行說法，交了兩次「掃帚運」。一次蜂放失了，白賠五十多箱。一次，遭盜刼，也損失此數。從此，他心灰意懶，不願幹了。但樓芳卻從他事業中取得不少經驗。

她認爲：地球農場養蜂，如旨在點綴，且純爲職工福利著想，那麼，養個三十箱，不必走遠路外放，也成。按這一帶地形，春天可採油菜花蜜，和草子花蜜。油菜花出蜜，每天一箱最多十斤，陰天雨日不吐蜜。草子花產蜜更少。前者一季約收穫一千多斤，後者可得五、六百斤，除去人工、工具損耗、各種開支，淨益約一千斤弱。照市價，折合三、四百美金。不過，現在油菜季節已過大半，只能趕草子花，收成大打折扣，須從明年起，才能不折不扣。

除油菜花、草子花蜜能豐收外，接著，蜜蜂採冬瓜、南瓜花蜜，雜七雜八花蜜，以及冬青花蜜、肥皀樹花蜜，只可充當自己飼料，將就混混日子。炎夏時分，由便車把蜂箱運至對岸蕭山鄉間，是採棉花蜜。不過，這種蜜用搖蜜機搖出後，只能貯藏蜜缸，做牠們夏秋主要飼料。陰曆十月後，還得放到塘棲，採枇杷花蜜，做冬令飼料。這樣，原地養蜂，三冬靠一春，主要靠油菜花和草子花蜜謀取贏利。

這次，託她父親買的義大利蜂，正趕上油菜子和草子蜜季，索價偏高，花了三百袁大頭，假如秋冬買，一半價錢儘夠了。

按她估計，明年起，養這三十箱蜂，綽有餘裕的維持她本人生活之外，淨除其他開支，以三十人計，每人每年至少可分十六斤蜜。

照她分析，赴遠地放蜂，確有困難。最遠，北方可放到吉林、內蒙；南邊，可至廣東。那樣，不僅養蜂者太辛苦，一個婦女也頗多不便。更主要是，她將基本離開農場，獨自工作，與大家脫節，這就牴觸農場宗旨了。因此，經大家商議，決定仍原地放蜂。夏季，赴蕭山接洽靠棉花田的某戶農家，把蜂箱安在門口，過半個月，看望一趟，也無所謂。冬季，用同樣辦法，去塘棲聯繫枇杷園一帶附近農戶，選門口朝陽避風地形，設置蜂箱，內塞稻草保溫，兩週去探視一次，即行。反正箱上面有大蓋，蓋上又有鐵皮，能遮避雨雪。

經樓芳詳談養蜂經驗後，會議決定修改原來計劃，把它只當做大家的福利事業。此外，養奶羊、養金魚，包括在農場那口塘裏養魚，經過反覆討論，也只把它們當做福利。不用說，這些事業，也是一種對外對內的點綴。對外，顯得農場內容豐富，對內，避免生活單調。因爲，種蓖蔴子樹，只忙在春種秋收——特別是秋收，平日沒有多少活好幹。剩下來的重要工作便是飼洋鷄，目前不需要二十個人精力。假如大力發展養鷄，則儘可改稱養鷄場，名爲農場，似太誇張。

除上述種種，會議還決定一些其他事項，重要的，是有關繕修房舍，裝置電燈，解決飲水。關於鷄塒，決定小鷄長大後，一律分別關入大鐵絲籠，籠子安置室外，好充分吸收新鮮陽光空氣。籠下墊簡單架子，便於多集鷄肥。籠四周搭竹架，以蘆蓆作矮矮涼棚，棚頂可捲，小雨則收，大雨則鐵籠上加蓋油布。爲了防範竊賊，及肇事之徒，也爲了保護整個農場，二十名工人決定輪流值夜班，每班二人，二十天輪轉一次。

農場開幕前半月，已裝好電燈。現在，須擴展電路，使所有農舍大放光明。關於用水，只能利用溪水、塘水，飲水須備大沙濾缸，保證清潔。

目前，工作重點是電孵小鷄。

經徐旭紅、鍾星星、柳蒨、聞鶯四人，苦幹了三個月，才算完成四百隻種蛋的電孵工作。他們這架電孵器，是從S市購買的，每次只能哺一百隻蛋，時間約需二十一—二十二天，而第二十一天孵出的小鷄，質量最優。電孵工作，並不複雜，主要是，日夜二十四時，須控制氣溫調節。當然，有些細節，得靠經驗。電孵室要密封，注意保溫。他們四人，三人是八小時一班，分日、中、夜班，每週輪換一次。四人中，臨時有他事待理，或萬一生病等等，第四人補充。徐旭紅有一雙女人味的秀氣眼睛，他的心靈也像婦女一般細緻。幾個月前，通過人事關係，到本市某電孵坊學習並實習電孵後，他就設法和那座哺坊的一位老師傅拉好關係。這樣，首先在選種蛋上，獲得後者幫忙，選了些優良種蛋，這就保證了最佳的出鷄率。其次，電孵過程，由於經驗不足，偶然臨時發生新的疑難問題，他立刻到附近一所療養院，打電話給老師傅，後者每能及時趕來解決。（這是當初他一口答應的，除了黑夜，白天他一定趕來。）這更保證了他的工作萬無一失。因此，三個月結束，四百隻種蛋，孵出三百六十隻洋鷄，其中二百五十幾隻是雌的，成績算不錯了。

不過，大家和他開玩笑，說他比當三個月產婦更辛苦。因爲，開始時，他的三個女弟子缺少他的實習經驗，白日黑夜，有時遇到困難，不免來找他，這就更叫他寢食難安。工作收梢，他體重減輕十磅，不是沒原因的。接著，二十四小時後，開始給小鷄餵食，最初十幾天，眞是戰戰兢兢，細心極了，唯恐成活率不高。直到半個月後，看見三百四十幾隻白萊克和澳洲黑（大半是前者）活蹦活跳，食碎米和蛋黃等等時，他才眉開眼笑，心頭一塊大石頭正式落地。

這一天，恰巧是星期日，從印蒂夫婦到畫家們，以及農場其他工人們，都向他們四人一一握手道賀。因爲，這件大事攸關農場生命一半，即使不是全部。

徐旭紅謙虛的笑道：「這得歸功大家幫忙，這是全農場的成績，不能算是我們四人的成績。我常常想起印老師的兩次談話。一次，他把培根名言『知識就是力量』，改爲『智慧就是力量』。只要盡全力挖掘我們大家智慧，不怕困難不能解決。其次，印老師也對我們談過：拿破崙是歷史上第一個將軍，越過阿爾卑斯山，遠征義大利。他對這位名將的英雄野心風格並不贊成，但認爲，拿翁二十七歲越阿爾卑斯山時，他當時心靈是純潔的，一心一意効忠革命。我想，前人從未帶大軍越過的那樣危險的阿爾卑斯山，他一定非越過不可，最多時，他一天連下成百道命令和指示，那麼，我們區區幾百隻種蛋，花三個月漫長時間，難道還不能電孵成功嗎？一想到這裏，我就精神抖擻，勇氣百倍了。」

印蒂笑道：「這倒是一篇絕妙的文章題目：『拿破崙與鷄蛋！』將來，你寫農場回憶錄，這個題目，大可列爲一節。」接著，他帶點嚴肅的道：「作爲一個歷史人物，拿破崙有功有罪，當然，功比罪稍大一點。但作爲一種生命原動力的不平凡的象徵，這個人，確實給我們不少啓示。」

藺素子點點頭，同意印的論斷。

農場有待解決的困難，並不僅限於電孵小鷄，隨著每天太陽上升，一連串新困難，也不斷上昇，人們幾乎要耗竭類似地球旋轉一樣的力量，才能叫它們一一像太陽下落。單拿小鷄說，牠們長大了，爲了購上等飼料如泥鰍之類，大黑早，徐旭紅差點跑遍H市所有小菜場，發現賣泥鰍的農民，就磨破唇舌，和他們談條件，只要有貨，可直接送入農場，汽車費津貼。這樣，牠們就可源源供應不絕。這種形狀古怪的小魚，生命力特強，一時吃不光，儘可養在缸內，能保存一段時間。

這僅僅是舉一個例。其他，如養蜂、羊、兔、魚等等，無一不遇層層想不到的艱難，可是，最後，還是一一解決。

印蒂常表示，不只在農場，就是在整個社會、國家，以致全世界，最大困難是人與人的關係。物質的因素，遠不如人的因素重要。是人類先創造物質文明，不是物質先創造人類文明。物質是死的，無生命的，人是活潑的生命。太古原始社會，所以具備大同世界雛形規模，因爲那時物質條件簡單，人與人的關係簡單，人類心靈雖遠不如現代人聰慧，卻比後者淳樸、敦厚。後來，人與人關係越來越複雜了，那個原始大同世界，也就瓦解了。拿地球農場說，只要人與人關係不成問題——或不成大問題，其他一切困難，全不會成大問題。

印蒂講課時（這些，以後我們還要敍述），不時談到做人與做事兩大問題。他說：有些人，人品好，做不好事；有些人，做人不行，做事行；有些人，做人做事兩不行；有些人，做人做事都行。他希望：大家（包括他自己在內），力爭作到這第四種境界。從長期效果說（不是短期），嚴肅、誠懇，與堅強意志，是工作成功的主要條件，聰敏倒在其次。上述三個條件，能使一個不聰敏的人變得聰敏，沒有前者，最聰敏的人也會變得愚蠢。爲了正義性的工作，眞正必要時，不妨爭得面紅耳赤，甚至得罪人，但事後應該置之度外，向最大敵對者伸出友誼之手，甚至緊緊擁抱他。不管對方怎樣和你意見相左，平日應愛他（她）們如自己親兄弟姊妹，對他（她）們寬厚、慷慨、光明正大。能做到這些，做人作事將極少相忤。他又用幾句簡單話下結論，做人應如赤道，首先充滿熱情，做事應如北極，主要靠態度冷靜，頭腦冷靜。一個人性格，能統一赤道與北極不同風格，使二者互不衝突，這就形成一種健全的個性。由於印蒂常常不斷啓發，更由於工人們本身或多或少秉賦純厚，因此，幾個月共同工作後，很少出現人與人之間的尖銳或緊張，這就大大推動了工作效率，特別是征服種種困難時的工作效率。一當人們能眞正相互公正對待時，生命便能高度集中活力、原動力，後者如巨大碾路機，一切凸凸凹凹坎坷石塊，終於化爲一片平坦。

七

接受蘭素子建議，靠農場門口那塊地，闢一畝爲小公園。託人連繫，赴苗圃買了些樹苗、花種，由老畫家親自設計，種了些松樹、柏樹、楓樹、梅樹、桃樹、玉蘭樹、鳳尾樹、紅櫟樹、菊花、玫瑰花、山茶花、錦葵花、象牙紅、美人魚、夾竹桃、石榴紅。這樣，一年四季，將不缺少鮮花。花樹長成後，假日或公餘，大家可入園裏走走坐坐、看書或聽音樂，也算是小小調劑。再說，樹多了，鳥也多了，清晨，欲醒未醒時，鳥籟是最旖旎的大自然音樂。

發現農場蒸蒸日上，大有希望，印蒂喜悅之餘，一不做，二不休，索性把另一張文文山的山水送到S市。這次是托馬爾提父親，轉讓給愛玩古董的某著名金融家，比上次那幅，多賣了一千美元。這筆錢，五分之一，彌補開辦費的不足，五分之二，作周轉費（他是反對瞿槐秋向銀行貸款的辦法），五分之二，用來購置農具、家具、必需用品，和改善工人生活條件。他們又僱了一批農民擴建幾間草舍，由工人們業餘和假日協助。竣工後，工人宿舍，原來是四人一間，現在，改爲兩人一間，約十五平方呎面積。每間添置一張桌子、兩隻凳子。假若他們不願到禮堂兼圖書室看書、寫字，儘可在自己房內寫讀。他笑著對吳璣道：

「假如農場第一年計劃順利完成，明年，你們就可以一人一間寢室了！從後年起，你們更可以大大美化這片空間了。」

他們又買了許多石灰、黃粉、碎石子，所有茅屋外牆，一律刷成黃色，室內又重新粉刷三道石灰加清水，地面全鋪碎石子、水泥（已舖過水泥的除外）。這樣，外面蒼黃裏面雪白，地上嶄平坦光，全部農舍煥然一新。

幾個畫家畫了八張圖，寫了兩幅字，自己裱好（藺素子會裱字畫），或裝上鏡框，贈送農場，裝潢禮堂。於是，大黑板兩側，一左一右，掛著藺的兩件行草立軸，一件節錄陶潛的「歸去來辭」，一件寫韓昌黎「七古」「山石」全詩。藺年輕時臨過「蘭亭楔帖」，行書頗具逸少風韻。另外八幅：六件是油畫，兩件是老畫家的嶄新國畫，大多是風景，懸於其他三扇粉牆。這樣，禮堂四壁，頓時顯得琳琳瑯瑯，雅緻幽麗了。儘管家具還太樸素，甚至簡陋，然而，一種優美高貴的氣象，卻主宰一切。

出於印蒂建議，買了一台電唱頭兩用收音機，裝了擴音器，又購得一些音樂唱片。這樣，工作時，或公餘，工人們獲得欣賞名貴音樂的機會。駱香香新近從老金融家公公那裏，收了一件貴重生日禮物：一架新鋼琴，她那台舊的，就捐贈農場，便於授課、教歌。另外，又添置近百本書籍，陳列在禮堂四周書架上，大多是外國文藝名作課本、中國新文學名作。它們多半是印蒂夫婦從舊書店淘來的，少數是新書，這些書，足夠工人看一年了。

工人們的生活程序，經大家民主商定，早已正規化。每早五點半起床，六時晨餐，七時至十一時工作，十一時午餐，十二時到下午三時工作，三時—五時上課，五時晚餐，九時半休息（夏季三個月，六月半至九月半，改為五時起床，五點半早餐，六時—十時工作，十時半午餐，此後至下午一時半自由活動，午睡。一時半至四時半工作，四時半—六時半上課。六時半晚餐，九時休息）。

每星期六晚飯後，全場開兩小時場務會議，印蒂、瞿槐秋兩人參加，討論一週來工作進展，安排各種有關業務，共同作出民主決定。

星期日休息。各種例假節日，循社會習俗，春節除輪流值班一日外，休息十天。自由活動時間，全由工人自己支配。睡眠時間，也帶彈性。有人願意遲睡，只要不妨礙別人，不太傷害自己健康，儘可如願。不過，除必要外，最遲不超過午夜一時。

目前，每日工作是七小時。將來如一切業務順利開展，經濟上收支平衡，將設法縮短到六小時，甚至五小時，終極理想，則是四小時。

工人上課，每天兩小時，暫定下列八項科目。

一、世界文化史及人生哲學各一小時，由印蒂主講。

二、語文三小時，瞿縈主講。

三、業務知識兩小時，由閱讀和學習能力最強的吳璣和徐旭紅擔任，每人一小時，結合目前農場工作，他們把從專業書籍學到的知識傳授其餘工人，同時，也和他們共同討論，研究如何化理論爲實踐。

四、簡易會計及簿記一小時，瞿槐秋主講。這個課程，最多半年，可扼要講完。這以後，他將主講簡易經濟學原理。

五、西洋名曲（穿插少數已灌片的國樂）欣賞，講解一小時，駱香香主講。

六、中西名畫欣賞，講解一小時，馬爾提主講。

七、現代西方藝術欣賞，講解一小時，喬君野主講。

八、國內外時事及政治動態一小時，印蒂主講。

結合上述課程，工人們同時先自修泛讀中國通史和西洋通史，再讀中國文學史、西洋文學史。

按印蒂平日談話，他一貫認爲，由於科學奇異發展，以及其他種種因素，未來人類的人性、人格，和個性，將是專家與通人相平衡。每個人全是專家，也是通人。猶如金字塔建築，將在通人（或通才）基礎上發展為專家，這樣，底子厚而博，生命境界也崇高，成為專家後，將不致扮演書呆子，專在智識與技術泥沼裏打滾。雖具有高度智力，卻不被市儈的庸俗政客牽著鼻子走。植根於這種認識，徵得朋友們同意，他才暫設計上述一套課程。

他又表示過：未來人類的理想教育，從嬰兒躺臥搖籃內起，就應開始接受音樂教育，傾聽各種世界名曲，由簡單的到複雜的，直至六歲止。七歲讀小學一年級，應習兩年繪畫，三年級、四年級則專攻語文，一半時間認字，一半時間聽文學故事（優秀童話、神話等等）。五年級以後，再開始讀數學及其他科學。以上音樂、繪畫、文學教育，前後共十年。這十年中，兒童長期循序浸淫於純聽覺、視覺，和綜合感覺活動中，可築好宏博豐厚的精神根基，則十一歲起，無論攻科學，或讀文史地，再後，或鑽研社會科學和哲學，必事半功倍，至少，成效要比目前這一套機械教育制度大得多（現有制度並未深入考慮人類從嬰兒時期開始後的生理和心理正常發展程序）。

按印蒂看來，音樂是培育豐富情感的理想溫床，又是人類一切純潔情感的偉大源泉。它不只能敏銳兒童聽覺，也為他們的正常人性奠定基礎——假如優秀的人類必須先具備豐饒的情感，而不僅是一塊冷酷的石頭。音樂為人性帶來強烈的熱情，繪畫則促成人的頭腦冷卻，迫使人客觀而周密的觀察外界物象（印象派和現代派繪畫風格不在此例），且敏銳和富饒人們的視覺。文學則綜合聽覺、視覺，及其他官能，以至於思想。濃厚的情感可以發展人類的巨大想像力；靜觀自然物象，可以提高人類觀察力；文學則訓練人們的諸般綜合能力。初步具備這三種條件，再踏入科學田地，加以耕耘，將大有助於豐收。

上述教育工人的一套臨時課程，所以著重文學、音樂、繪畫，是打算初步試驗印蒂的教育理想。儘管對象全是成年人，不再是兒童，但彌補傳統教育制度缺陷，或多或少是一種亡羊補牢，而遲開的玫瑰，仍不缺少芬芳。

幾位老師的授課方式，有幾個特點，一是話語盡可能深入淺出，務使工人們句句明白。二是採用講故事的形式。比如：印蒂授世界文化，論埃及文化，首先講金字塔的故事；敍希臘文化，先說蘇格拉底等幾個哲學家的故事；述羅馬文化，首敍羅馬偉人凱撒等的故事；解釋基督教文明，則從流傳的耶穌故事講起；授中國文化，則從大禹治水的故事談起。馬爾提講解欣賞中西名畫，駱香香教授欣賞中西名曲，也同樣先從大畫家、大音樂家的故事說起。三是結合講故事，再重點的深入淺出的傳授課程內容。四是理論銜接實際。聆聽貝多芬「命運交響曲」，就同時播放唱片；此外，這一天大家工作時，擴音器便不斷放送他的名曲。欣賞達文西「蒙娜麗莎」，就展覽他的原畫縮小影印圖片。五是知識銜接社會現實。比如，印蒂主講人生哲學時，或多或少，拿歷史上的一些重要學派的人生觀念，與當前世界現實作比較，看它們有哪些還可實用於今日，哪些被目前社會現實所否定。自然，他也插入他自己個人的一些想法、看法。

印蒂他們希望，經過一、兩年教育，大部分工人都能欣賞世界文學名著、名曲、名畫以後，再逐漸發展爲喜讀歷史、哲學，及某些社會科學名作；小部分（小學畢業的）由於不斷耳濡目染，加上勤奮自修，三、四年級，也能跟上來。就目前論，吳璣與徐旭紅已具大學一年級水平，他們的欣賞力，基本不成問題，僅僅在哲學方面，還得下點苦工，以期「更上一層樓」。

物質僅是一種形而下的手段，崇高的生命境界，才是一個人的眞正生活目的。通過這種美與智慧的境界，加上合理的倫理基礎，完整而持久的永恆幸福才有可能。否則，任何幸福之船將在現實海洋不斷顚簸，隨時會沉沒海底。爲了不斷磨練，達到這種美麗境界，人們必須先藉偉大的藝術徹底改變感覺，而各種偉大哲學可以孕育銳利思維和無上智慧，終於，在適當的倫理陽光中，獲得美與智慧的平衡。

地球農場的課程，目前僅是改變工人感覺和精神狀態的開始。

八

十月是蓖蔴子樹收穫季。辛勤的工作，終於獲得酬報。

十幾畝地的四千棵樹，像一片蓊鬱的小森林，翠色欲滴。那些形如法國梧桐葉似的蓖蔴樹葉子，迎風招展，鮮活極了，也綺麗極了。但更可愛的是，它們的帶刺的綠色菓實，每一顆略如兒童玩的玻璃彈珠大小。剝脫綠殼，裏面就是種子，呈咖啡色，顯露斑紋，卻光澤發亮，上面有兩顆白色珠子，它們不可破壞，否則，佈種後，樹不能成活。那一層咖啡色薄薄外殼，也不可去掉。

採取菓實不是難事，剝脫綠殼，卻是一次艱鉅工作。

一般鄉下農民種這種樹，隨地灑種，從不去管它，聽其自然成長，秋收時，每棵約收種子一斤左右。地球農場銳意經營，專力培植，每月總要施肥一次，甚至兩次，現在每株最多竟收穫一斤半，甚至兩斤種子。近四千株，獲得近六千斤種子。要一一去掉綠殼，把這六千斤種子剝出來，那巨大辛苦，是可以想像的。先不說活計極度繁重，單是殼上那些軟刺，剝不到幾斤，一個個工人雙手十指螺紋面，就刺得個不亦樂乎，不僅疼上加疼，痛上思痛，工作完了，沒有一個人的指頭，不多少是血淋淋的。

除了眞正離不開自己工作的幾個人，絕大多數工人，全參加剝菓子。就是那幾個人，一有空，也來幫忙。印蒂、馬爾提、喬君野三對夫婦每天也勞動半日。瞿槐秋、藺愛禮夫婦，則抽空趕來協助。足足忙了五天，才算大功告成。

比蓖蔴子豐收更叫大家興奮的，是飼養洋鷄的經濟收穫。由於徐旭紅等四人，獻出全部精力，征服一切困難，工作卓著成效。六月底，本已電孵出三百六十幾隻小鷄，內有二百多隻雌的，除酌留一些雄鷄，準備傳種，其餘全出售。此後，又電孵兩次，七月中旬光景，雌鷄已湊足四百隻了，從十一月起，白萊克都漸長成，開始生蛋，估計十二月初，少數澳洲黑也能正式生蛋。明年一月後，如果沒有意外，全部洋鷄，每月將下蛋四百枚，牠們最大優點之一是：不像中國土鷄，每月必懶孵一個時期，這段日子就沒有蛋。飼養得法，外國鷄每日一蛋，幾乎毫不中斷。自然，須選最佳飼料如泥鰍、小魚，雜以米飯、青菜（或其他蔬菜）等等，單這筆費用，幾乎就要佔售蛋收入近三分之一，還不算人工及其他。然而，淨除一切開支（除人工）及損耗，獲豐厚盈利，不成問題。

印蒂第二次出售文文山畫，尚餘近千美金，作農場週轉金。到了十月份蓖蔴子收穫季，它已支用泰半。五千斤蓖蔴菓實——種子，售給本市某製藥廠，所得法幣，再入市場兌換美金，約合一千八百元左右。四百隻洋鷄，每日下四百隻種蛋，銷售得法，每蛋最高近美金一角，最低也有七、八分。先不說十一、十二月陸續所生的種蛋，單明年起展開的這幅美麗遠景，儘夠令人躊躇滿志了。

當然，出賣種蛋，不像賣蓖蔴子那樣簡單、順利，須千方百計，大動腦筋，還得加上肉體奔波。從十一月起，有一個短時期，徐旭紅和屠克儉兩個，幾乎跑折腿。他們先打聽清楚市場貿易情形，不只是本市的，還有S市的。接著，又分頭到鄰近各縣各大鎮，探詢種蛋銷售狀況。此外，還要去本省和外地幾個農學院及大農場連繫。足足忙了一個月，才徹底打開，也敲通了各式各樣銷售渠道。他們還招待一些行販和平日大規模養鷄的農戶來參觀農場，和他們建立密切關係，又在報上刊登不定期廣告，招徠主顧。這樣，種蛋不僅供銷本市及S市市場，也可在鄰近各大縣大鎭出售，同時，定期供應幾所學院和農場以種蛋。等到地球農場名氣一傳開，有些農戶和行販，就絡繹不絕，親自登門採購了。

天時是個重要因素。這一段時期，無論本市或S市，歡喜養鷄（包括孵小鷄）的農家，不少對洋鷄大感興趣。正由於此，本市兩個規模很小的私人養鷄場，營業頗爲發達，賺了不少錢。一家唯一電孵坊所出洋鷄，也生意興隆。地球農場志不全在經濟，種蛋價格壓得比市價稍低，競爭之下，自然後來居上了。再說，銷售地區，遠比前兩家養鷄場大，辦法也多，使得它們無法頡頏。這一切，大大鼓舞了農場的人心。

不用說，徐旭紅、屠克儉兩人忙極了。當時法幣三日兩頭扮孫悟空，一個斛斗，能從九霄雲翻跌到十萬八千里外，不說別的，單是常進市場，把賣得的法幣兌換袁大頭，又以後者調美金，再儲入銀行，這項工作，就夠辛苦的。由於外銷忙，「屠夫」的原來工作，由袁順欽接手了。恰巧這幾月，離明年蓖蔴子播種還遠，平日沉默寡言的何大沉，有時也不得不臨時協助徐、屠，因爲，他眼看「胖」屠夫，漸漸消瘦下去，瘦得快像長頸鹿了。徐旭紅瘦得更像個直立猿。

屠夫開玩笑道：

「打開一本美國雜誌，不到幾頁，總有一幅傳授減輕體重的廣告。我也要在那雜誌上刊一幅廣告，把小徐和我的新舊照片登上去，再加這麼兩句話：『你要速成減輕體重嗎？請到地球農場養鷄場工作一個月吧！』」

徐旭紅立刻駁他道：「你這話只對一半。我們這裏，一切草創，開始自然辛苦些，再過兩個月，你看吧！包管你比本市最胖的豬肉店老板還胖呢！」

事情也正如此。其實，僅僅一個半月，一切就轉入軌道，他們兩個，輕鬆多了。

就在這年十一月中旬，徐屠二人的外銷工作，開始有了些頭緒，眼看一切預定計劃，大體可如願完成。從瞿槐秋那裏，核算農場經濟狀況後，在一次業務會議上，印蒂笑著對大家道：

「從現在起，假如沒有特殊意外，除留一部分作基金、週轉金，和農場正常開支費，你們可以提前一個月（原定是八個月後，從十二月起），從本月算起，每人每月可以領兩石米工資了。如果一切像這樣順利，明年一月起，你們每月就可以得三石米了。將來還可能有新的發展。那是以後的事，目前暫不預言。我們不該學波斯灣那些星相學家，我們只能相信自己汗水與頭腦，以及雙手雙腳。」

他說明，由於幣制不斷貶值，物價波動很大，今後工資，以白米爲折算單位。按市場傳統，每石米是一五六斤。但農場經濟預算和會計制度，仍以法幣爲準，僅隨時在「備考」項下標明法幣折合美金實數，以便核算。

「不過，大家要清醒的估計現實。這一次，我們所以能初步取得成就，大部分全靠你們大家齊心協力，埋頭苦幹，小部分也靠天時、地利。當年拿破崙遠征莫斯科，在戰場上節節勝利，在天時、地利上卻節節失敗，終於，一個常勝將軍卻悲慘敗退了。這段故事，過去我和你們談過。由於目前養洋鷄賣種蛋形勢極好，加上我們這個H市佔有地理上優勢，所以，你們的辛勤工作獲得豐富菓實。世界是一片隨時可能颳各種黑風的海洋，形勢也是如此。我們所以必須多累積點基金，正為了對付今後千變萬化的不測形勢。從明年起，農場算是能初步自立更生，可以靠你們自己去幹了。經濟上不積點起碼實力，是難以應付長久局面的。這一點，算是我個人建議。照這裏流行俗語是：『一個人，錢不可以花光，話不可以說光』，就是這點道理，雖然它們並不吻合我個人的人生哲學思想，但辦農場，卻不能不適當的考慮一系列現實問題。」

說到這裏，他沉思起來。

「隨著農場發展，漸漸出現兩條路線。一條是為農場而農場，專門致力求富和發財之道。另一條是：除了用一部分時間、追求基本生活的安定和適度改善外，還要保證以相當多的精力不斷提高個人的智慧、技能，和文化水平，以便追求一個共同理想：怎樣為社會(人群)盡點力？怎樣試驗建立人與人的新關係？怎樣按照一個較理想的人生觀念去生活？涓涓之水，可以化為大海，我們雖然都很渺小，然而，作為一個地球人，我們應該費點時間研究、思考，試驗怎樣和萬萬千千有志者在一起，設法為或多或少改變我們這個地球的面貌而獻身——首先是，怎樣促進我們這個星球的持久和永恆和平。假如這一點失敗了，甚至是永遠失敗了，那麼，我們每個人的生活，不管怎樣幸福，也會或暫時或永久的受到巨大摧毀。關於這些，平日講課時，不只一次，我早已和你們談過了。

「上面兩條路，究竟走哪一條，由你們自己民主決定。儘管農場招工簡章上，有關宗旨有詳細說明，但那時農場尚未正式開辦。現在，不僅辦成，而且開始有頭緒、有希望了。這時候，你們大家不妨再重新考慮一下。由於目前農場的現實，假如，你們多數人不再同意農場原來宗旨，那麼，你們可以自由選擇自己的道路。我雖然是農場的創辦人之一，卻不是農場家長，更不是獨裁者（平生我最厭惡的，是獨裁暴君），我完全尊重你們自己的抉擇。反正農場主權早已屬於你們。即使你們選擇上面第一條路，這個農場也還是你們的。假如由於你們新的選擇，我們在人生觀念上出現分歧，甚至有可能，我和其他幾位朋友不得不引退，但我們今後仍是朋友。作為朋友，只要能為你們盡力，我仍願繼續盡力的。」

說到這裏，他講了一個故事。一九四三年，二次大戰中，美國第一次派飛機轟炸東京，由大隊長杜立特率領。全部隊員，先進行一個時期訓練，再由美艦黃蜂號運載到太平洋。出發轟炸前二十分鐘，黃蜂艦艦長集合所有大隊航行員，作一次簡短談話。最後，他申明，由於這次轟炸的危險性，隊員中假如有不願參加者，現在仍可宣佈退出。他問：「有沒有要退出的？」沒有一個開口。經他問過三次後，全體仍沉默無言，他這才命令起飛。

印蒂說，要實現這個農場宗旨，可能並不具有轟炸東京的那種危險性，但從長遠利益說，也可能有，因此，他不得不再一次徵求大家意見。接著，他從身上掏出一張紙，那是一件產權轉移證，上面寫明：地球農場產權所有人印蒂，將農場轉讓給以吳璣爲首的二十人（接著是二十名工人姓名），條件已由雙方自行議定。下面是印蒂簽名蓋章，以及本市某著名大律師簽名蓋章。這個證件，是委託這位律師辦理的。

印蒂解釋，轉讓其實是無條件的。唯恐驚世駭俗，引起別人妄測，所以才採用上面那種寫法。

「從現在起，農場所有權，完全屬於你們了。請你們自由選擇吧！我的意見，只能算是一種建議或參考。」他把轉移證放在桌上。

剎那間，全場一片沉默。

不知何時起，一個奇異的聲音出現了，印蒂轉眼望去，吳璣啜泣了。他這一流淚不打緊，其他工人也如鏈鎖反應，一齊哭了。

印蒂夫婦和瞿槐秋夫婦等人，也禁不住落了淚。

關於這樣場面，我們不想多描繪了，只須稍微運用點想像力，就可推測出一切細節。

會議快結束時，吳璣摸摸絡腮鬍子，笑著對印蒂道：

「印老師，不瞞你說，農場剛開辦時，有幾位年輕人，像倪永吉、華峰、董琳、柳蒨、謝玳花他（她）們五個，對農場宗旨並不深刻了解，僅僅是爲了解決工作與生活問題，才報名應招的。可是，經過八個月來你們的教育，和實際生活的啓發，農場像一口高溫熔爐，不管他（她）們思想裏再多些生結鐵式的疙瘩，也熔化成一片滾熱的鋼水了。你們看，幾個月來，他（她）們工作得多起勁。單單爲了金錢，他（她）們能這樣發奮苦幹麼？……你不常常說，一個人生活裏面沒有一點幻想——理想，一切現實噩夢全會鱷魚樣爬過來，有了理想，這些鱷魚和我們之間隔了一條鴻溝，不管牠們面目怎樣猙獰，甚至大張白牙，也威脅不了我們，更吞不了我們。」

九

這時正是陰曆十月小陽春，天氣晴朗，風和日麗，經大家決定，星期六下午，休息半天，舉行一次小小的豐收慶祝會，會後，共同參加一次豐富的聚餐晚宴。

這個慶祝會廢除一切繁文縟禮，和高頭講章，僅僅作一些遊藝表演。有瞿縈和她的學生許蘋芳穆珍珍的鋼琴獨奏（穆雖學了不到一年，也能彈幾支小曲子了）。駱香香和她的學生夏桂芬女高音獨唱，馬爾提的男中音獨唱，印蒂和徐旭紅的詩歌朗誦，屠克儉和儲紀貞的對口相聲。蘭素子說故事，吳璣說笑話。華峰表演口技，學猫叫、鷄叫、羊叫。蘭愛禮和李蓓莉獻演探戈舞。最後一個節目，則是共同欣賞美國波士頓交響樂隊演奏的法國白理遼斯的「幻想交響曲」。前後足足熱鬧了兩小時。

下午四點，許多男女湧入伙食房幫忙，不幫忙，這頓晚宴說不定變成午夜宴。單靠華峰、董琳四隻手，大家可能要餓到鐘敲十三點，嘴唇才能與美酒佳肴接吻呢！爲了這次聚餐，華、董已經忙碌一上午了。

效法西餐格式，把幾張方桌子湊起來，外加宿舍裏的一些桌子，拼成一排長桌，上罩幾條白布，大家分坐兩側，蘭素子和吳璣打横獨坐兩頭。

印、瞿、蘭、馬、喬五家人馬，全部到齊，將近四十人。

爲了展覽自己勞動成績，菜畦裏種的青菜、蘿蔔、菠菜、大葱、辣椒，儲藏的老南瓜，自己曬的筍乾，用乾蠶豆自製的發芽豆，以綠豆自做的綠豆芽，藉黃豆自作的黃豆芽，全上桌了。此外，買了些鷄鴨魚肉、時鮮菜蔬和豆製品，足足烹調了二十幾道菜，這桌酒席，眞正是「集體創作」。

爲了完成「集體創作」，瞿槐秋夫婦花費不少精神，先在家中烘好「標準鍋巴」，攜來農場，利用梅林罐頭番茄汁（這時無新鮮番茄），挑最大的活蝦，擠出蝦仁，製了一隻本地十大名菜之一的鍋巴蝦仁，博得大家同聲贊嘆。平日調皮慣了的華峰，這次卻比西藏石壁內自我活埋的苦修僧更具耐心，選上等火腿中腰峰，剔盡骨頭，前後耗了二十小時，以文火煨了一大碗本地十大名花之一的蜜汁火方。當他笑嘻嘻的睜著銅鈴樣大眼睛，獻出這碗名菜時，衆人嚐了，無不喊好。「黑非洲」董琳不讓她的老搭檔專美於前，也清燉了一味本地十大名菜之一：餛飩鴨子，又名神仙鴨子。「不管部大臣」屠克儉吃了幾塊，登時笑著表示，當那美味的鴨肉在他偉大的腸胃內的消化吸收過程結束後，他肯定下決心，不再待在農場，打算飛到三十三天，做活神仙去了。戴玉蓮也表演了「一齣」揚州獅子頭，從選肉到切、而燒，而不時端詳火候，足足勞碌半天，也霸佔了一隻煤球爐半天。單是「細切粗斬」，她就忙了一小時多（把肥六精四的厚膘夾心肉每一塊切成花生米大，再輕輕粗斬幾分鐘），惹得華峰幾個幾乎要和她決鬥。因爲，他那道「蜜汁火方」已壟斷另一台煤球爐近二十小時，就大大影響其他菜肴「集體創作」的速度了。不過，當這味準揚州獅子頭捧出來時，食客們幾乎拍案叫絕，因爲，事先你如不知菜名，人們簡直就說不清它是什麼原料做的？是葷菜？還是素菜？一個個肉球，像豆腐一般嫩，入口後，不需細嚼，彷佛「老子一氣化三清」，它登時「化」了，不是嚥下喉管，是「化入」食道。太妙了！其他一些菜，也各具特色。自然，也有名不副實的。比如，拿馬爾提那盤西湖醋魚說吧，他忘記，樓外樓這種傑作，是先把鮮活草魚放人蒸籠蒸熟，外加調味作料，這才鮮嫩無比。他竟起大油鑊，把魚大煎特煎，再加糖醋，味雖可口，卻遠不及樓外樓粉嫩了。不過，人們原諒他，他是畫家，擅長畫魚，燒醋溜魚到底不是他的本行。

筵席上，大家喝了不少黃酒，也說了不少笑話，比如：

「爲我們可愛的白萊克、澳洲黑乾一杯！」

「爲我們可愛的奶羊乾一杯！」

「爲我們可愛的安哥拉兔乾一杯！」

「爲我們可愛的義大利蜂乾一杯！」

「爲我們已經變成幽靈的可愛的蓖蔴子樹乾一杯！」

等等等等等等。

這是一場眞正歡樂的晚宴。比他們杯內黃酒更帶燃燒性的某種火燄元素，深深滲透每一個人血液。生命彷彿從未這樣美麗過、光輝過。

九點左右，晚宴快結束時，吳璣站起來，臉孔紅撲撲的道：

「今天筵席上，我說了不少笑話，也說了許多心頭話。有生以來，我自覺從未像今夜這樣幸福過。我的幸福感覺，和激動的情感，早在那些笑話和心頭話裏充分表達了，本不需再說什麼了。但昨晚我的同事們開了次小小會議，會後，大家一定要推我代表他（她）們在今天晚聯歡筵席上說幾句話。我推卸不了，現在，只得冒昧說了。可是，就我個人說，我認爲，這些話完全應該說的。」

他抓抓左腮邊的絡腮鬍子。今天，它們早刮得精光溜青了，但他還是抓著。他的聲音充滿熱情，像酒精著了火。

「前幾天，農場開了一次業務會議，會上，大家都知道，在短短八、九個月裏，農場取得怎樣巨大的成績。那天晚上，工人們——我的同事們，許多人全激動得幾乎不想睡覺，因爲，我們看見希望。世界上最可珍貴的是希望。對我們年輕人說來，沒有希望，等於沒有生命，活著只是行屍走肉。經大家商議，推我做代表，代表全體工人，向以印老師爲首的幾位老師們說幾句感謝話。可是，話到嘴邊，我卻不想說了。我想起老師們——特別是印老師平日對我們的教導。印老師平素最反對這一套，他根本厭惡聽這類話。爲了尊重老師們的愛憎，我此刻不想說什麼了。可是，即使我和我的同事們不說一句，你們反正完全清楚：我們心裏想的是什麼？感情裏沸騰著的是什麼？嘴上想說的又是什麼？我想起印老師過去對我們說過的幾句話：『人類感情最崇高的表現方式是沉默。偉大的太陽是沉默的。』我就用印老師這幾句話，向各位老師深深致意吧。」

說到這裏，他又抓抓沒有絡腮鬍子的右腮。

「不過，前次我們會議上的一個決議，我得提出來。這個決議是：我們既已開始享受工資——勞動菓實，我們全體工人要求，從現在起，印老師夫婦、藺老師、瞿老師、馬老師和喬老師，也分享勞動菓實。我們知道，這點錢，你們並不介意，可是，這象徵大家對你們一片敬意。你們幾位老師偶然在這裏用餐，今後不要再付伙食津貼了。過去，因爲農場開始創辦，沒有正式上軌道，只好由你們這樣做。現在，情形不同了。農場是我們的家，也是你們的家，既供應我們伙食，也該供應你們。不要說臨時就餐，就是成月成年吃飯，也是應該的。再說，今後你們因搞農場業務而出差的用費，也應和我們一樣，要實報實銷。」

最後，吳璣用下列幾句話結束他的發言。

「我不會說話，請原諒我的率直。按印老師平日思想，人與人之間的最廣泛的諒解與寬容，應是地球農場的特色之一。因此，不管我的話是否得當，我相信，老師們會諒解我的。」

吳璣說完話，全體工人一致鼓掌，有幾個，手心都幾乎拍紅了。大家的火熱視線，全炯炯集中在印蒂身上。

印蒂站起來，他棕色臉孔紅通通的發亮光。

「親愛的朋友們，我代表我的朋友們，感謝你們好意。可是，你們大家都知道，平素我最厭惡金錢。儘管爲了辦這個農場，我不得不常與金錢這個魔鬼打交道，但魔鬼總是魔鬼，牠不可能引起我的任何感情。我的朋友們的態度，大約也不會和我兩樣。今天這樣愉快的慶祝會和聚餐晚宴，假如終於變成一個圍繞金錢兜圈子的爭論會，你們想想，那多麼大煞風景，如果你們眞希望，我和我的朋友們，始終保持愉快的心情，我請求，你們所提出的三個要求，至少要等明年四月，農場一周年時，再讓我們考慮答覆，好不好？農場業務雖大有開展，但經濟基礎仍不夠眞正穩定、鞏固。有些工人朋友家境，特別清寒，大有困難，從明年起，大家可能還得研究給予他（她）們額外補貼，這是一個應該優先考慮的問題。至於我和我的朋友們是否共享勞動菓實，那是次要問題。你們當然記得，我過去一再表示過，我希望地球農場能初步試驗、並探索一種較新的人與人的關係，吳璣剛才有些話，似乎又叫我們大家的關係回到古老的軌道上。自然，我們非常感激你們的盛意。」停了停，他沉思起來。「吳璣說到向我們致意，拿我個人和我妻子來說，我們是不配受這種榮寵的。因爲，直到現在止，我們夫婦的生活享受還遠遠超過你們。我們既沒有、也不想學托爾斯泰那樣，放棄一切個人財產，過最樸素的生活，更沒有放開一切其他工作、活動，把全副時間和精力，全呈獻給農場，光就這兩點說，我們就不會作出很大的犧牲，那麼，怎能談得上接受你們致敬呢？話說回來，我早對你們談過我個人的倫理觀念。你們全知道，我並不贊成宣傳或鼓勵學做聖人。那樣，只能叫這個社會添口舌、長麻煩、加是非，徒然引起一些混亂。今天的世界普遍混亂，傳統師聖賢的道德觀念，是要負一些責任的。我想，每個人只要或多或少做點利人利己，或利人不利己的事情——包括公益，他就算不悖於社會基本道德原則了。船上人只能跳到海裏，設法把落海者從海底救上船，卻不需和他一起沉入海底，共享痛苦，來安慰道德良心。按照這一比喻，目前，我不想放棄一切，和你們過一樣的生活，我只希望，由於不斷努力，有一天，你們也能過我現在這種生活。當然，我這個落海的比喻，未免言重了。事實上，你們並沒有落海，只是遭遇一些困難，我和我的朋友們，僅僅盡點微小力量，設法減輕一些你們的困難罷了。我一貫提倡一種切實可行的低調倫理學，反對那種無法普遍實行的高調倫理學。只有戰爭時代，或某些特殊時刻，如果必要，一個人才可以作出全部自我犧牲。此刻不是戰爭時刻，也不是特殊時刻，我們不需要實踐高調倫理學。……人與人之間物質生活的絕對平等，永遠不可能，只能有相對的平等。」

最後，印蒂笑著結束他的話。

「好了，膏藥賣到這裏爲止，多說沒意思。今晚是聯歡盛筵，不是演講會。總之，我代表我的妻子和朋友們，謝謝大家好意，無論是精神上的致意，或物質上的勞動菓實，我們全不配，也不該享受。」

他才說完，工人們搶著說話，你一言，我一語，異口同聲，反對印蒂的謙詞。爭持不下，終於，還是藺素子任解人，加以折衷調停，才算解圍。

「關於精神上面，致意也好，謙讓也好，反正各行其是，你們說了，收不回，印老師說了，也覆水難收。至於分沾菓實，我看，明年一月再議，好不好。元旦起，萬象更新，那時候，談這件事，更有意思。你們全知道，我們這些添長幾歲的人的愉快，主要並不建立在金錢和物質上，儘管它們現在代表另一種意義。」

徐旭紅笑著道：「藺老師，明年元旦起，當眞你們要考慮接受我們的建議，可不能再拖下去呀！」

「好的，好的，來，乾一杯，爲農場明年更多更大的成就乾一杯！」

大家全起立，喝乾杯中酒。

喬君野看看腕錶，快十點了，笑著道：

「我看，時間不早了。年輕朋友，都有點醉了。忙了一天，也該休息了。明天是星期日，你們正好入城回家玩玩。」

「不，我們一點也沒醉，也不想睡，明天也不想回去，這裏就是我們的家。無論世界上哪一角落，都沒有這兒叫人愉快。」一向沉默寡言的何大沉，本來鮮紅的臉孔，分外酡紅了，他興緻勃勃、感情洋溢的道。

「眞的，這裏眞像我們的家。如果聖經上眞有所謂伊甸園，這兒就是。我自己的家，反而不像這兒叫我留戀了。」剛入農場時，鍾星星的瓜子臉一片清癯，現在已開始顯得豐腴，今夜更是紅光滿面。

「一回家，有點像回到另一個世界，死氣沉沉的，一片暗淡，叫人受不了。」嬌小玲瓏的聞鶯說，嘴唇散溢著酒氣。

「說心底話，剛來這裏，還不怎樣習慣。一個月又一個月過去，我的思想和感覺全變了。並沒有任何人強迫我變，可怪極了，我竟變了。我開始發覺，這裏眞是我們生活中的一扇窗子，通過它，我們才能看見眞正的希望的亮光。」謝玳花圓圓胖胖的臉孔閃灼一片鷄冠紅色。

「只顧說閒話，倒忘記正事了。還有不少客人，他們的名字叫『蘋菓』、『香水梨』、『鷄蛋糕』、『蛋捲』、『山楂片』、『話梅』、『奶油糖』等等等等，等我們肚子敞開大門歡迎呢！快把桌子收拾乾淨，迎接這些高貴的客人吧！」

「屠夫」笑著大聲說。三十幾個人，全部動手，不一會，碗碟匙筷等等洗得乾乾淨淨，白色枱布的長桌子上，陳滿一大盆一大盆的水果、點心、糖菓，每人一杯龍井茶。大家邊吃，邊談，邊聽留聲機放送的輕快小夜曲。

「我有個建議，從現在起，我們每人全有正式收入了。家境貧寒者除外，我們每人酌獻第一月工資一部分，添置些東西，把我們十間寢室初步美化一番。印老師曾說過：『美是叫人留戀於生命的重要因素之一。』」身材修長的樓芳說。

她的建議，不少人同意。有的人主張買些彩色花布，製成窗幔，有的建議購置花紙，糊糊粉牆和小禮堂兼圖書館；有的認爲，應該搞些油漆，把所有白木家具髹漆一過。既然過去那些棕色窗架子，全是自己動手漆的，家具也可照辦。

正紛紛議論時，吳璣卻提出另外意見。他說，按農場目前發展，如沒有意外，爲了紀念明年成立一週年，先一月可能添置十間草舍，做到每人一間，另外還把小禮堂內部大大整修一番，屋頂下添設一層灰幔，寢室也如此，現在若美化臥室，比如貼花紙，將來一動工，可能會破壞，不免浪費。不如等明春施工後，一起解決。

吳璣意見，大家覺得頗有道理，全都贊成。樓芳也收回原來建議。

瞿縈走過去，把唱完的舒伯特小夜曲唱片取下來，換了另一張是德列加的小夜曲。管留聲機的穆珍珍，只顧聽人談話，忘記換片子。她回到原座上，笑著道：

「我倒有個新鮮想法，不花什麼錢，給農場添點小趣味。我看，這些房間的名字，什麼『食堂』、『炊事房』、『辦公室』等等，名稱未免太舊了，不足表示地球農場新氣象。不妨把原來的白底藍字牌子，用藍漆重新塗過，請幾位畫家用彩色畫筆把名稱重寫，名稱由大家商定。我想，隔壁那間炊事房，可以叫『飯香齋』，這個食堂，大可改稱『嚼菜根館』，借朱伯廬名言『嚼得菜根，則百事可爲』；女寢室名之曰『夢裏觀花』，因爲你們大家都是理想主義者——幻想家，連作夢也想欣賞花朵……」

一個個聽了，不禁拍掌叫好，連疊聲表示同意。

「那麼，娛樂室，可以改稱『得樂園』。」印蒂笑著說，他向工人們解釋英國米爾頓「得樂園」長詩梗概，順便提了他的「失樂園」長詩。

吳璣笑著道：「不久就要建造的圖書室，可以叫做『開卷有得』。」

瞿槐秋笑著道：「這些名字都起得不錯。」他望著夏桂芬道：

「你管的那個儲藏室兼倉庫，可定名爲『備無患廬』，以示有備無患。」

馬爾提笑道：「辦公室可以叫『日月軒』，象徵它代表光明與希望，日日月月不斷工作。」

「你們大家給大禮堂想個適當名字。」印蒂道。

「就叫『星光燦爛堂』好麼？」藺素子悠閒的叼著煙斗，絲絲吸著淡巴菰。

「好極！好極！」衆人熱烈鼓掌。

正如喬君野說過的幾句笑話：靈感要擠，擠靈感如傅永春擠羊奶，不擠不出，越擠越多。興緻一豪，大家便爭先恐後，把靈感擠出來。

首先，管奶羊的文謅謅的傅永春——他綽號叫「蘇武牧羊」，笑著建議：

「我的『羊牢』可以叫『咩咩別墅』。」

「我的養峰房叫『嗡嗡閣』。」樓芳笑著說。

「我的兔子房叫『玲瓏亭』——這是上海亭子間的『亭』，不是公園裏的『亭』。」謝玳花笑著說。

「那麼，我們的鷄塒的大名是『黑白山莊』，澳洲黑是黑的，白萊克是白的。」徐旭紅笑著道。

「還缺一個。她們女宿舍叫『夢裏觀花』，我們男宿舍叫什麼呢？」「屠夫」大聲道。

「就叫『海底摘月』吧！」駱香香解釋「海底撈月」雖然是現成詞彙，也切實，但「撈」

字音調太重，沒有「摘」字溫柔。再說，大家都是幻想家，「海空」聽慣了，海底也是天空，大家也可以「摘月」。

「你眞是一個音樂家，連一個字的音響，也考慮得那麼仔細。」李茶打趣她。

「好了，這以後，外面人走進來，會把這裏當做什麼新『大觀園』，或者童話世界了。」瞿老太太笑著說。她今晚興緻好極了，印蒂早就請蘋芳、屠克儉叫三輪車先送她回去，她不肯，一直硬撐到現在。「我看，這不僅是童話世界，還是瘋人院，大家全瘋瘋癲癲的。」

「這是瘋人院，也是神仙世界，神仙們本都是一些瘋子麼！」藺愛禮笑著說。

「瞿老師，將來，眞得請你作一支歌曲，作爲我們農場之歌。」吳璣說。

「好的，好的，我將來一定寫一闋『地球之歌』，作爲場歌。」睢縈笑著。「來，蘋芳，我彈琴，你唱一支『再會歌』，就算結束這個最幸福也最快樂的晚宴吧！」

大家瘋狂鼓掌。

唱完彈畢，又是一次劈劈拍拍狂烈掌聲。

足足鬧到十一點半，盛會才告終。大家把瞿老太太留在女宿舍裏，幾個孩子，由屠克儉用貨車送他們回去。藺愛禮以自行車帶媽媽，印蒂帶老畫家，一長串自行車隊，沿著星光和路燈光，駛在靜寂林蔭路上。一路騎，還一路說說笑笑。他們離去後，年輕人仍在聽音樂，說笑話，講故事，吃吃喝喝的，直到十二時半，農場才開始沉入一片甜蜜的黑暗中。

第八章

一

各種各樣再造地球的宇宙風暴，從各方面捲起來，不管它們性質如何，卻形成一些宇宙力量，使地球再一次面臨變形運動。政治的風蝕輪迴，軍事的海蝕輪迴，社會的河蝕輪迴，一套又一套龐大輪迴進行著。海岸幾乎漂流著，Pel'ee式的火山尖塔衝入天際，乾涸的鹽湖似在形成，風造陸上堆積物在出現，洪水與強烈的空氣運動，逐漸磨削地球的凸凹，粗獷的地震，使一些巨大古舊的山峰差點瀕臨坍陷，又開始凝造另外新的怪誕高峰。我們所生存的亞洲大陸，和地球其他部分一樣，也遭遇各式各樣風暴的襲擊，和地殼快要接近大變形期的獰惡震蕩。形式上，首先受各態各型襲擊及震蕩的，是那些古老堡壘和城寨，但內涵上，被搖撼的卻是那些突出的巖嶂與巨樹——知識分子。

沒有人願意從幸福高峰頂跌下來，哪怕巔頂只是渺小的苟安。出現裂口的穩定，僅僅不時閃爍破碎的亮光。也毋論這些峰崖建立於怎樣崎嶇不平的岩石上，和早就變形的猙醜的泥塊和土層上。不少知識分子，還想抓住那些即將碎裂的泥層，已逝的波浪，回憶中的陽光，純粹由於視覺作用的幻影，但更多人卻已敏感到風暴的壓力：那些楔形高壓與鞍形低壓，甚至那些直線等壓線。不管是熱帶大陸氣團，或冰洋氣團，反正他們是處在一股將要發作的狂猘氣流的運動中心，雖然名義上被衝擊的對象是政治與經濟結構。從風暴中衝刺出來的寶劍，已閃熠眼前，刀子已放在桌上，你不是刀子的主人，就是它的奴隸。這一切，儘管觀念裏，他們業已洞透，然而，由於傳統的幽靈作祟，即使是最後的決定性剎那，他們仍在陰影叢中踟躕、猶豫，決不定是否馬上拿起刀子，對這片空前的風暴混沌扮演一份穩定力量。

只有極少數人，能提醒傳統幽靈的魔祟，和一切風暴的幻影壓力，挺身而出，毅然試以新的武器找尋新的平衡力量。印蒂是這些少數人中的一個。

翌年暑假期間，經印蒂倡導，由時代出版社出面，邀集南北學者教授約七十餘人，在H市舉行一週會議，研究編寫那四套叢書，並討論已出版的一些叢書小冊子。名義上，是研究編撰計劃，實際上，卻是國內學術界一些有代表性的人物，第一次聚集一堂，共同探討今後中國文化的命運，和整個民族的道路。印蒂希望通過這次切磋，初步把大家的相同意見先肯定下來，再就分歧處，設法加以調整，從而形成一派層次井然的現代化新的思想體系，爲未來中國及世界的新理想預築一個最初基礎。正式會議，集中於上午和夜晚，下午，全體泛舟、登山、遊覽，一邊玩，一邊閒談，輕鬆的彼此交換意見，並造成一片和諧氣氛。

這次會議經費（包括與會者旅費），全部由時代出版社負擔。爲此，林鬱確實費了一番力氣，動員幾位金融界人物贊助。

從這次文化界大聚會中，印蒂第一次經驗到國內學術界的混亂、蕪雜。思想本不比鴿子籠，一格一格的、一木一板的，那麼整整齊齊。原始混沌寧是它的一大特色。可是，癥結不只是複雜錯綜，而是，有一部分人幾乎絲毫缺少現實感覺，完全在高空跳舞，幾乎像馬戲團的空中仙人跳。很少人意識到當前的危機，以及迫切需要文化界有一種極度雄厚的岩石凝結力，用以面對那可能出現的白浪滔天的海嘯和狂潮。

有些知名學者，簡直有點像剛從動物園內牽出來的活標本。他們中，有的好似基基尼的鸊雉，又是鳥，又是爬蟲，看起來彩色華麗，能飛翔，實際上，大部分時間卻在爬行，牠們的動作，古式極了，像是活著的化石。有的人，宛若北美精緻的飛松鼠，身上帶有靈便的降落傘，到處能作神奇的飛將軍，可是，牠們卻永遠在黑暗中活動，是命定的夜行者，在光明的白晝，僅能全身捲緊了，如一團毛球，大睡特睡，別無作爲，整個思想也在睡大覺。有的，是白腹鮝鯉，雖然表現出動人的形相，可除了用牠長而膠黏的舌頭捕捉黑蟻、白蟻外，沒有別的本領，牠雖有厚厚鱗甲，卻沒有牙齒和利嘴。有的，是鯨魚，牠的體積夠偉大了，幾乎眞是海中動物之王，然而，牠的深埋於水下的後肢，卻是退化的遺物，除了加重牠笨拙的負擔，毫無所用。更多的人像沙漠中與叢林中的動物，爲了抵抗外來的災難，前者，就滋長了錯雜的黃褐色的毛皮，後者，則產生了間斷的條紋和對比的毛色，用以維護自己安全。「安全第一」，這是眞理。

各式學者，有各樣形態。不少人的重點，首先是考慮自己的觀念，自己的聽覺與視覺，幾乎忘記了：他並不是這個地球上的唯一存在者。

不過，這種形態和上面的動物畫面，究竟還是少數人的問題。多數人的問題，是那致命的書卷氣，與現實感的極度缺乏。這一大堆自命探求各種眞理的導師們，只要一個小小謊言，就會叫他們摔一大跤。他們對市場思想和語言眞相隔膜到這樣的程度：許多人簡直用對待柏拉圖及黑格爾的虔誠來對待它們。另一方面，他們則以古代「日中爲市」的商業態度，周旋於現代股票交易所。

有些法學家，寄希望於那一堆無窮無盡的政治談判。有些哲學家，信賴群衆運動的眞正理性。另一些文學家，高估軍人的仁慈。一些經濟學家，迷信新式極端派大腹賈商人的豁達與大度。又一些藝術家，竟相信某些政治廣告畫的眞實性。各種各樣的學者，有著各式各樣的信賴和幻想，很少有人用精確的態度，恰如其分，估計中國人面臨的新現實。另外，也有些人，在信賴與幻想中崩潰了，乾脆讓絕望的海水淹到自己脖子，不再對任一朵浪花存在一點希望。這一類人的痼疾，基本上和前幾類人差不多：完全忘記現實世界有它最大的複雜性與彈性。對知識分子說來，可守的陣地雖已大部分淪喪，但純粹從歷史觀念說，也還有最後幾道壕溝、幾個山頭、幾條河流，足資固守，並以它作為遍地洪水中的一些方舟。

「你們什麼都有，就是沒有對未來的信心，對自己的信心！」在三潭印月茶室的一次臨時座談中，印蒂對十幾位學者說明自己意見。

「不是我們沒有信心，是我們沒有鎗桿。」一個白鬍子哲學家道。他叫豐道子，是著名的C大學的哲學系教授。

「理論在我們嘴裏，鎗桿在別人手裏。沒有鎗桿的理論，永遠只是俱樂部的瑣談，無法佔領那些鋼鐵馬奇諾陣地。」一個中年法學家附和說。他是S法政學院的教務長，叫鄒和森。

「你們忘記了，一千九百多年前，耶穌走進耶路撒冷時，也沒有鎗桿。以後，保羅進入羅馬時，也沒有鎗桿。耶穌最初的十二個門徒，大部分是漁夫，也沒有鎗桿。但他們終於佔領整個羅馬，創造了近兩千年的西方文明的相當長時期主要領導力量。」印蒂說。

「現在不比古代。那時候，為了一種信仰，人們可以默默流血三十年、五十年，甚至一百年、兩百年。今天，有勢力的人，一晝夜之間，就可以摧毀你十年辛苦建立起來的一切。假如運用核子力量，幾小時之內，就可以毀滅一個小國。」歷史學家譚夢麟嘆息著說。

「希特勒也曾毀過一切他們能毀滅的。可是，今天倒在廢墟裏的，是他自己的屍身，不是他所毀滅的那些對象。」印蒂說。

「擊潰希特勒的，是東西兩線幾百萬大軍，不是今天這個座談會的清談。」一個胖胖的經濟學家諷刺的道，他是個美國哈佛大學的經濟博士，叫承大發。

「可是，假如東西兩線大軍沒有對人類未來的最低信仰，沒有對地球文明的最起碼的共同原則，沒有對生活方式的最簡單的一致觀念和信心，他們不會聯結在一起，心甘情願獻出自己最後一滴血。」印蒂說。

「我要提醒你，不只是信仰、原則、觀念和信心，更重要的是利害。是休戚相關的利害，把東西兩線大軍聯合起來，共同搗翻柏林那個有毒的納粹黃蜂窠。」另一個歷史學家說。

「我承認利害的重要性，但日日夜夜鼓舞東西兩線大軍奮勇向前、甘願流盡最後一滴血的，到底不是交易所的算盤珠的滴滴噠噠聲，而是那些正義的信仰的聲音、原則與觀念的神聖聲音。」印蒂回答他。

「你是說，我們必須先有統一的信仰、原則和觀念，然後才能有所作爲？」生物學家麻式徵問。

「是的，沒有這些，我們就不能形成堅固力量。沒有堅固力量，就不能影響這個國家、這個民族。對文化界來說，它並不是沒有力量。知識、理論與專門技術，就是他們最大的武器。假如這些武器，能充分組織起來，像諾曼第登陸前的那樣充分準備的武裝組織，那麼，任何希特勒的鋼鐵海灘陣地，也可以攻破。」印蒂沉吟說：「不要忘記，今天形成最大的現實力量的，是青年知識分子和學生，他們踏上自己社會陣地之前，首先就是在你們身邊成長的，你們的一言一語、一舉一動，都可以影響他們的觀念形態。沒有一套最起碼的理論形態，他們不會拿起鎗桿的。……因此，首先是學術界的專家們，應該先探討建立一種統一的信仰、原則與觀念。」

「可是，文化的繁榮與豐盛，最忌的就是強加統一。它需要最廣泛的自由。」美學專家褚光啓說。

「我們是在自由的基礎上，形成某種統一的。這些一致或統一，正爲了保障我們文明文化的更大自由。比如說，奧林匹克運動會中，一些籃球規則或足球規則，並不妨礙足球員或籃球員的自由競賽。空氣、日光、土壤的客觀限制，也不完全妨礙花朵的某些自由開放，更不用說花匠所創造的園林藝術了。」

「是的，我們應該先具備最低的統一信念，然後，我們才能共同爲明日文化和人類命運獻出自己的精力。在我看來，幾十年來，中國文化界是過於散漫和無政府了。文人們除了自己最愛的學問與藝術外，對一切都不負責。讓我坦白警告各位吧！今天在致力學術以外，假如你不肯抽出點精力，起來保衛文化，而把這神聖的唯一的保衛權利交給別人，明天，你將不再成爲你所致力的任何學術或藝術的眞正主人。在主人與奴僕之間，只有一種選擇。」藺素子支持印蒂的意見。

「怎樣保衛它呢？」地理學家詹縉雲問。

「這就是這次會議的主要議題之一。」作為主人之一的林欝誠懇的道。

經過七天會議，由於印蒂、藺素子、林欝、馬爾提和一些有遠見的學者們反覆說明與推動，在總的綱領上，會議算是達成比較一致的意見。至少，許多人都產生一種勇敢的信心，打算盡力負起知識分子責無旁貸的責任，以便對當前的風暴時代作出一份貢獻。首先，他們全表示願意參加三種大批判叢書和一種建設叢書的撰寫，並準備介紹更多的學者與專家們參加這一工作。對於叢書中已出版的一些小冊子，他們也一一熱烈討論其內容，肯定了應該肯定的，懷疑了應該懷疑的，補充了應該補充的，並提出一些建設性的意見，對小冊子作者們寄予新的希望。

會議結束，聯合發表一個長篇共同宣言，大約有兩萬字。其中，集納七天來各位學者的意見。這篇宣言，將作為四大叢書的總序，並重新修改過去徵稿緣起，摘錄宣言中部分內容補充它。

宣言中，類似最低綱領與最高綱領的兩部分，由印蒂起草。前者針對當前時代的現實危機，後者則觸及人類未來的壯濶圖景。

一般學者們的意見，免不了書生氣，有時，蔑視現實低地的那些最通俗的問題，認為只是老生常談。但印蒂卻以為，歷史上，無論那個時代，廣大人民面對的主要課題，總是生活本身，他們對一塊麵包的評價，可能要比黑格爾的「絕對理念」高得多。經印蒂堅持，這一方面，算是作了些補充。

關於上述兩部分，主要內容，節錄如下：

二

人類歷史又將淹沒在可怕的洪水中，地球上從沒有像今天這樣恐怖緊張過。

我們原始祖先，花五十萬年鬥爭所掙得的地球上的生存權，今天將在不到五十天時間內，毀滅淨盡。我們的文明祖先，經萬年艱苦所締造的燦爛文化，在一晝夜間，可能將化爲一片硝煙毒火。毀滅它們的不是由於另一星球與地球的撞擊，不是由於火星或水星上的入侵者進入我們的星球，不是由於地球生命的老年期已達極限，不是由於早被我們祖先征服的毒蛇猛獸重新向我們反攻，不是由於史前式的新冰期將降臨，也不是由於任何其他突發的巨大自然災禍，卻是由於人類對人類自己的憎恨與厭倦已達到頂點，因而，千方百計，發明最可怖的核子爆炸力量，來消滅自己。在人類曾經演奏過的瘋狂交響曲中，未來將上演的，是最瘋狂的一闋。

假如不是這樣，那麼，至少，也是人類將全世界改造成地球瘋人院的新的一頁的開始。

科學的巔峰發展，尚未替人類中的多數贏得可保證的幸福，卻已給他們帶來可保證的核子毀滅。它剛給文明賦予最初的生命，就替它引來最後的死神。現代科學智慧一點鐘所能毀滅的，幾乎等於過去任一世紀毀滅的總和；它一個月摧毀的，可能相當於全部人類歷史摧毀的總數。我們不是活在信賴裏，是活在互相毀滅的威脅陰影中。整個毀滅或得救，已不再是一種危言聳聽的報紙頭號標題，它將是你我當前每秒鐘面臨的現實。這是有史以來最嚴苛的現實。也許，有些人還不知道，但結果總是一樣。

檢討這些現實危機，它的根源並不在外，而在內，一切仍在人類本身。當我們中間，還存在特殊的貧困、饑餓、不幸、痛苦時，危機就存在了。和平不能建築於饑餓與痛苦上。安全不能屹立於貧困與不幸上。它們最低的條件，是桌子上足夠的麵包，肉體上較少的痛苦。沒有這兩點，最輝煌的太陽，將不能發光，最美麗的玫瑰，將不能放香。我們不是說，由於一種奇蹟，人類當中全部痛苦，將在一兩分鐘或一兩年內根除。那樣說，是極不現實的。從沒有一種「奇蹟主義」眞正得過勝利，也從沒有一個或一批政治魔術家眞正給過人民幸福。世界上有各式各樣的痛苦，人們對它們也有各式各樣解釋，狡詐的政治家，也曾經利用各式各樣的解釋。可是，有幾種痛苦，到底已被大家肯定了、公認了（包括最善於詐欺的政客在內），這就是：饑饉時沒有麵包，失業時沒有工作，貧困時沒有收入，患病時沒有醫藥，戰爭時沒有和平，需要發聲時，沒有代言人，或不許發聲。……這些肉體上精神上的痛苦，是億萬人公認的不折不扣的最大不幸。在這裏，最詭辯的律師、最會撒謊的宣傳家，不管怎樣咬文嚼字，深文周納，也不能把它們打碎、瓦解、各個擊破，然後再自圓其說的粉飾。

這些，就是人類目前所面臨的最起碼的現實問題。一切未來的巨大毀滅，包括最可怕的核子大禍，都從這裏開始。那個最殘忍的鈾235中子撞擊，先從這裏開始衝擊的。

現實危機是大家的，責任也是大家的。當然，這責任，有的人應該多負一些，有的人應少負一些，有的人則幾乎毫無責任，他們永遠是犧牲者，危機的最深刻的罹受者，卻從不是製造者。假如地球上還有「人類愛」這個名詞，那麼，人們就應該儘快協商，來解決這些現實危機。不解決這些，一切美麗的諾言，只是虛僞的裝飾。

痛苦是共同的，幸福可能不是共同的，至少，幸福的水準不是共同的。然而，我們仍應該有最低的、最起碼的幸福標準，這就是，任何人的幸福，絕不能建立在多數人的痛苦上。假如在人民的世紀，人民眞正是整個地球的主人，那麼首先，就必須傾聽多數人的聲音，問問他們：「你們當前所最需要的是什麼？是戰爭，還是和平？是暴力，還是明智？是饑餓，還是溫飽？」

究竟有幾個政治家，曾眞正誠懇的詢問過人民，傾聽過他們的內心聲音？

我們是文化工作者，對於明日的中國文化、民族命運，我們有我們的最高理想，哲學性的論證，新穎的看法，雖則如此，但我們仍沒有忘記當前世界所遭遇的現實危機，以及可能因此招致的巨大核子毀滅。關於這個現實危機，我們已作出最輪廓的分析，也提出最低的願望。它不僅表達我們對人類的關懷，也指出，我們文化界一切努力的起點，是從現實低地開始的。

在大家原來擬就的宣言中，除了缺少類似最低綱領的一段外，還缺少類似最高綱領的一段。沒有通俗而現實的答案，它將使廣大群衆覺得空虛。沒有最具理想性質的未來預見和遠景，它對許多年輕人將沒有吸引力。經印蒂建議，極簡單的補充如下一段，有關星球哲學和星球方面的。這裏，只是一個初步雛形概念，詳細理論，印蒂準備在別的時候提出來。

民族的時代是過去了。國家的時代是過去了。地理上「洲」的觀念是過時了。連「世界」這樣的名詞，也嫌不夠廣泛了。一個星球的概念，代替以上這一切；全人類的住宅區：地球，正在日日夜夜圍繞太陽旋轉。在太陽系的家族裏，除了地球，還有別的星球。由於科學發展，我們這一星球與別的星球之間的來往，在可以預見的未來年月裏，甚至在下一世紀裏，相當可能了。展開於我們眼前的，是一片壯麗的太陽系的星際空間遠景。比起這個來，一切宗教的派別主義的分歧、階級的差距、民族的觀念，是毫不足道了。

我們都是星球主義者。

我們都是地球人——星球人。

我們希望人類能運用地球上的資源與人力，探尋其他星球的秘密。在未來飛往月球和火星的歷史上，將出現新的哥倫布。從遠祖到今天，我們人類在地球上生活了幾百萬年。但只有今天是人類最值得驕傲的世紀，因爲，我們第一次有可能離開地球，飛往月球和別的星球，這是幾百萬年人類史上第一次眞正偉大的勝利。我們應該珍惜它。

由於這一劃時代的紀元——星際紀元，將要蒞臨，所有人類的思想、哲學、信仰、主義、觀念，可能都將從根本發生一次革命。我們的生活方式，也將有巨大變化。地球不再是我們唯一的生存空間，除了它，在並非不可企及的將來，人類相當有可能飛到另一星球上，假如我們願意的話。未來的哲學，將是星際哲學，或星球哲學。一切新的思想與觀念，也將從這裏誕生。隨著這一新的偉大的思想背景，人類將可能徹底改變過去的繁瑣觀念。一切將溶入星際光輝中。凡屬於空間最深處的所有神奇質素，將滲入我們的生活。

以耶穌誕生開始的公曆將結束，以星際交通開始的紀元將開始。我們唯一的國家，是「地球」，我們將用地球人代替美國人、法國人、英國人、中國人。我們將用地球代替所有國家的不同名稱。未來的世界政府將是地球政府。

三

會議結束的前兩天，印蒂介紹所有出席者參觀地球農場，並在小小廣場上（這是爲以後作運動場開闢的），爲大家準備一頓簡樸的午餐，由農場招待。印蒂簡單介紹它的籌備經過，詳細說明一年多來的發展和今後計劃。（關於農場，現在它與一年多以前已大不相同了。這個，後面再補充敍述。）他所談論的這一切，與他在會議上所表現的那些觀念，大體相結合。他讓大家明白，他不是一個空頭理論家、幻想家，他是一個實踐者。

來賓們極仔細的傾聽他的介紹，對這個小農場的創辦宗旨，頗生興趣。雖然它的設備與現實成就，還遠遠不夠叫人滿意，但它的風格和計劃，卻引起大家欣賞。

「假如這個世界上所有農場，都具備你們這樣的理想和風格，就很有意思了！」C大學農業系教授李新城笑著道，他和瞿縈是同事。

「李教授，您對這個農場既感興趣，明年起，就請您每個月來講兩點鐘有關農業的專門知識，好不好？」瞿縈笑著道：「我丈夫早就想找個大學教授來當老師了。」

「好的，好的，我可以考慮。」李教授笑著道。

「我希望，有一天，這個農場人與人的關係，能擴大到全社會。這也許是一個幻想，也可能並不是幻想。事在人爲。」藺素子誠懇的道。

會議開幕日，印蒂曾發表一篇談話。他申明，這不是演說，只是一種漫談。會議期間，絕大部分時間，他諦聽大家議論，僅有兩次，他發表過長篇談話，一次是農場午宴時。當時，他解釋，它們並不是演講，祇是朋友們的閒談。這次，在會議上，他暫時放棄自己一些較有系統的理論介紹，把重點放在和別人交換意見上，主要是有關四套叢書的編撰。他認爲，在形式上，只有自由漫談，才能使大家意見更容易接近，特別是面臨一些現實問題時。當然，有人要發表學術專題演講，他也支持，不過，還不多。主要是，許多學者們，相互還不認識，而且，過去也從未開過這樣一種性質的會議。因此，這次聚集，其重要意義之一，是爲未來這類會議作一種準備。這一次，只算是序曲，將來才是正式的樂曲。會議將告終時，最後，在大會閉幕式前的一次分組小型座談會上，各人絕對不受拘束，漫談自己理想，和思想體系，以及一些純粹個人的想法。這時，印蒂較正式的提出一些個人觀點。這一次，他談得比前三次更具體點，也更明確些。我們準備介紹印蒂上述四次談話，作爲這次南北學者H市會議報導的結束。

四

印蒂第一次談話，發表於會議開幕日，我們刪去一些與主要內容無關的頭尾，（它們談到這次會議與四大叢書編撰的關係。）把它的眞正內涵全文轉錄如下：（他一再說明，這個談話，只是發表他內心的一些沉痛聲音，而這類聲音，可能早已存在於許多人心中。）

今天，我覺得很困難，困難的不是我，不是你，也不是我們或他們，而是我們的言語。自從四、五千年前，人類創造語言文學以來，第一次，歷史在這方面發生危機：我們彼此溝通心靈的傳遞物，突然崩潰了，或者說，人與人之間最重要的紐帶，割斷了。沒有這一套紐帶的傳遞，人類心靈這一套機器，是無法作鏈鎖活動的。

同一個字，同一句話，在你我嘴裏，變成南北極。所有字句，全化爲形式的形式，它們再不代表眞正內涵，即使有內涵，卻是一個相互衝突激盪的內涵，絕不是一種和協的平靜的內涵，像無風湖水一樣。言語已變成最大的面具，後面隱藏一副副眞眉眞眼。常常的，人們不大肯露顯眞眉眞眼，只把言語當面具，不斷開假面跳舞會。當然，這並不是今天新鮮事，在歷史上，就常常出現過。可是，它的規模之大，場面之普遍，今天卻已達到頂點。

誰都知道，語言或文學，是神聖的，幾乎是人類文化起源時，一切成就中最偉大的成就。可是，今天我們卻在侮辱它。更壞的是，我們用它來侮辱自己。以前，最低級環境中出現的侮辱，現在，流行於最高級空間。從第一個聲音，侮辱到最後一個聲音。從第一個字，侮辱到最後一個字。

假如這種普遍的侮辱繼續下去，我眞不知道，話語或文字，對我們還有什麼意義。我們荼毒了這份最純潔的聖物。

什麼時候，我們才能用最眞實的語言，談最眞實的事呢？我不知道。這個時辰，一天不來到，一天就無法探尋那永恆的事物。

因爲語言被毒化了，人與人之間的關係，自然也就毒化了。假如我們的聲音是有毒的，它的主要發源地——肉體，也就是有毒的。我們怎能用有毒的肉體去擁抱別人？用有毒的嘴唇去接吻別人？而且在有毒的生命與有毒的生命之間，幾乎極本能的產生一種彼此自我防禦，客氣點說，是自我迴避。

在這一困難下，很自然的，首先，我們很容易誤會。不必要的誤會，像崑崙山一樣，堆積在我們面前。爲了這些，我們不得不消耗我們的巨量時間，來撲滅它們，像撲滅夏季那些噬人的卻又不易追踪的小黑蟲。這些可貴的時間，我們本可用來到河邊散步，到草地上曬太陽，到公園裏呼吸新鮮空氣的。假如這些小黑蟲再少些，甚至幾乎絕跡，我們本可熱烈擁抱我們出門所遇見的任何第一個人。現在，即使是我們自己的父親或母親——我們在這個世界上最後一個親人，從街上回來，有時，我們竟也不敢伸出臂膀了。

解釋！解釋！我們究竟要解釋到什麼時候呢？我們究竟要解釋多少世紀呢？我們已經解釋了三千年——甚至四千年了。假如你們中間還有人未厭倦於它，至少，我已經厭倦了。我不想再活在一個深深泡在無窮無盡解釋裏的時間或空間中了。主要是，我發現，人類在解釋了三千年以後，第一次忽然發現，它的解釋工具——言語，徹底崩潰了。

這一切是困難的。最困難的是，在這條困難的河流中，我們暫時還不能中斷最困難的那一口最後呼吸。我們還得游泳過去，雖然每一個人都已筋疲力盡，聲嘶力竭。

從上面這份困難、鏈鎖反應的，產生另外一些困難。

我們中間，有些人，還很年輕，此刻，卻不得不借助一些最老耄的，甚至最沉痛的哲學意象，來表達自己心靈。甚至一些從事最實際的事業的生命，比如說，政治生命吧，也不得不在最抽象的意象中打滾。這個時代，人們假如不做哲學家，幾乎就沒有生存權利。

在任何哲學河流裏，我們是永遠洗不完澡的。

明明知道這一點，但我們仍不得不沐浴下去。

這裏，最令人痛苦的，是朋友的誤會，甚至是我們親人的誤會。這本是一些不必要的誤會，我們卻不斷在裏面翻騰，這眞是最令人沮喪的。

這些誤會根源，常常只是最抽象的，表現在太陽光下，卻又是一些最叫人不可理喻的瑣碎。我們可以爲一隻花瓶的位置，一雙鞋子的擺法，一句話的輕聲或重聲，叫我們最親近的人發生誤會。有時，對於同一件作品某一部分的不同看法，也可以叫一個極卓越的心靈蒙上暗影。另外的時候，即使我們不說什麼、不做什麼，單單一副沉重的臉孔，（雖然這份沉重與別人毫無關係，只對自己負責。）也會叫我們的朋友或妻子生氣，她們似乎盼望我們的臉像神話裏的天空，在那裏，太陽永不沉落。

臨到解釋，那就很痛苦了。我們究竟怎樣說起呢？當你眞正爲一隻花瓶的位置，傾出一大陣辯詞時，人們又覺得你小題大作了。可能，舊的陰影未去，新的陰影又堆積起來。

在某些天氣裏，即使沒有鞋子問題或襪子問題，人們也常會爆發。關鍵不是鞋或襪，而是他內心的色調。當這片色調變成大片墨雲時，天然的它要下雨、颱風、打雷。這個時候，做父母的就會向孩子送去一拳頭或一巴掌，做主人的，就奉獻僕人一腳，假如是孤獨的鰥夫，他會詛咒板凳桌椅。

世界上有那麼多不可理解的事，又有那麼多不可理解的人，更多的是那些不可理解的思想、衝動、本能。我們爲這許多不可理解，再回報以另外許多不可理解，這樣，我們所面臨的，是一團幾乎永遠理不清的亂絲。

首先，我們要問：我們自己是眞正公正嗎？我們是常常的、一貫公正嗎？世界上，眞正承認自己一生是一片水墨圖的人，很少。人們已習慣於高高站在阿爾卑斯山巔，把另外人推向死海底。

我們應該找尋原則。雖則世界上最簡單的是原則，實際上，最麻煩的倒是原則。爲了一些原則，生命流血了幾千年。爲了同樣的或另外一些原則，我們今天繼續在流血。今天我們同意的一些事物，以及隱在它們後面的一些原則，另外人不同意，另外人用來締造另外原則的一些觀念，我們又不同意。先是觀念在打仗，於是原則在戰爭，終於生命在流血。

其實，原則是抽象的，重要的是，我們是否同意或不同意一些現象和具體結構。某些原則肯定這些結構，另一些卻又否定它。究竟怎麼辦呢？人類惶惑了。生命衝突了。從衝突中，我們不只想獲得一些原則，而且想得到一些更具體更實在的東西。這些東西，就像飯碗茶杯一樣，能實實在在擺在你面前，你能摸到、觸到，而且，最重要的是，你可以拿來用以啜飲，盛食物。

當然，也有極少數人，是爲純粹原則而生存、而呼吸的。

我們怎麼能公平的討論原則呢？既然每一項討論，全牽連到我們自己的物質因素？有時候，當初是純精神的，後來卻變成純物質了。有時候，本來是物質的，後來更物質了。有時候，靈和物的因素，是互相擁抱的，你很難把它們分開。在地球上，沒有幾個人能跳開這一切，像上帝一樣，站立雲端，來裁判這樣，判決那樣。

更麻煩是，當初是一些簡單爭執，甚至是純理論的爭執，一旦與血牽連一起，特別是，長久泡在血裏以後，你就很難再把一些原則從混沌泥沼中去搭救出來。你不知道究竟是原則的衝突，還是血的衝突？很少有一個流過血的人——特別是長久流過血的人，能平心靜氣坐下來，像坐在法國沙龍裏一樣，來談論原則。他首先得想起自己身上的傷疤，更重要的，他得想起今後會不會有新的傷疤出現於他身上？那些傷疤在刺激他，那些血在呼喊他，他不可能像作沙龍夜談一樣，輕鬆的談抽象原則。即使他哲學式的滔滔不絕，他的哲學是有鮮血做酵素的。

在一場長期流血之後，人們竟會安安靜靜坐下來，像咖啡館裏法國畫家一樣，悠閒的談論原則、理想，以及諸如此類，那倒是奇蹟。

歷史上從沒有過這類奇蹟。假如有類似的奇蹟，那也是在另外一代，一些新的生命完全忘記血的記憶，或者，至少，他們自己身上從未濺過血跡，只在這時候，重新估計一些原則，才有可能。

這正是個悲劇，血以外的人，永遠不了解血以內的，而某一空間的血以內的人，又永遠不了解另一空間的血以內的人。

我們既然談原則，就不能不談血，爲了曾經流過的血，爲了正在流和將要流的血。這樣，我們就要談到血的責任、血的保障，而這種責任，是永遠談不清的，這種保障，也永遠不能眞正公平作出的。

不管你怎樣措詞溫和，用語婉妙，你總不大容易說服一個在流血的人。主要是，你在說教，他在流血。假如這種說法能成功，那麼，傷兵病院裏將永遠沒有呻吟聲，更不用說那些可怕的嚎啕聲。到現在爲止，人類還沒有發明出制止這種嚎啕聲的特效藥。一般的鎭靜劑和安眠藥，並不是叫他被說服，是叫他睡覺。睡著了，一切忘得乾乾淨淨。但一醒過來，他仍會大嚎的。

原則也好，流血也好，一切到這裏，人們就不得不追溯那個起點。沉痛的不是終點，而是那個開始。第一點決定最後一點，似及其他許多點。人們總不是永遠流血的。悲劇是，在一個太太平平世界裏，人們在抽煙、喝茶，忽然，鎗聲響了，那第一鎗，是誰扳鎗機的？那第一箭，是誰射出的？世界上，總有這麼一些人，他們對盤馬彎弓是極感興趣的。等到發現興趣把他們拖得太遠，而且帶到一個完全出於意料的世界時，事情已經不只是勒馬收弓了。

總有一些事物，一些現象，一些觀念與意志，結合或混和起來，釀製出一些悲劇。地球在一些不可知的因素中進行。我們不知道還要這樣進行多少年？理智和良心，雖然一千次發出警報，但本能卻早已習慣於懸崖邊馳馬，在最危險的浪濤中泛舟。當生命願以自我毀滅做代價，來追求那份最永恆的微妙、神秘，和野蠻時，你怎麼能防範它呢？

沒有一個勇者不以蔑視毀滅爲第一義，你又怎麼能約束這些勇者呢？

說來說去，我們談語言、談誤會，談原則和血，主要是爲了把地球從毀滅中得救。首先，使我們從死亡中得救。然而，仍有那麼許多人那樣熱烈的追求死亡，極無意的想輕輕一筆勾銷地球多少萬年來，鬥爭後的結晶文明與文化，對於這些人，我們又怎麼辦呢？

眞正的悲劇，不在於我們能不能防止悲劇，而在於有那麼多的人，是如此習慣於悲劇，把最沉痛的輓歌當頌歌唱，把殮屍的黑布看作最美麗的顏色，從而一切悲劇對他們完全變成喜劇和欣賞劇，這個，你說怎麼辦呢？

這一切，還是從那第一點來的，有了那第一點，一切全來了。人們很少想到爲了維持這第一點，有多少可怕的鏈鎖反應，會長長長長的產生。然而，人們既然提出並製造那第一點，最後可怕的終點，也早就注定了。

我們的努力，只在拯救那未來的新的第一點（起點）。假如地球的運氣不那麼壞，還可能有那新的第一點，我們一定要把它放在眞正陽光裏，讓美麗的花朵環繞它，讓溫柔的枝葉掩映它，讓人類幾千年來所有的智慧鑲嵌它，而且，還加上已死的和今後億萬年可能有的，所有的母親的愛，以及一切宗教祈禱中的祝福。

五

印蒂第二次談話，發表於會議進行時，這裏只摘錄他談話的一部分。他自稱，只是談一種抒情的玄學或思維，純屬他個人的想法。

經歷了本世紀各式各樣的最沉痛的歷史事件以後，人們可以明白，要下一個眞正的人生結論——最後的結論，是多麼困難。要下一個巨大的假定，甚至那恐龍式的假定，是容易的，我們也可以逐步摸索，獲得一些片段證實。但要作出那金剛石式的人生結論，就非常非常艱險了。也許，一切早已包含在開始中，最後的結論是多餘的。起點就蘊藏終點的巨大光芒。常常的，每個競走者，被起點的初升太陽光華所刺激，因而發出那些急速的腳步。終點是將沉落的太陽，在每個越野競賽者心中，往往是疲憊的，令人耗竭一切的。

也許從來沒有過眞正的結論。歷史上所有結論，都是浮光掠影，只爲了暫時困惑人——

當人類需要困惑時。誰都有過那麼一個時期，對一個銅板又一個銅板的叮噹聲，一個算珠又一個算珠的畢剝滴落聲，感到無比厭倦，甚至厭倦手錶的秒針、自鳴鐘的擺聲、公路上的里程碑、院落裏的牆壘、籬笆、汽車喇叭聲、十字路口的信號燈，特別是那鐫刻得過於細緻琢磨的象牙印章、那描繪得過於分明的冷靜的雲南大理石桌面，於是，突然渴望一陣狂熱的巨潮，把沙灘上一切算珠聲和鐘擺聲、象牙與大理石席捲而去。那個久埋在靈魂底層的火山爆發了。人類嚴重的需要一個新的結論——其實寧是新的起點。這樣，歷史水面上，便飄來一個又一個浮萍式的結論，讓人暫時玩味那優美的圓形、新鮮的綠色，和那隨水而流的動蕩性、飄飖性。

一切心底火山的種子，來自現實的火山。當後者無法爆炸時，前者就先爆炸了。

太古時代，當原人在自然現實巨大陰影下掙扎時，曾爆發過這一類火山。中古時期，當北方蠻族的馬蹄聲統治歐洲人幾百年時，在歐洲曾爆炸過這一類火山。在古代印度北部，當死亡的龐大背影，永恆搖晃於所有生命牆壁上時，某一午夜，在一個王子的靈魂深處，曾爆響過這一類火山❶。在阿拉伯沙漠，在中國響遍金屬聲、鋼鐵聲、弓箭的大地上，也出現過這一型火山。歸根結柢，生命必須抵抗那一連串恐龍式的現實。古代有古代的恐龍，現代有現代的恐龍。厭倦於一顆象牙印章、一隻瑞士摩凡多的滴達聲，與厭倦太陽起太陽落，是一樣的。在最現代的厭倦中，本包括那最原始的厭倦。雖然厭倦，卻仍掙扎，而且，於徬徨與掙扎中開花，開最碩大最美麗的花，這在現代，也和在古代一樣。即使傳統中最幸福的時代——堯舜時代，我們依然可以聽到一些樸素的，但有點厭倦的歌聲❷。

目前，從最現代的火山中，我們仍可聽見古代火山的迴聲。不管我們怎樣不歡喜這一些或這一座火山，然而，我們必須記牢一件事：這個最現代的新型火山❸，儘管它的姿態怎樣叫人看不慣，它卻具有最古典的成分。生命總是由兩種不同力量造成的。歷史也總由兩種激盪力量形成。一切最現代的鬥爭，其實常常是最古典的鬥爭。

儘管人類歷史從沒有過眞正結論，但某些結論仍然支配人類。紀元開始時，從羅馬形成的那個巨大結論❹，雖然它的一切枝條已被風雨剝去，但它的多鬚莖的老根仍然存在，而且繼續支配千千萬萬生命的命運。這也正是一切結論的特色。不管你怎樣搖撼它，甚至打破它整個嘴臉，但結論仍是結論，只要骨架在，就行。縱使是毫無生命的骨架子，只要它站住了，也就存在了。另一方面，不管是怎樣美麗的皮膚、肌肉、眼睛、嘴唇，它們是不能獨立存在的，但骨骼架子卻能獨立存在幾千幾萬年。今天殘存的史前披爾德唐人和海德爾堡人的頭顱骨骼，就存在了幾十萬年，今後甚至還要繼續存在幾十萬年。

在現實生活中，一個堅定的甚至是迷信的結論（不管它怎樣經不起實證），勝過一千個美麗的假定。而兼有一千個美麗假定的堅定結論，則勝過一萬種、十萬種輝煌而流動性太大的智慧。

人類找尋結論和「最後」這樣字眼，正為了一種穩定，即使是暫時的。只要是起碼的穩定就行。雖然一切終點總不是終點，但旅人每天總有他的終點，每月也有每月的終點，每年則有每年的。肉體需要終點，精神更需要它。後者必須在太陽沉落時出現。當太陽剛升時，很少有人會想起它。

我不想使用「信仰」或「理想」或「主義」，這是一些巨大字眼，正像「正義」或「公正」這類字一樣。由於人們過頻繁的使用，過多虛偽的硝鏹液汁，使它們早被腐蝕、腐爛了。我不想談這些，我只想談「結論」或「終點」。人類可以不要永恆的信仰或理想，但不能不需要一個短暫的終點，否則，每個旅人，將變成旅行的瘋子、走路的機器。

經過無量數的暴風雨，以及過多的衝擊，我們在箱底再找不到一頂完整的帽子、一件較新的衣衫、較華麗的袍子，給我們現在的結論穿戴。它命定（暫時）要赤裸裸出現，最樸實、最原始、最單純的呈現。這樣也好，一切赤裸裸肉體本身，原比它們所穿的輝煌衣衫瑰艷一千倍。

不需要那些五色繽紛、光怪陸離、琳瑯滿目的，只要一點純眞，就夠了。一切衣服都是帶欺騙性的，眞正的純眞，唯有裸體本身，原始肉體比一切綺麗眞理還要眞實。

說到這裏，實際上，千言萬語只有一句話：戰爭或和平。

前面，我一直以抒情語言談玄學，也玄學式的漫敘我們時代的現實。此刻，我卻談最平凡的、最粗糙的名詞。一切玄學，不管你願意不願意，在我們時代，終歸會納入有關人類命運的這一句話：戰爭與和平。我所謂戰爭，不只是飛機俯衝，炸彈投下，當你握緊拳頭惡盯一個人，或用仇恨的聲音說一句話時，這就是戰爭的開始。或者，當你思想裏，有一次對魔鬼暗暗表示敬意時，戰爭就開始。我所謂和平，不一定指大砲啞然、軍人復員，當你有一次帶神聖情緒諦聽莫札特的「夜曲」或舒伯特的「聖母頌」時，那就是和平。當你睜一雙詩意洋溢的眼睛，注視海上白鷗、花園裏的玫瑰，或街頭的旖旎少女時，那也是和平。也只有和平，才能保證你能如此聽、如此看。

我很奇怪，當弓箭聲、馬蹄聲，或大炮聲，前後已吼叫幾千或幾百年時，人類卻從沒有認眞的正式產生過對抗這些聲音的哲學——面對面的哲學。人們或者直接彎弓裝上箭鏃；或者大談阿賴耶識或丹田腹下，可從未在這二者之間建立過聯繫，更沒有直接樹立對抗刀劍與炸彈的精神體系、思想體系。現時代的人，雖然也有一些呼籲聲，但只把它看成流行的時髦應急藥，很少有人想奠立永恆體系。現在已不是寶劍發光的第一年或第十年，而是第四千年。人類在寶劍統治下，經歷四千年後，難道還不該開始考慮，正式形成對抗它的哲學體系？釋迦牟尼體系，也許表現過這一種傾向，然而，它仍不是臉對臉的，嚴肅的面對寶劍，相反的，有時候，後者倒托庇於它。至少，這個體系，在原生地印度，由於它的過度蒼白色與軟弱，幾乎已被時代毀滅了❺。即使它部分肢體還能殘存，可早已失去當年的光輝。天主教的體系，最初是面對面對抗寶劍的，最後，也多少經驗了釋迦牟尼體系同樣的命運。雖然它並沒有被時代毀滅，卻不能發生當年全盛時代的決定性的時代作用。關於這些，我們可以找到許多例證。

從偉大的柏拉圖到偉大的康德和黑格爾，他們從沒有考慮這個根本問題。特別是，他們從未想把那個深奧的「共相」或「先驗邏輯」或「絕對理念」與對抗寶劍這一現實觀念結合起來。絕頂智慧造就了一些絕頂聰敏的人，後者卻又手無寸鐵的被一些最平凡的寶劍毀滅了❻。哲學家們忘記把「理念」和「純粹理性」或「絕對理念」穿上現實盔甲，直接的或間接的，因此，一柄最平庸的寶劍，有時就把它們削平了。最偉大的智慧，竟變成平凡的凌霄花，寄生於隨時會崩潰的泥牆上，每一秒鐘，都可能被一些魔鬼天賦的頑童的小手或野手的粗手撕斷、毀滅。

人類必須建立一個新的體系，從最粗獷的，到最精緻的，從最玄學的，到最現實的，一個既能享受玫瑰與月光，又能對抗寶劍和箭鏃與大炮的體系，一個絕對形而上又絕對形而下的精神體系。關於這種又詩意、又現實的體系，現時代已提供一些範例，雖然都是失敗的範例，但正好給我們一個提醒，從它跌倒處，我們應該設法開始站起來，而且站得很牢。

目前依然是一個危險的時代，充滿殘忍的羅馬形相，又一度成爲我們巨大的形相，而一個或兩個新的喬裝的聖保羅——不管他假扮成可愛的，或赤裸裸可憎的，卻影子樣尾隨這一巨大形相。有一天，當羅馬活在大火光中時，也就是聖保羅聲音開始時❼。這是矛盾的：我們必須提防僞保羅，又寧願羅馬免於一次大火，一片大崩潰。否則，我們難免不面臨又一次千年中古黑暗，一切文化又將沉睡到經院理論的海底。

哲學家玩弄哲學，智慧者玩弄智慧，在急需救命藥方的現實層次，卻留下一大片空白，這是當代文化的危機。當指導性的文化體系正用自己僅有的矛不斷攻擊自己唯一的盾時，那麼，盾破了，矛也斷了，剩下的是自我解除武裝狀態。誰都不會忘記，即使是一頭猛悍的獅子，一個成熟的巨人，也會倒在一個執手鎗的孩子面前。問題不在他是不是幼稚，主要是，他手裏有鎗。

那從德國開始，又終於在德國失敗的例子，那從武裝萊茵河開始，又從萊茵河崩潰而結束的故事❽，當然不是我這裏的唯一主要教訓。記住，一切從國會大廈火光中取過火的人，必將在這座大廈地下室，爲自己第一次也是最後一次按炸彈電鈕❾。我不想再談這些了。我只想到一些更永恆的事物。日爾曼的血液也好，萊茵河水也好，國會大廈也好，比這一切更猩紅、更流動、更明亮的，卻是另一些永恆事物。我們必須爲這座「永恆」大廈砌磚蓋瓦。這座大廈名叫「和平」。

關於這座大廈的建築，另外時候，我再詳談。

我現在的談話，只是希望探索一種精神新體系的試驗性的起點。

印蒂第三次談話，發表於農場午宴。原文很長，這裏只摘錄一部分。

生命是一套極複雜的機體，直到現在止，幾千年來，人類耗盡全部精力，還沒有把它全弄清楚。近兩百年來，科學有了很大進展，但在整個生命海洋中，我們所抓住的，依然是一波一浪。純粹有關人類個體生命的智慧，我們已具有鮮明的輪廓，但作爲個體生命的總背景及其最後源頭，特別是宇宙第一因，時間與空間的全部內幕眞相，到現在止，所知幾乎等於零。一部分正由於此，有神論才獲得絕大多數芸芸衆生的積極反應。因爲，人類不能把他們生活觀念的基礎奠立在零或近似零的概念上。儘管有神論頗泛濫，但我們的人生觀念基礎，特別是生活基礎，並不完全憑賴一種上帝式的全能性或萬能性。相當多數的人仍然幾乎像一隻蝸牛，只要有它的殼，就夠了，而每個人最必需的，也相當簡單。只有極少數人憑藉精神財富或物質財富，追求比較複雜的「必需」的生活境界和生活享受。可是，不管是多數或少數，假如我們還希望把人類導向一片更偉大的遠景，那麼，一種更寬廣的智慧精神和文化基礎是必要的。

這裏，主要的，我只試著談談未來人類的人性境界的一個層次(這種境界有若干層次)，主要，是屬於人性範疇的。

寬廣是智慧的主要特徵。狹窄只是道德在特定點上——那不得不行動的決定點上的特徵。即使是道德的正常花朵，它的眞正花壇，依然是「廣大」。和平生活中，人只在最萬不得已時，才從道德倉庫內找出那邪惡的武器：寶劍。在一般軌道上，人類對理性與良知的覺醒的信賴，常超越一切鐵製武器。

首先，是一種最寬廣的靈魂海洋，幾乎容納一切最反對的浪花、浪濤、浪毯、浪沫。即使最墨醜、最罪惡的，從智慧觀點看，也有科學價値。假如沒有那粗糙醜陋的石塊，就沒有那偉大金字塔，更不用說它們中某些同類曾放射過美麗的流星光輝。沒有那些敵意的浪凸浪凹，海水面也漂浮不起那些瑰麗的藍色音樂。花朵永遠有它反對太陽的一面，人永遠有他的弱點。弱點小，只是弱點，大了，會形成罪惡。大得不能再大了，就凝造嚴重的罪惡。嚴格說來，每個人一生中，或多或少，都有過一點罪惡；弱點更是常伴隨每一條生命的頂點，如影隨形。即使是最偉大的靈魂，也經歷過黑暗時期。我們不該蜜蜂繞花一樣，用無量數的嘵嘵不休圍繞弱點，從而耗盡我們的精力，也不該在對細小罪惡的圍攻中，花完大部分生命。寬容本身就是一片明淨的流水，能自動把一切污穢化爲純潔。血洗不清血。污水永遠洗不淨污水。只有純潔的山泉，才能滌淨它。在人類理性良知和皮鞭之間，我們寧選擇前者。

實際上，今天的知識分子——特別是科學家，似乎耗費太大精力，討論太陽裏的黑子，和月球表面的一些沙漠與凸凹不平，卻忘記那些倒在他們門口的屍首。

正因爲我們有弱點，才必須在靈魂空間留較大空白，好給我們以迴旋餘地。生命裏，有那麼多衝擊與反射、激盪洄洑，有的，能統一，有的，不能，就不妨讓它們平擺著。沒有人因爲花壇上平擺著一些拼揍的破磚斷石，就把所有花連根拔掉。也沒有人詛咒玫瑰花園裏的許多陰影，或因爲有些小蟲而詛咒玫瑰花。今天，不少人已耗竭大半精力於這些陰影和破磚斷石上，而忘記四周玫瑰花。要持久的屹立於陽光中，似乎很難，而永恆投身於陰影，彷彿倒容易。

一座花園中，有時候，紅重要，有時候，藍重要，有時候，白重要，唯一不重要的是血。它與花園完全對立。在最重要的決定時刻，我們選擇一切顏色、一切方式，除了血。流血是變態，不是常態，正像大開刀割胃瘤或卵巢瘤，只是個病態例外，不是常態。不能先設想或假定每人肉體上都有個瘤或癌，然後，就決定動大手術截除。不管事實上是否需要，這種假定本身就是黑暗的。有些政黨的最大罪過，是把一些早已過時的假定，約定爲現實的假定，又肯定血是唯一消除這些假定的社會癌症的手段。

世界主要內容應該是花園、草地、道路、商店、戲院等等，不是醫院(儘管它相當重要)，世界不能專爲病人而設。有些太嚴酷的法規、律令，是手杖，必須全人類都是跛子，才能用。假如它竟普遍出現，不啻先假定全世界三十多億人的腿部都生過毒瘤症，全經過大開刀。而大切除之後，又必須要一根手杖或假腿。從這一角度看，過去的希特勒的貝茨加登公館，是世界上最大的手杖和假腿公司。

生命的和諧，是程序的和諧、方向的和諧、時間的和諧、空間的和諧，不是把一切溶化爲一。在如此複雜錯綜的現代科學結構中，不可能設想一種原始的單調、單純或單一，雖說這是一種最大方便。應該容許一切複雜的衝激，它能爲最危險的水流產生極平安的活力和流動力。有時候，不需要用這個代替那個，用甲吃掉乙、乙呑掉丙，讓它們在靈魂空間平擺著，保持均衡，並無害處。我們靈魂倉庫中，應該容許各式各樣的養料、資源、變化。幾千年來，既然人類耗殫一切力量，想使生命平靜無爭，而終無效果，那麼，就讓它們變化著、分歧著、平擺著、均衡著吧。相互寬容本身，就解決一切最難的難題。人們支付一生、兩生，到萬里外美麗終點汲取的泉水，常常依舊同等起點的泉水，假若僅爲鍛練腿勁，這種長途跋涉無可非議，但假如單單爲喝一口解渴的水，那麼，倒不妨仍喝那起點的水。

納粹主義對人類最大的威脅性之一，就是試圖把一個錯綜複雜而又變化萬千的世界，化爲一個極單調的單一世界。

一切的分歧、爭鬥，往往已不是爲了那最初的水或最後的水，而是在水之外。終於，人們甚至常常忘記水，而把生命虛費於旅程中另外萬千問題。

讓我再重複一遍，假如僅僅爲喝一口水，那麼，任一口井、任一口泉，都行，不需要藉萬里旅程作豪華裝飾。井總是井。泉總是泉。水總是水。即使其中有一口毒化了，或污染了，我們依然可就近找解毒藥、漂白粉，不需到萬里外找另一口井、另一口泉。——這是我幾十年來，以無數血淚換來的一點人生經驗結晶。

自然，假如不是爲了水，單爲那長遠旅程和山川風景，那是另一回事。但請千萬不要把它們與水源混淆爲一。

一種整體，一種方向，那是一種極複雜的綜合和平衡。一個名詞、一個字、幾個字，或一大套理論，絕描畫不出這種綜合與平衡。常常的，一個字或一個名詞，就虛耗了我們一生，也斷送我們全部青春。其實，這個名詞的眞正內涵，和它在我們靈魂內所烘染的蠱或場景是兩回事。（拿「法西斯主義」這個名詞說，就是如此。）假如每個人都徹底明白，喜馬拉雅山最高峰——珠穆朗瑪峰頂，只不過是幾塊平凡石頭，一大堆平凡的白雪，那麼，絕大部分人類靈魂內層，都不會因它而溢出一片神秘幻想，也不會被一種蜈蚣蠱毒式的巨大誘惑壓力所壓倒。人們幾乎在任何地方，都可以看見並獲得這些石頭和白雪。而且，即使你眞去朝貢此山，還沒有走到山腳或山腰，旅程的太大艱辛早摧毀你，至少，也將毀滅你的一切浪漫主義。即使你眞正達到峰巔了，你也會嘆息，想不到，這幾塊石頭和雪堆——既冰冷，又無情，且粗獷，居然耗竭我全部生命。（某些主義過去對人類的誘惑，及其眞面目粗獷無情也正是如此。）

只有極少數探險者（這與某些主義無關），爲了好奇，爲了那些偉大的神秘情感，才滿足於峰頂景色。就這一意義說，即使還未踏上峰極，他們早已預支的享受這片神秘情感，能不能到達峰頂，對他們其實並不是唯一的或太大的精神負擔。（當然，科學探險是另一回事。）

而且，抵達終點時的你，和起點時的你，完全是兩個人。你早已拋棄或忘卻起點的一切。僅僅因爲這一旅程對你已形心理、生理的習慣，在你精神領域已創造一種新的傳統，這樣，你才不得不硬著頭皮把路走完。

一個名詞、幾個字，或一些簡單理論，絕不該竭盡人的一生。雖說字和人一樣，有瑰奇的肉體，也有美麗的靈魂，但不管它具備怎樣綺麗的靈魂或肉體，字總是字，除了給予你靈魂的震蕩、心理的滿足外，你不能得到別的。它像一扇矞煌鮮彩的中世紀教堂玻璃窗，你以爲，穿過這扇旖旎的窗子，可以看見另外什麼，（甚至是天堂。）實際上，你永得不到什麼，除了當時那一剎的沉醉。弄文字者，（特別是某些主義。）就到文字的肉體魅力，或它靈魂的蠱惑力，騙誘你耗盡一生。理想主義者常常也是。因爲，任何理想必先通過文字，製造它的蠱惑性。假如世界上眞有一個字，值得人交付全部生命，在全部人類字典上，那只有一個字：「愛」。可是，五千年來，人類爲它支付出一切，至今所獲得的並不太多。某些宗教並不能阻止納粹或某些政黨的暴政出現，幾乎就是這個字的暫時失敗，雖然，有時候，這個字不一定負全部責任。

自然科學領域，字與字的關係及其總表現，又當別論。

剛才我說過，一種整體，一種方向，是一種極複雜的綜合和平衡。在生命中，隨著年齡變化，有各時間的綜合與平衡。幼年的平衡，不一定是青年的；青年的綜合，不一定是中年的；中年的和諧，也不一定是老年的。男性的平衡，不一定是女性的。健康人的綜合，不一定是瘋人的綜合；智力和肉體上的強者的平衡，也不一定是弱者的平衡。物質和靈魂遺產承繼不同者，他們的綜合也各異。海洋空間、大陸空間，和沙漠空間的不同，使這些不同空間的生命，也各有一套和諧與綜合。此外，也還有一些另外的分歧的平衡，正像荷香不是梅香，水光不是山光，中午的雲彩不是傍晚的雲彩。

這許多歧異的綜合，要用一個名詞、幾個字，或一本書，把它們一元化，是很難的。原始人類是一元的，幾乎在各方面都是一元化，正因為它違反自然規律，因此，隨著歷史發展，世界越來越多元化。在巨大多元中，當然也有可以一元化的東西，但那是暫時的、不得已的、流動性的。而且，任何一元化的努力，主要是為了讓生命更多元化，不是叫後者屈服於或犧牲於前者。假如詩人的理想極境是讓每個人的靈魂自成一個世界、一個宇宙，那麼，你去想像一元化的眞實處境吧！

只有一個前提，能保證一元化，那就是：軍事前提，或戰爭前提。假如是和平前提，它唯一的結論，是多元。除非遠景是永恆戰爭，那麼，一元化就沒有存在必要。在一片永恆和平的遠景下，人類將永恆渴望多元和無量數變化。

大自然本身，就是多元的，不是一元的。它的不斷變化發展，便是不斷多元化。統一不是單一。綜合的和諧不是一元。即使同是統一，有時是統一，有時則不統一。永恆一元化，只是人類某一時期的渴望，某些宗教就是這一渴望的巨大化身，但它們終於在巨大現實礁石上有變成碎片的危險，現在不得不進行種種改革了。世界上有些混亂，在視覺上，你不舒服，但假如眞正單一了，你視覺上順眼了，你整個肉體卻不舒服了，你的靈魂更痛苦了。不管一個女人穿著怎樣美，梳粧得怎樣秀麗，打扮得怎樣齊楚、儀態萬方，但當我們最沉醉時，有時她卻是衣衫零亂，雲鬟半嚲，甚至是披頭散髮的。

有許多現實，表面頗混亂、蕪雜，其實是生命的正常產物。即使在戰爭中，任一支軍隊，一排列整齊，秩序井然，投入大戰，也陷於瘋狂混亂。特別是敵我陣地犬牙交錯時，或肉搏時。絕無一座有秩序的一元化戰場；也沒有一種眞正單一的有秩序的生活，除非那不是生活，或者，那是一種最缺少眞正生活色彩的生活。有些現象，靜的看來，混亂無章，動的看去，在運動中，仍有秩序和統一。平面看，它亂，立體看、轉動的看，不亂。水最亂，又最不亂。有些人，特別是理想主義者，看事物是平面的，不是立體的，是靜的，不是轉動的。

當然，假如你是個軍事統帥，把一切人都看成兵士，或認爲他們應該是個小兵，那是另一回事。（自然，我們絕對不會排除戰爭，有戰爭，必然有軍事紀律。）

這裏，我們暫時所著重的一切遠景，是永恆和平的遠景。

比一切重要的是，必須追求一種持久的幸福的和平。沒有這種追求對象，一切全是空虛的、脆弱的。無論是巴黎華麗的凡爾賽宮，或宏偉的凱旋門，或高聳入雲的艾菲爾鐵塔，或美侖美奐的美國華道爾夫飯店，都會化爲零。中國的圓明園的下場，就是一個例子。

沒有這種追求本身，其他一切追求，唯一的終點是深淵。

七

印蒂在座談會上的談話，第一次使用較具體的語言，談兩個半問題。所謂半個問題，是指他試著對傳統人類文明文化提出一點疑問，一個「？」。但他談得不多，只能算提了個頭，卻無中段和尾巴，所以最多只能算「半個」。關於另兩個問題：未來世界的人類政治機構形式與內容的構想（簡稱爲政治問題），和道德問題，則談得比較詳細，雖然他自己以爲只是一種摘要，一種初步試談。

現在，先介紹他對那「半個問題」的談話。

在人類歷史上，二十世紀是一個最突出的世紀。這一世紀舞臺上所演出的各種可怖劇目，超出其他任一世紀。

第一次世界大戰，西方世界經濟普遍不景氣（一九二九年），中國長期內戰，納粹的暴政，莫斯科大審判，莫索里尼征服阿比西尼亞，西班牙內戰，日本對中國的大規模軍事入侵，直至爆發第二次世界大戰……

在可以預見的未來年月，我們還將面臨更新更可怖的戲劇。

經歷過這一切浩劫之後，我們對傳統人類文明文化的價值，不能不開始有點懷疑。反對它的人，固然懷疑它，擁護它的人，多少也要懷疑它。因爲，當某些勢力進行摧毀它時，它本身顯得如此軟弱無力，毫不能自衛。而它所培育出的某些傑出人物，竟也站在摧毀它的行列。另外一些自命是它的保護者們，則眼睜睜看著它被摧毀，並不伸出一根手指。還有一些它的讚美者們或肯定者們，其實也變成它的摧毀工作之始作俑者。最最要命的是，那些它的直接擁護者們，臨當火光滿城時，也一籌莫展，無能爲力。在這種時刻，當年一位革命名流的兩句話，倒有先見之明：「拉斐爾的畫算什麼？在我們看來，連一雙皮靴子都不如。」說「人類文化是人類生命源泉」，這句話是說錯了。人類生命源泉仍在人們本身，文化不過是身外一種裝飾而已。所謂「人們本身」，既不是指人們理性或理想，而指人們刹那衝動與現實利害。一般人寧用一百幅拉斐爾畫換取自己一百天的苟延殘喘。

在這許多創痛深鉅的時辰，我們之否定莎士比亞、歌德、達文西、拉斐爾這類大師的某一方面，絕不僅是出於一時氣憤，主要是，在這批大師作品與教導中，還缺少一種東西——至少是遺漏了一種重要東西。由於這種缺少或遺漏，當代東方人在接受西方文化時，才犯下某種絕大錯誤或大疏忽，因而無從適應或對付面臨的新現實。同樣，東方人承繼他們自己傳統文化時，也由於這種重要的缺少或遺漏，因而犯了大錯誤，或大疏忽，使他們對東方新現實幾乎無能為力。西方呢！在吸收東方文化和繼承他們自己古典文化時，也由於這一種缺少和遺漏，使他們面對若干新現實時，一度幾乎無能為力。東西方傳統文學藝術，本以發掘人性自豪自矜，現在看來，它們所發掘的人性是多麼貧乏、可憐，還有多少可怖的可珍貴的人性寶礦，被它們所忽略。

「一兩個人能左右時代，能決定時代命運。」這兩句話依舊有相當道理。當一兩個人全力與時代搏鬥時，有時候，他確實可以影響時代輪子的方向與速度。可是，不管怎樣，一兩個人總是一兩個人，時代總是時代，歷史總是歷史，一兩個人的力量，可以扭轉歷史方向一度、兩度，但他終不能扭轉一百八十度。他可以暫時扭轉一百八十度，卻不能永久扭轉一百八十度。

人性永遠是一座可怖海洋，單憑個人堅強意志與這座海洋作戰者，鮮能勝利。因為，所謂「人性」，其實是人類歷史總和——少說是一部四千年文明史，多說是一部幾十萬年生物進化史。想以一年、十年或二十年改變四千年或幾十萬年的歷史，那只是一種愚蠢，一種瘋狂。

關於我對人類文明文化的一點懷疑，暫談到這裏為止。我只是談個頭，詳細內容，將來書面發表。

下面，我略談談政治問題。

從歷史發展看，人類政權的核心原動力，有四種型態：一、軍權。二、神權。三、金權。四、德權。

代表封建制度的歷史開國帝王，絕大多數憑藉軍事力量，登上寶座，創立他的王朝，接著就實行君主世襲制，這在中國政治歷史，尤爲如此。神權代表宗教性的政權，如中世紀羅馬教皇長期統治歐洲，就是例子。克倫威爾代表清教徒，一度主掌英倫三島，也是神權與政權相結合的一種實踐。中國達賴喇嘛對西藏的持久統治，亦屬於行使神權。本世紀納粹頭子希特勒雖藉議會選舉而執政權，經過製造國會縱火案後，他卻實行絕對極權獨裁，儘管未披上宗教外衣，但他的那本《我的奮鬥》等於聖經，當時他在德國的地位，相當於過去義大利的羅馬教皇，類似神與人的混合體。近代與現代的西方資本主義國家的代議制度，則屬於金權性質。——黃金象徵經濟力量，換言之，資產階級對議會有相當大的操縱力，儘管它不是絕對的。議員及政治首要多半出自資產級，而每次大選，資本家們對它產生極大影響力。在人類歷史上，德權政治基本未出現過。傳說的中國的唐堯虞舜時代，堯讓天下於舜，舜又讓位於禹，這種禪讓風格粗具德權形態。印度國大黨未上臺前，雖是一個在野的革命政黨組織，致力謀求民族獨立，但該黨第一任領袖甘地，後來把主席寶位禪讓給尼赫魯。爲了爭取伊斯蘭教徒與印度教徒的團結，以後尼把主席又讓給伊斯蘭教學者阿沙德，這也表現了類似德權型態的政治風格，雖然當時該黨尙未掌握政權。此後，革命成功，印度正式獨立，甘地拒絕任國家元首或作總理，這更表現出一種德權政治的作風。不過，無論是中國堯舜時代或印度甘地時代，這僅是德權政治的曇花一現。本世紀雖另有一些理想主義者企圖適應新的政治制度，其終極目的是近似中國「禮運」「大同篇」所描繪的未來社會藍圖，而政治制度上，似也想實現一種類似德權型態的格局：聖王政治，然而他們在政治理論上並未作這類鮮明闡述，而他們獲得政權後，也還沒有表現任何跡象，眞想實現一種德權政治的理想，甚至完全與其理想相反。

我個人想，未來政治制度，或早或遲，肯定要全部擺脫上述三種政權型態，走向德權政治的通路。

須說明的是，關於金權政治，本世紀三十年代後，已漸有所改觀。由於歐洲工人運動的發展和社會黨的茁起，這種政權的型態，原來特色已大大沖淡。以社會黨爲首的法國人民政線一度掌權，是左翼力量的一個勝利。二次大戰後，英國工黨獲得勝利，阿特利取代邱吉爾爲首相，是左翼力量在歐洲的又一次勝利。儘管社會黨或工黨頭頭被目爲工人貴族，但他們倒不是資本家。這一政治上的新發展，說明了代表金權政治的代議制度的某種潛在優點。

代議制度，也就是西方所謂「民主政治」，就我個人看來，它比神權政治或軍權政治要優越。它的最大優點，是保證國內政治穩定，不起內戰，維持永久和平。以美國說，一七七六年發表「獨立宣言」，稍後，華盛頓領導的獨立革命取得勝利，在代議制度下，除了林肯時代的解放黑奴的正義戰爭外，到目前止，國內安享一百六十多年和平，這就大大促進並助長它的工業蓬勃發展。(當然促進這種工業發展，還有其他重要因素。)法國大革命後，建立第一共和國，除了拿破崙一世率兵包圍議會，實行政變，攫取獨裁大權，中間雖政海萬變，但除巴黎公社小規模內戰外，這個國家——特別是第三共和國成立後，一直保持國內和平，沒有發生內戰。英國從一六五八年克倫威爾逝世後，一六六〇年查理二世恢復王位起，儘管是君主立憲政體，但兩百八十餘年中，國內也沒有內戰，長保和平。

對外戰爭是另一回事。它毋寧說明代議政治本身仍含有缺點。儘管有缺點，仍不能否認它比神權政治(教會政治制度或類似教會的社會主義國家)或軍權政治(封建制度)爲優越。

遠溯希臘羅馬時代，構成西方文化重要源泉的希臘文化，它們所以那樣繁榮偉大，一部分也歸功於當時的民主政治——雖然是不完備的民主政治。

以希臘說，儘管它有可恥的奴隸制度，而婦女沒有政治權利，並有其他一些可議之處，但它爲人類貢獻出第一個民主政治的胚胎形式，卻値得稱道。紀元前五世紀，被稱爲「希臘民主政治之父」的「海岸派」領袖克奈斯地尼在雅典執政，樹立「貝殼彈劾制度」，相當於現今的罷免權。爲了防範個人權力過於高張，受此彈劾逾十萬票的人，必須立刻離開雅典，通常爲期十年。這可以說是民主政治在人類天際線第一次閃射曙光。紀元前四百六十一年，伯理克利斯上臺後，希臘的民主進一步發展了。當時，公民大會，對宣戰媾和，締結條約，撤換官吏，甚至判決死刑，都有決定權。此外，有陪審團，公開審判，被審者可以自辯，或找律師代辯。

在這種民主自由風氣下，（當然也還有其他因素。）希臘文化開始蓬勃發展。就在伯理克利斯的時代或接近他的時代，出現了三個偉大悲劇家，愛斯契勒斯、索福克利斯，和幼里匹底斯，以及大喜劇家亞利斯多芬。藝術方面，產生了偉大雕刻家菲底亞斯。此外，還有大詩人賓達。

以後，紀元前四世紀到三世紀，雅典前後產生三個偉大哲學家，蘇格拉底、柏拉圖，與亞里斯多德。這一期間，又降生西方有史以來第一位偉大雄辯家達摩西尼斯，大數學家佩達哥拉斯，（以前有紀元前六世紀至五世紀的泰立斯。）西方「醫學之父」的希伯克勒地斯，希臘人在天文、數學、醫學等方面，收穫了豐盛果實。

繼希臘以後的羅馬，由於它的民主政治，（儘管不完備。）和其他種種因素，對西方文化也作出極大貢獻。這些，大家都知道，我不想多說了。

我想說的是，儘管在政治制度上，目前西方代表民主政治的代議制度遠優於封建君主制度——特別是希特勒式的或蘇俄共產主義式的極權專制，但鑑於上世紀與本世紀的種種經驗教訓，這種制度的形式——基於孟德斯鳩等人所倡導的三權分立的形式，雖基本不成問題，但它們的內容卻有些問題。

在歷史上，樹立封建君主制度的軍權政治時代，無形中，專門培養一批「打天下」的英雄好漢，他們（不管用什麼美麗說法）懷著「彼可取而代之也」或「大丈夫當如是也」的觀念，乘國家稍有動蕩或大動蕩之時，糾合、建立，或憑藉軍隊直接奪取政權。每換一個朝代，就大打一場，使中國二十四史變成「相斫史」。樹立代議制度的金權時代，這種「相斫」情形是大大改進了，不再憑武力攫得政權，卻又無形中專門培養了一批畢生以「撈選票」爲主業的政客們。他們或代表某些資本家集團的利益，或本身就是資本家。這方面典型的例子，就是本世紀三十年代包爾溫的出任英帝國首相。這位首相，作爲政治家，是一個很平庸的人物，但他正如邱吉爾後來所諷刺，卻有一套「撈選票」的精明本領。在美國，這種「撈選票」的專家兼政客，大有人在。以美國說，如本人不精於有關「撈選票」的「數學」，或求助於這類「數學家」，是不太容易入國會的。再說，一個政客當選爲美國總統後，下一幕就是「分封」，（說得不好聽點，是「分贓」。）而駐外大使或一些內閣席位，則是酬謝「撈選票」者的正常禮品。

至於因「撈選票」而出現的種種醜劇，儘管比戰場上「白刀進紅刀出」要稍稍文明得多，可仍叫人感到人類道德水平的下降。

無論封建君主制度——甚至希特勒的專制，或目前代議制度，它所以存在，當然有種種原因。但就現在看來，重要的原因之一，其實是爲了應付戰爭。

我個人常想，構成希特勒政權或美英法代議制度的主要前提（儘管這兩種政治制度不可同日而語），實是一種潛在的或明顯的戰爭因素。如沒有這個重要因素，這類政治制度本身，或者是內容上，或者是形式與內容上，將不能久存，至少也要大大改革。（希特勒雖倒，可能還有新希特勒出現。）

從歷史角度看，這是由於預先設想：人類將有長久的戰爭局面（其中間雜若干年和平），所以政治上須有相應的制度。十九與二十世紀，英法德俄各帝國主義到處憑戰爭掠奪殖民地，就是一個證明。現在聯合國成立（儘管它無能），今後上述情形有點改變，但戰爭的陰影仍舊到處籠罩著。

假如人類前景是一片永久和平，或者，我們所希望的「星際時代」眞正開始了，那麼，在這一新的前提下，目前各國政治制度，將相應的予以改革。

這裏，我著重談西方民主政治，因爲在形式上，這種制度是歷史上較先進的制度。

一個民族或國家，首先必須考慮保衛自己的民族或國家的安全。單爲了這一點，無論是美國總統、英國首相，或法國總理，他必須具有高度民主集中的權力，以應付日常的或猝發的國內外大事。如果民主政治像一次大戰後一度在復國後的波蘭某一時期議會一樣，事事都要全體議員投票通過，將一事無成。每一個國家的政治制度必須首先考慮行政效率。在危險時刻，時間因素——速度，攸關生死存亡。這一點，我們全然可以理解。

但在未來的持久和平時代，速度將不如現在這樣危言聳聽了。

目前，在美國，總統與國會平分政府大權。在法國，議會權力則大於總理權力。在英國，代表執政黨的首相的權力，則大於議會權力。

議會生活是現代政治生活極重要的一個部分。它享有一個國家立法權，也就是最重要的決策之權。議員們經常討論各種國家大事：軍事、外交、財政、經濟、工業、農業、文化、教育、衛生、科學、交通、法律等等。可是，議員們不都是科學家、教育家、文學家、藝術家、經濟家、工業家、農業家、醫生等等。

由於目前自然科學特別迅速的發展，未來時代，科學將對世界各方面越來越具有重大影響，誇張點說，客觀上，幾乎將達到決定性的程度。

眞相如此。考慮到未來科學時代的世界新現實，現有的議會構成者——議員的個人才能，就不適應了。現有西方議會的成員說空話的政客比較多，眞正有特出才能的專家比較少。而且，很多議員只精於法學，對自然科學及若干種人文科學並不精通。

按我個人想法，未來的「地球政府」作爲領導全人類前進——開創「星際時代」的最高指導機構，議會將是它的最高設計組織。

在「地球政府」時代，現存各國可能將改爲它領導下的一邦形式，略如美利堅合衆國的

「聯邦」。在政府與各邦之間，政治上、經濟上必然有繁多事務，議會將是指導處理重點事務的最高原則的制定者。

由於以上兩個特點，議員必須是各方面最優秀的學者、專家。有特出學術貢獻的政治學專家，固然應該被選入議會，具有特殊行政能力的政治家，自然也該被選入議會。

由於議員們多是學者、專家，儘管同一門學術有各宗各派，但他們的爭論，純屬學術性，容易取得互相調和，不像現存議員偏重黨派，或私人利益，有時竟會爲一個議案，作馬拉松式的空泛辯論。再就建設性說，因爲是學者專家們直接指導國事，不再像現有組織，某些學者專家反處顧問或諮詢地位，還要轉彎抹角，通過內閣或議員構成的小組討論，才作最後決定，這就直截了當，省時省事多了。

一般說來，學者專家們的品格，可能要比現有議員們高明些。現有議員們大多是政客，基於黨派利益，和某些財團利益，以及某些人群利益，有時不得不抹煞眞理是非，斤斤於黨派、集團、某些群體或個人利害。

假如達爾文、法布爾、巴斯德、愛因斯坦、愛迪生、居禮夫人、康德、羅素、杜威、瓦萊利、紀德、畢迦索、孟代爾、凱因斯，這類學者進入議會，不難想像，議會內容將爲之改變。當然，因意見分歧而發生的紛爭，難免發生，但它的規模與性質，卻與現行議會所出現的一切吵吵鬧鬧，大不相同了。

有人會說，如果康德、愛因斯坦、愛迪生、畢迦索，這類人進入議會，那是大才小用，也是人類學術界一大損失。我的回答是，未來時代，由於文化極度發達，這類大科學家、大哲學家、大畫家的數目，肯定比現在多得很，除一部分埋首於純粹學術研究或學術創作外，抽一部分出來，選入議會，爲綜合的人類理想（包括政治）服務，完全是可能的，也是應該的。

再說，由於未來人類腦力體力的高度發展，專家與通才將高度結合。除少數學者畢生致力於本位外，多數學者，將是專家兼通才，既能研究本行專業，也能爲其他各行各業造福。未來世界，不可能無政府，但將無黨派。我再說一遍，未來「地球政府」新憲法中，將一律禁止黨派組織。細算起來，至少從紀元開始起，將近兩千年，黨派是造成政治災禍——人類生活災難的重要禍根之一。儘管它也曾作出某些歷史貢獻，而在特定的歷史階段，它實是歷史的必然產物，但我們今天對它的總評價，仍是罪大於功。或有人說，黨派中也有好的，但那是少數，我們不能因少數幾朵奇葩而忘記隨它們而茁長的大量莠草，甚至是毒草。

未來的議員競選形式，絕不會出現目前這種「撈選票」的醜惡方式。新憲法上將規定：議員競選的資格與他個人財產無涉。（關於私有財產制，未來世界將大有改變。因爲，那時候，社會財富積累到驚人程度，多數人不會太斤斤計較個人財富。）主要得看他個人學術上的特出貢獻和他的品德。沒有特出學術貢獻和超乎一般道德水準的人，將沒有資格競選議員。（

在未來任何時代，少數道德敗壞的人不可能完全絕跡。）

我們所以設想未來議會是一個專家學者的議會，是基於我們對人類精神能力的分析。當然，有些人，精神上全面發展，幾乎無往而不順。西方如達文西，中國如王陽明，可謂多才多藝。但截至目前止，多數人精神能力仍各有千秋。即在未來專家兼通才的新時代，他們在「專」的方面，仍互有軒輊。自然科學家和哲學家等偏於發展求眞，表現出卓越的智能。文學家——特別是藝術家，偏於求美，表現出傑出的感覺能力。行動家，（如拿破崙、俾斯麥、哥倫布、麥哲倫等。）求實踐，表現其綜合的智能與感覺能力在實踐中。某些道德特別高尚的人，智能、感覺能力，和行動能力並不強，卻極富有自我犧牲的堅決意志與忍苦精神，像甘地就是這類人。

未來「地球政府」基本仍舊沿襲三權分立原則，僅僅加上督察（監督）機構。不過，立法權將擴大，行政權將縮小，接近於隸屬立法權。

議會成員——議員，大多是智能或感覺能力特別發達的人，工於設計。

司法和監察機構，則應由議會選舉道德特別高尚的人，以期能實行公平、正義的理想。

行政機構則遴選富於行動能力的人，以利於實踐的效率。

按上述四種不同的人類精神型態，分別把他們選入不同的政治機構中，以求人盡其才，人盡其用。（藝術家工於求美，未來的世界是一個極度美化的世界，需要藝術家設計。）

必須說明的是，目前各國政府以行政機構爲首腦部門，將來則以議會爲主，爲首腦部門，行政機構則附屬於議會，主要在於執行議會各種決議。

有人會奇怪，這樣一種政府形式，如何有效的辦事？

拿美國說，總統與國會平分大權。一切法案，須先經參、衆兩院通過，總統才能執行（當然，總統有時也能否決）。總統主要的僅享有宣戰、媾和（這二項還要經過兩院批准）、支配人事及處理日常事務等等大權。在這種極受限制的條件下，美國總統仍發揮相當高度的行政效率。未來的時代，只不過把議會權力更提高一級，掌握人事大權，而行政部門仍享有處理日常事務全權，這不會太影響行政效率。再說，那個新時代是一個持久和平的時代，既無戰爭，則不少政事將大大刪繁馭簡。舉一個例子，拿外交說，其作用就遠比現在爲小，這就使行政部門省卻不少事。

未來「地球政府」主要是極小幅度的執行某種程度的計劃經濟、（這絕不是共產主義式的計劃經濟。）文教、衛生、生活福利、科學發展、太空探險等等，此外是保證社會安全、排解各民族（各邦）之間的糾紛。在一個持久和平的時代，行政部門所擔負的風險，比今天少得多多。相應之下，責任也比今天輕得多多。同時，它所起的作用，也比今天小得多多。

目前，某些國家計劃經濟的實施，效果遠趕不上理論，主要原因，它忽略了生物習於競爭的本能，這個，達爾文早說明了。此外，則由於戰爭陰影的存在，以及隨之而起的大動蕩。

未來永恆和平時代，這些情形，將大有改善。不過，關於經濟問題，還有賴大家進一步研究，並且適應歷史新的發展，現在尚不能預謀。

關於未來「地球政府」的政治機構，有兩點須進一步說明。其一，我們所以主張進一步縮小目前行政機構的大權，重要原因之一是，這樣，可以一勞永逸，杜絕黨派紛爭。另一重要原因是，目前行政機構與立法機構（議會）的雙方位置，頗爲顚倒。儘管各國政府首腦人物一再表示，自己是人民公僕，但他和他的那一群統治者，實際所扮演的是人民的主人的角色，發號施令，不一而足。比較起來，議會所扮演的是比較接近公僕的角色，議會中有些人，多少要直接傾聽選民意見。由於議員比較接近選民，議會便較接近於公僕而代表人民——國家的主人。作爲眞正代表主人的議會，議決了各法案，交行政部門執行，等於主人託僕人辦事。但目前一些國家的政府組織形式，則首腦人物——僕人，卻常反僕爲主，他的地位還在議員們之上。我們主張把行政部門屬於議會，不過是撥正主僕位置。公僕應該是眞正公僕，代主人應該是眞正的代主人。主人議定計劃，公僕去執行是很自然的。一份人家，如僕人騎在主人頭上，反過來對主人發號施令，那是不正常的。（自然，議員們與行政首腦的主僕關係，是相對的。）

未來政府機構的上述改革，當然還有許許多多細節，這個，我將來打算作書面說明。還要說明一點，上述改革，還須受兩個條件決定。

一、如果未來時代科學有特殊新發展，因而影響了世界經濟局面，和社會經濟結構，而這種局面與結構，和上述政治機構改革有矛盾，或大大貶低其改革可能，那麼，這種改革自然也要相應起變化。

二、如果未來時代，其他星球也出現類似人類的生命，而且和地球相交通了，那麼，上述政治機構改革，也要發生大變化。

最後，略談本世紀大人物H．G．威爾斯首倡的世界聯邦，與世界政府，及所謂「公共宗教」，並稍論政治在未來歷史上的地位。

這位大人物在學術上的貢獻，大家都很熟悉，我們不必要多事讚揚了。

他有關未來世界政府的可貴意見，不少與我們相同，但對未來政府的組織機構，沒有提出很大的建設性的改革辦法，更未從人類精神能力上出發，爲未來政府和議會成員的遴選條件提出新的意見。我們以爲，沒有一套新改革與新辦法，不可能促成未來世界政府（地球政府）的政治穩定和眞民主，還不說人盡其才，人盡其用了。更不說這個「世界政府」所能發揮的特殊作用，其他方面的一些分歧，並沒有上述各點重要，這個，我們不多談了。

再則，威爾斯以爲：「將來世界國家，當以一種很簡單普遍而易於了解的世界公共宗教爲基礎。它不是回教、不是基督教、不是佛教……是純粹無疵的眞正宗教……」

他這些話，我們同意一半，另一半不敢苟同。因爲，我們主張建立未來統一的綜合新信仰、新原則，它並不是一種「公共宗教」。再則，即使建立這種統一的新信仰，也還不能廢除現有的各種宗教，只要一天它們仍發生實際作用。

地球上一旦永遠消失戰爭，保持恆久和平，人類歷史也將揭開新的一頁。新的一頁開始後，歷史既不再成爲帝王家譜或政治首腦活動史，或軍人們相斫史。文化學術活動將完全代替政治活動。本來，過去人類歷史，文化活動史其實應重於政治活動史。但史家們一貫習慣於編寫帝王家譜及軍人相斫史，把文化學術僅置於婢僕地位。爾後，我們要重寫過去歷史，至少要把文化學術發展放在與帝王政治軍人戰爭的同等地位。至於未來歷史，文化學術和星際探索活動史實應佔歷史主導地位，政治活動則附屬於它們，作爲文化學術理論的實踐紀錄，和星際探索的輔助活動的紀錄。未來歷史上的煊赫人物將是有突出貢獻的各種學術專家、藝術專家、太空探索者，而不再是政治家。至於軍事英雄，可能將永遠絕跡於歷史，代替的是新型探險家、太空飛行員和登陸其他星球的探險英雄。

總之，從現在起，今後若干年內，超於一切重要的，是追求持久和平。

這裏，我還想扼要談談：關於建立未來世界統一的綜合的新信仰的問題。這是一個太重要太廣泛又太難解決的問題，這需要一代人，甚至兩代人、三代人、五代人、十代人，集許多學者專家們共同研究，才能解決問題，絕非任何個人單獨探索所能求得一個完善的答案。

儘管如此，但個人依然有權嘗試發表個人意見，雖然是極不成熟、極膚淺的意見。

關於這個問題，我個人將來準備出版較詳細的書面意見，現在，僅僅是初步摘要的談下列若干點。

一、未來世界統一的綜合新信仰，主要是根據東西文化相溶互化的滙合後的新世界文化爲基礎產生的。

二、新世界文化不只表現於新的人類精神面貌，也反映在新的現實的文明生活中。

三、新世界的產生，必有待於新人類、新信仰。就我個人冒昧而膚淺的看法，所謂新人類，就是接受二十世紀現代文明生活洗禮——特別是現代科學洗禮後而又多少通過東方「悟道」這一關的人類。自然，更重要的是，新人類極可能必須基本上接受未來統一的綜合性的新信仰；即使不全部接受，至少，不反對這一新信仰。

四、所謂統一的綜合性的未來新信仰，主要的，是接受基督教入世人生觀的啓示，佛教出世人生觀的啓示，結合中國儒家的人本主義的精神，加以一元化（即中庸精神）的融會、和諧，再加上科學精神的啓發，這就可能形成人類新信仰的整體。

五、基督教雖也有出世一面，即一心一意想入天國，（嚴格說來，天國也是「世」，入天國其實也是入「世」，是另一種「世」。）但更重要的，卻是它的入世一面，這表現於它偉大的博愛精神。我一貫想，基督教的「贖罪說無用，懺悔說有益」。把全人類都當做罪人，只能具有某種道德良心的裝飾意義，卻不合乎人類生活現實，但適當的懺悔卻可顯示人類的謙遜美德。

六、基督教的有神論——基督教對上帝的崇拜，實際上，產生一種幾乎等同於上帝進行偉大的精神戀愛的情感，這種情感，超出人類一切現世情感。它所放射的狂猘的生命火燄，（大家都知道，不管什麼樣的眞實戀愛，總會放射強猛的青春火燄。）使西方人充滿強烈的活潑潑的生機——生命力，因而推動了它近幾百年文化文明的迅速發展，這是中國儒家和印度佛教望塵莫及的。我們必須從它獲得生命原動力的寶貴而豐富的營養，正如傳說中的人類必須從普洛米修斯取得火燄。（這種偉大生命動力結合博愛精神，就構成基督教的偉大的入世精神。）

七、佛教雖有入世的一面，但不如基督教富有戰鬥活力。它在人生信仰上的重要貢獻，寧在於它的出世一面，即那種徹底解脫的精神。禪宗是佛教最可珍貴的奇葩，它所表現的解脫精神最是豐富。它雖由達摩大師傳入中土，然而，它後來的輝煌成就，卻是中印文化的綜合成就。不僅這方面，即就其他方面，無論從哪一點說來，中國一千多年在佛教佛學上的實際成就，已遠遠超過印度本土，成爲世界各國佛教——特別是佛學的高峰。我們上面談東西文化綜合，專指中國與西方，而不大提印度，因爲，印度文化的重要高峰——佛教、佛學，已被中國古典文化所吸收、溶化，從而創造出一片新氣象。

八、上面說接受「佛教出世人生觀的啓示」，主要是接受禪宗啓示。因爲，禪宗是佛教各宗思想的「悟」或「漸悟」的提鍊。這種啓示所開的燦爛花朵，就是「悟道」——「頓悟」。關於「悟道」，將來我想在書面詳談。現在，只談一點，在人生信仰中，生死是一大問題，基督教徒化盡九牛二虎之力想入天國，正是爲了想永生不死，但這種方式究竟不全合乎現代科學精神，禪宗「悟道」，以不悖於現代科學精神的方式「了生死」徹底解決生死大關，這對人類未來新信仰是一大貢獻，我們不能不考慮加以採納、吸收。

九、在人類歷史發展中，代表歷史上主要信仰光明面的人類具體形象，及構成歷史發展的最重要的光明面的人物，是耶穌、釋迦、孔子、甘地這一類人，不是凱撒、拿破崙、希特勒這類人。從人類文化一開始，愛和人性的河流一直是歷史的主流。只要人類一天存在，這一主流將永不會停止——即使在某一時期它暫時被隱沒。（由中國孔孟所形成的儒家思想，雖不是基督教佛教式的宗教思想，但它仍如上述兩教一樣，構成一種重要的人生信仰。）這一主流將在實質上影響未來人類統一的綜合的新信仰。

十、從前述基督教、佛教和儒家的各個特點中，還可演繹出下列三種特點：

㈠從基督教的崇拜上帝的強烈情感與意志中——生命火燄中，還可以表現出西方的勇猛進取的精神——這可以說是勇。

㈡從中國儒家所顯示的人生智慧，及克己內省（修養）的工夫上，可以看出理智的精神，

——這可以說是智。

㈢從佛教中小乘的割肉餵鷹、投身飼虎的自我犧牲精神，以及大乘的普渡衆生的大慈大悲精神，可以看出偉大的仁。

合上述三者，是智仁勇整體，它有助於未來統一的綜合的新信仰的建立。

當然，一種宗教或人生觀的特色，絕不能以一個字來概括，但爲了扼要標出它的重要特色，不妨出以簡單文字。此外須說明的是，智仁勇三方面，上述三家都兼具，但爲了比較它們在某一方面的徹底程度，不妨標出各自特色，作爲建立未來新信仰的參考。

十一、中國文化精神的特色，如以儒家作主要代表，表現的是智。除墨家外，老莊等派也表現出智的特色。在秦漢以後各代，墨家一派濟世思想則接近西方基督教苦行派，但在中國歷史上不大起作用，可說明中國人的好惡。

西方文化中的希羅體系，也代表智，但基督教體系則代表情。西方文化整體如以地球比喻，則東半球是基督教的情的風格，西半球是希羅體系的智的風格。

印度文化中的主要傾向——佛教，它的入世一面也代表情的風格，但出世風格則代表智的風格。

上述種種文化特色，也將反映於未來人類統一的綜合的新信仰中。

十二、我們是中國人。中國人將來建立人類未來統一的綜合的新信仰時，可能與西方人或印度人或其他各國人所提出的一套不同。這不算奇怪。作爲中國人，我們絕不該因爲目前西方具有強大軍事力量、經濟力量及科學力量，而氣餒。就我個人看來，西方文化目前已開始面臨一種危機，即信仰危機。從現在西方思潮看，許多優秀而睿智的西方人士，已不願再翻版中世紀的信仰生活，滿足於基督教的說教。上述三種強大力量只能顯示強大國力，卻不能完全解決個人信仰危機。目前開始泛濫於西方的狂熱追求原始本能滿足的洪流，正開始發出這種信號。所謂西方現代文明生活，主要是一種以流行音樂快速節奏爲中心的熱衷於物質和原始慾望享受的緊張生活，緊張得有時簡直叫人透不過氣——幾乎已達到接近瘋狂的程度。流行音樂其實是一種雖美麗卻代表淺薄的官能性的享受意味的音樂，它的重要特點是那種高速度、原始味，和狂熱性，十足表現出人類中一部分對刹那主義的追求。生命已不再是歷史文化整體，而是歷史的刹那，——刹那即永恆。但刹那只能拯救刹那，並不能拯救永恆。

我們不否認，這種以流行音樂爲象徵的快速得近於瘋狂的刹那主義，對發展上述三大力量，有巨大推動力、刺激性，對滿足人類慾望——特別是原始慾望，也有巨大享受性，和刺激性。但由於它對人類精神健全平衡性不斷起破壞作用，它的後果是要冒極大風險的。因爲，在本世紀二次世界大戰前，這種破壞作用，或多或少，還可藉助於基督教信仰而抵消，使西方人的靈魂仍能維持一定的平衡性。但第二次世界大戰後，由於戰爭的殘酷性進一步大大沖淡基督教的說服力量，今後，西方人在上述洪流中還能維持多久的精神平衡性，那就難說了。也許還可以維持三十年、五十年，但是否能長期維持——直達永恆呢？

在未來的西方信仰危機中，東方——中國古典文化的智慧和明靜的理性，對它可能多少是一種拯救。從這點說，我們中國人絕不該妄自菲薄。

在西方希羅文化體系中，也具有一種智慧與理性，但羅馬的滅亡，說明這種智慧和理性（它部分代表異教力量）的局限性和缺陷。當然，羅馬之亡，有很多原因，但代表當時文明尖端的上層貴族（不少是知識分子）中所泛濫的那種類似上述洪流的因素，也是重要原因之一。

由於以上種種，在未來人類的統一的綜合的新信仰中，中國古典文化以及此後現代文化將作出重要貢獻。

十三、這裏，順便把中國傳統的人生態度與西方傳統的宗教態度作一簡單比較。

我們如果要權衡信仰的眞理，度量衡大體只有兩種：一是客觀的理智，一是主觀人情。比如說，假若甲信仰在客觀理智上通過了，在主觀人情上通不過，乙信仰在主觀人情上通過了，在客觀理智上通不過，那麼，甲乙兩種信仰的比重就分不出。按這種對比，傳統中國不信仰上帝的人生態度，和西方信仰上帝的人生態度，兩相比較，前者在客觀理智上通得過，後者在主觀情感通得過，二者似乎同等。但從另一觀點看，中國式的人生態度中的自然主義，似又比西方式的有神論的人生態度合乎主觀人情，而且也自然些，其實，西方基督教基礎是強烈的拜神的主觀情感，並非一般主觀人情。這樣，權衡之下，中國式的傳統自然主義的人生態度似乎份量較重。

這裏，須說明四點：

㈠上述中國傳統的人生態度，主要指儒家的人生態度。上述西方傳統人生態度，主要指基督教的人生態度。上述自然主義主要指廣大的農民的同天思想，士大夫間流行的老莊哲學也可稱是自然主義。

㈡傳統儒家的人生態度不能算是宗教信仰，也不能算是宗教型的人生態度，似乎不能與基督教的人生態度作同一類型的比較，但大體卻可作同質的比較。因爲，無論是基督教的信仰也好，儒家的人生態度也好，都表現一種鮮明的人生觀，這兩種不同人生觀，是可以比較的。

㈢前面說，權衡信仰的眞理的度量衡之一，是主觀的人情。在儒家人生態度上所表現的主觀的人情，（嚴格說來，「人情」是主觀與客觀的混合產物。）似乎不能與基督教的拜神的主觀強烈情感等同對比，但二者究同屬人類普遍情感，量的方面有程度上的強弱不同，質的方面，卻有貫通之處，因此，仍可對比。前面說，中國儒家的人生態度，比基督教的拜神（上帝）的強烈的情感「自然些」，正是指前者更合乎人情味。

㈣這種「自然些」，也可從孔子思想中得到一些證實。比如，《論語》說：「子不語怪力亂神」，這種說法，頗合乎客觀理智。它又說：「子曰：『祭如在，祭神如神在。』」這兩句話，就帶有濃厚的自然的人情味。

十四、這裏，大體上，我們再重複說明一下。

中國傳統文化主流所表現的人文主義的態度，比較是理智的、哲學的，至少，在宋明以後，表現得特別鮮明，因爲受儒家思想和理學影響之故。正由於此，宋明之後，跳舞、音樂等等表現感情的藝術，就不太發達了。另一方面，由於從晉隋唐代起，知識分子兼受老莊及佛教哲學出世部分的洗禮，他們的人生態度又比較是智慧的、哲學的。這就更增加了中國文化中的理智色彩。西方的傳統人生態度，來源有二，一爲希臘哲學，一爲希伯來耶教。但表現於實際人生的，希伯來的較佔上風。因此，有一個極長時期，西方實際人生態度，比較趨於感情的、生動的、活潑的，這是宗教精神的反映。在十七世紀以前，西方傳統文化中的理智態度，不大用於實際人生，主要用於科學和哲學。正由於此一傳統，這以後西方文化中，科學和宗教才壁壘分明，各有千秋。中國傳統文化中，本不缺乏豐富的感情色彩，但因爲受儒家、佛教出世思想和老莊一派影響，在實際人生態度中不免表現出偏於理智的冷靜。現在，中國如能接受西方基督教的強烈宗教情感的影響，結合本土傳統，可以創造出一種新的人生態度。這就是，熔儒家入世、佛教出世一面和老莊的理智風格與基督教感情風格於一爐以後的新的人生的態度。換言之，是一種二元的綜合的人生觀（儒家的中庸之道是一種二元的人生哲學）。另一方面，西方人生哲學，也應該接受中國傳統文化的影響，將那種幾乎是盲目的原始宗教情感，用中國式智慧和理性來洗鍊，獲得一種超脫的情理互溶相化的人生智慧境界，而不僅僅藉宗教的麻醉來束縛感情、麻痺感情。未來東西文化的交流，初步藍圖，大體或許是這樣的一幅。這樣一幅藍圖，或許將有助於未來人類的統一的綜合的新信仰的探索和建立。

十五、總之，嘗試探索建立未來人類的統一的綜合的新信仰，這是頭緒萬千的大事業，需要我們集一代或許多代千千萬萬學者專家們共同努力的大事業。但每個人都有權，發表自己對這一偉大事業的意見。上面我所提出的十四點，純粹是個人不成熟的膚淺的想法，也許是一種貽笑大方的看法。幾乎算不上提綱，而是個人的提綱之提綱。乘這個座談會的機會，匆匆提出來，請大家指教。比較詳細的解釋，將出現在我要出版的一本書中。那可能是一本不合時宜的書。不過，從目前國內外形勢看，犧牲了萬萬千千人的生命的二次世界大戰，既不能給人類帶來可保證的持久和平，而信仰問題似乎將仍可能構成未來第三次大戰的重要導火線之一，那麼，這就使我們不得不集體重視未來人類統一的、綜合的，新信仰的探索。在這種形勢下，我個人儘管萬分謭陋、淺薄，也顧不得自己意見是否成熟，只好拋磚引玉了。我想，無論爲持久和平，爲人類靈魂永恆歸宿，爲征服現實世界種種痛苦、艱難、混亂與迷惑，這種探索是値得我們大家嘗試的。在探索過程中，每個人隨時有發表意見的權利和自由。

上面略談了政治與信仰的問題，下面再談談道德問題。

嚴格說來，我們很難分析道德內容，如分解一隻母雞，或一隻公羊。道德內涵，有一部分，可加以科學分析，有一部分，超越科學分析範圍。最高道德，它有一部分內涵是神秘的，只可意會，不可言傳，只可暗示，不可明確立論。所以如此，原因之一是，深刻的道德是一種有機體，正如生命本身是一種有機體，它是綜合的、活動的、相互交錯的、隨生隨成隨發展的，牽一髮而動九毛，它不是單純的、表面的、靜止的，截取任何片段即可成立。

一些傳統的觀念，認爲道德代表理性，或代表情感，或代表功利，或代表正義，等等等等。這些說法，全是片面的。道德本身，全可以綜合的代表這些特色，而這類特色，在靜止時，都可以一一分解爲理性，或情感，或功利，或正義，等等等等。但當道德深刻的活動時，這些特色全溶成一片，正像水，它在化學上可分解爲H_2O（氫二氧），但當它流動時，卻既非 H_2（氫二）也非O（氧），它只是一片綜合的流動體。

任何片段或個體屬於整體。當整體存在時，任何片斷或個體的特色卻不能孤立存在。

我們把深刻的道德的神秘處，暫時籠統說成是「人」的，或「人性的」。最道德的，也就是最「人」的，或最「人性的」，或具有「深刻人性的」。這些，說得更通俗點，就是最「人格的」。

我們現在談道德，是指人的道德，不是指野獸或其他生物的道德，也不是指其他星球上的生物的道德，假如其他星球上有生物。

野獸中，虎不吃同類，母虎愛小虎，似乎表現出一種不自覺的本能的道德，卻與人的道德不同。螞蟻的社會道德（合群的道德）很高，但那也是一種不自覺的本能的道德，與人的道德不同。至於其他星球上的生物的道德，目前還是個未知數，我們無從說起。

我們所以談「人」的道德，因爲，道德實是「人」這一生物的特殊產物。當然，這裏還可說得更精確點，即，道德是通過人類社會的「個體人」和「集體人」的特殊產物。魯賓遜漂流荒島，失去人類社會背景，他作爲純粹「個體人」，即使想表現道德，意義也不大了。因爲，道德表現的高低，與比較有密切關聯，無比較，就顯不出高低。荒島上既只有一個人，就無從比較。自然，魯賓遜也可以對他那條河，甚至對四周植物，表現道德，但由於他失去人類社會，絕對孤獨，在這種心理狀態下，即使他表現出對狗、對植物的奇特強烈的愛心，歸返人類社會後，他是否能這樣表現，尚未可卜。（不用說，人類社會中，也有人強烈的愛狗愛花的。）而且，他之愛植物，可能只是一種美學的愛，他的愛狗，可能只是一種酷好。

話說回來，道德本身如有神秘處、不可思議處，正因爲「人」本身有神秘處、不可思議處。從廣義觀點看，這種神秘，也正是大自然的秘密的一部分。

傳統一般論道德者，有一個通病，愛把道德這一項目分析得清清楚楚，不留絲毫神秘餘地。就我個人看法，道德，有一部分可以講得清楚，有一部分，則講不大清楚。能講得清楚的，還它一個理智的清明面貌。講不大清楚的，則還它一個詩意的朦朧面目——即詩的朦朧。（無庸諱言，詩也有不朦朧的，但很多卻是朦朧的。）

我們以爲，道德的最高境界，應該是詩的、美的。這個說法，有下列九種含義。

一、這是指道德最神秘而不可思議的一部分，只可藉詩的暗示來表現，不能作科學分析。

二、傳統論道德者，常應用負號的、反面的說法，說道德是一種自我犧牲。我們則用正號的、正面的說法，認爲道德的重要部分，並不是「個體自我否定」，也不是「集體自我否定」，它是「個體自我肯定」，和「集體自我肯定」。道德也不是一種強力壓制下的行爲，它是一種合乎自然的流露。它不僅是對傳統習俗的某種保守表現，也應該是一種開展性的、創造性的完成，像藝術創造一樣。

三、一般的，我們不贊成耶穌血淋淋上十字架的那種滲透痛苦味的道德風格（這只是特殊時間與空間的產物），更反對把這種風格立爲萬世師表。我們認爲，道德的主要風格，應該是快樂的，比較寧靜的。不過，我們的快樂說與一般的快樂說不全同。一般的快樂說是，因爲自己做了一件合乎道德的事，一件善事，對別人有利了，便感到快樂了。這之中，仍含有功利主義。我們的快樂說，不是指先做合乎道德之事，後產生快樂，而是指先有快樂，後產生合乎道德之事。道德是快樂的產物，並非快樂是道德的產物。至少，快樂與道德同時完成。這是藝術境界，美的境界。

四、我們的道德境界，不是宋人「功過格」的境界。「功過格」含有濃厚的計算意味，也是一種變相的功利主義。

五、流行的道德觀念及其實踐時所表現的道德行爲，或多或少，含有做作意味。我們所揭櫫的道德的詩境界，可以袪除此弊。我們認爲，最高的道德境界，出自偉大的或完整的人格的自然流露，並非一種有意的做作。未形成這種偉大的或完整的人格前，一個人可能要經過一些近似做作的鍛鍊，既形成後，即不須做作。至少，在表現道德行爲時，不應該是一種做作。

六、道德的最高境界，是純美境界，純美的產物。不過，此處所謂「純美」，與一般藝術中的形式美或情緒美有別，由於找不到更適當的詞彙，暫以「純美」稱之。

七、最高道德境界，是自己做了最道德的事，卻不知道自己做了，不是不知道，是超越於「知道」。這是一種純美境界。這有點像兒童的善行及同情心。但兒童是出於本能，這卻是經過鍛鍊後才成長的菓實。宛若植物先發芽，再生莖、出葉、成枝，長成後，開花、結菓。道德的燦爛境界是開花的燦爛時辰，菓子則是功利。我們不完全反對功利，卻不贊成把它當做道德最高境界。

這裏，須說明，聖經上有「讓你左手不知道右手所做的事」，意思也是爲善而不揚。不過，它的教誨仍含有強制意義，並未從純美境界來啓示人。

八、道德境界是綜合的多樣的統一。你從這一面看，它是理智的，從另一面看，它是情感的，從又一面看，它是意志的，再從別一面看，它是又智又情又意的，……因此，最高道德境界是有機的、主動的、不停滯的，正如水，表面寧靜，其實不靜。而以上種種，也正足以表現一種偉大人格的境界。

九、道德境界是人格的和諧，也是「人性」的和諧，亦即生命的大和諧。境界越高，和諧的程度越深刻。這種時候，所有道德屬性全溶入巨大「人格」的大和諧——生命大和諧中。一切破壞道德屬性或不道德的因素，全變成人格的大和諧——生命大和諧的交響樂中的不諧和音。這種音樂，發所不得不發，止所不得不止。

在某些崇高道德行爲中，有非功利的因素，也有非普通原因所能解釋的因素，只有藉人性大和諧，——人格大和諧，——生命大和諧，才能解釋得較切貼。

以所謂道德良心說，偉大哲學家康德曾有名言：唯天上的星斗與人類的良心，此二者最不可解釋。良心是最神秘的存在，也是最不可分析的存在，但如把它解釋爲人格大和諧——生命大和諧的交響曲的主要弦律，它是構成這種大和諧的主要成分之一，那麼，就能多少可以理解了。我們一開首就說：「最高道德，它有一部分內涵是神秘的」，良心正是屬於這一部分之一。儘管我們這樣解釋，還是不夠徹底的。至於一般對良心的種種解釋，只能觸及它的現象，並不能透過它的本質。

上面談了道德境界的九種含義，下面再談談其他方面。

前述第七點，以花菓關係比喻道德境界與其功利後果，還須略略申論一下。

在自然界，有的植物有花無菓，純花就是它完整的表現。但在人類道德方面，純花境界卻不是它完整的表現。我們雖說明，最高道德境界，是一種偉大的超越境界，但這是就欣賞道德的純精神狀態及其精神泉源說。在社會實踐上，道德的純花境界，必須與功利的菓子相結合。從社會的實用主義立場看，道德表現，僅有花而無菓，就不是完整的道德。實際上，常常的，偉大的純花的道德境界，也必然有豐富的菓實。作爲純美的道德境界的創造者的某個人物說，當他完成這種境界時，僅是他完整的人格表現，他並不斤斤計較它的菓實。但他不可能堅決反對這種功利菓實，因爲他不能完全脫離社會。拿蘇格拉底高擧毒茶杯泰然飲下一事爲例，這件事，表現了蘇爲堅持眞理而自我犧牲的崇高的道德境界，但他不能反對當時青年人或後人師法他這種境界而相率爲眞理獻身。幾乎沒有一種道德的純花境界不結功利菓實。我們須特別認清的，是其實正因果程序，不能倒果爲因。一株道德植物的花向菓子發展，這是它的有機的完整表現。

道德上的花與菓的梯級程序，也是道德境界與其社會實際影響的梯級程序。我們因爲嘗試談道德哲學，結果，不得不談道德境界。但從一般社會實用主義者立場說，道德的眞實生命，是在道德行爲或道德的社會實踐，而不是在什麼道德哲學或境界。在他們看來，道德哲學或境界，可要可不要，但道德行爲只能要，而不能不要。人類幾千年文明歷史說明，千千萬萬人不解道德哲學爲何物？更不知什麼道德境界，然而，他們確實做了不少合乎道德之事。

然而，我們認爲，這是過去幾千年文明史的事。今後，一定要宣揚道德哲學和境界，而不僅是傳播道德教條。因爲，過去幾千年，儘管千千萬萬人做了不少合乎道德之事，但今天人類普遍道德並未有極鮮明的提高，（我們承認有少許提高，但提高得非常之慢。）這個原因，屬於多方面的。但缺少比較合理的切實可行的道德哲學——道德觀念與原則及其崇高境界，是其中主要原因之一。關於這點，後面我還會談到。我自已在一本著作中，將更詳細的談及。這裏，打算再談談境界與社會實踐問題。

周作人是一個很好例子。可能，我們全讀過周的不少書。從他許多散文上，可以看出，他具有較高的人生境界。儘管他的人生境界不同於我的所謂道德道境界，但那仍是一種較高的人生境界，多少表現了東方人的自然解脫的沖淡境界。可是，抗戰期間，不管他是甘心的，或不甘心的，他卻當了漢奸。這樣，他原先自我標榜的那份超脫境界，便塗上一層厚厚污泥。這層污泥，是徹底經過社會實踐後塗上的。未徹底實踐前，並沒有。儘管如此，未徹底實踐前，我們仍不能說他的人生境界是不高明的，是低級的。它的缺點是，還少一點重要的成分。

這種情形有點像，某種哲學或某種文藝作品是好的，但創造這種哲學的哲學家不一定能把它化為哲學行為，而創造這種文藝作品的文學家不一定是好人，如寫出「燕子箋」的阮大鋮卻是奸賊，就足資證明。

周作人在道德實踐上所犯的錯誤，與他對人生境界的錯誤認識有關聯。（他曾把他的道德境界與他的人生境界相聯繫。）他頗推崇東方人生境界中的爐火純青，即沒有火氣的境界。其實，爐火純青的眞正內涵應是，火煉到極度後，形態表面似無火，而實質上卻有純火，最強烈的火。周作人這類人的錯誤是，把爐火純青有意的或無意的誤解為與火脫節，以致只有「純青」，而無純火，實際上也不是眞「純青」。不見火氣不等於無火。無火有兩種，一種是不見火氣而有純火，一種是眞正無火。周屬於後一類。他血液裏既缺少眞正生命火燄，等於心如死灰，結果變得意志消沉，懦怯無能，聽任日本人與其他漢奸們擺佈了。

周作人的例子可以證明，道德哲學與境界須與社會實踐相結合。在科學中，數學是比較抽象的。（但仍與實用相結合。）但絕對抽象的道德卻不能成立。要談道德，有時還須與歷史上的一些偉大的人物的偉大人格及其偉大實例相聯繫，因此，道德哲學還須含有人類道德史的成分。在人類道德史上，蘇格拉底與釋迦、耶穌固然偉大，中國的周公和文天祥，以至俄國托爾斯泰，又何嘗不偉大？

如果要樹立眞正道德標準，就必須以歷史上偉大人物的偉大道德行為實例，加以仔細分析，綜合比較研究，再結合人類全部歷史的現實，品評這些偉大人物的道德行爲得失，以便從中歸納出一些結論。

血氣衝動、勇敢、熱情，等等在道德境界上看似平常，在道德實踐上，有時卻不平常。抗戰期間，許多愚夫愚婦，並無道德哲學或境界，甚至從不談也從不識道德理論爲何物，全憑血氣衝動、勇敢或熱情，有時卻做出高級知識分子如周作人等所做不出的合乎道德——正義之事。從道德的現實低地上看，血氣衝動、勇敢、熱情等等，正是代表強烈的生命火燄本身。如果你沒有它們，你既無強烈生命火燄，又怎能開出生命火燄之花——道德？

道德行爲的理智來自思想，它的情感成分來自藝術情感或宗教情感，它的社會實踐卻完成於意志和勇敢。

現在既提到道德的現實低地，我們想先談三個問題。（這類問題很多，此刻，我只暫談三個。）這三個問題，與將來建立新的道德原則有相當關係。

第一、有關聖人問題。中國倫理歷史上，一直立聖賢爲最高道德榜樣，師法聖賢是傳統士大夫立身的第一要義。基督教也以聖保羅、聖彼德、聖法蘭西斯、聖女貞德等男女聖徒爲最高道德標準，鼓勵教徒捨身殉教、成聖。佛教不提聖人字樣，但成佛相當於成聖。

我們認爲，道德上要求一般人師法聖人，這是今天——甚至是幾千年來人類道德不能普遍大幅度提高的主要原因之一。古往今來，眞正的聖人極少極少。（基督教某些教徒因捨身而成聖徒，與中國所謂聖人涵義不全同。我們所謂「聖人」，是接近中國傳統典型或印度甘地那樣典型的人。）所謂聖人，是指道德上的完人。要做完人，特別在今天地球上，是極難的。幾千年來，眞聖人如此之少，（占人口百分比例尤微乎其微。）又如此難望項背，而人們仍如此執著於以聖人——完人爲最高道德標準，從人類歷史觀點看，這是極不現實的。接受歷史教訓，我們如從道德的現實低地出發，非反對這種立聖人爲萬世師表的觀點不可。假如一種科學實驗，進行了幾千年實踐而仍無鮮明效果，可以說，此項實驗接近於此路不通。人類——至少中國人，從事成聖的實驗，已經歷數千年，若按中國人口比例，其效果僅比零好一點，那麼，我們就該廢棄或停止——至少要大大沖淡這種實驗。

幾千年來，按人口比例，聖人既如此微少，如果仍以他作道德榜樣，寧證實人類道德的普遍低下，至少說明，截至此刻止，大多數人還不夠眞正較高的道德水平。易言之，如以聖人道德作衡量，人類中絕大部分幾乎是不道德的，或不夠道德的。這樣一種結論，實在大有損於人類尊嚴，不僅會沮喪人類的道德信心，也使人類歷史道德面幾乎陷於漆黑一團。

不惜大大貶低對人類絕大部分的道德評價，僅僅爲了抬高極微少的若干聖人的崇高形象，這是不合乎人類歷史現實要求的。如果這極微少的若干「聖人」有自知之明，恐怕他們自己也未必認爲這種做法通情達理。

說明白點，極微少的若干聖人的存在，寧是對人類中絕大多數的一種諷刺，它大大醜化了後者的形相——爲了美化前者的形相。

從這一觀點出發，我們認爲，極微少的若干聖人之存在，似乎是人類道德的不祥之兆，絕非祥瑞。

老莊一派，提倡「聖人不死，大盜不止」，這要和下兩句「剖斗折衡，而民不爭」聯起來看。其目的，是爲了廢「名」，名廢，則無所謂賢不肖。這一派人，是從哲學觀點，消極的反對立各式各樣相互對立之「名」，廢名，則各種對立就不存在，天下將太平，至少，思想領域此一是一非和彼一是一非之間的糾紛，將會平息。我們反對立「聖人」爲道德標準，出發點和立意與這一派人不同。如上所述，我們是從人類道德歷史的現實著眼，是從人類的眞正道德尊嚴出發。老莊一派的觀點是消極的、否定的。我們的觀點，是積極的、肯定的。

在反對立聖人——完人爲道德標準後，今後如何現實的解決道德問題呢？我們主張用「比較論」和「平衡論」來解決。當然，除了這兩點，還有其他若干點也應提出來。限於時間，我只先談這兩點，而且，只能扼要的簡單的談，詳細理論，將來我以書面發表。

前面說過，魯濱遜獨自生活於荒島，不存在道德問題。此一問題，是人類社會關係的實踐結果。換言之，道德的估價，只能從比較中產生。沒有比較，就沒有眞實的正式估價。在家庭，這種估價產生於父母兄弟姊妹夫妻的道德表現的比較中。在團體，產生於每個成員與另一個成員道德表現的比較中。在社會，則產生在每個公民與另一個公民的道德表現的比較中。拿什麼做現實比較標準呢？一般說來，大體可分九級。

第一級、恆久的或暫時的絕對犧牲自己，成全他人——或有利於他人。我們不大著重宣揚這種第一級道德標準，正如我們反對宣揚立聖人爲道德標準，不僅因爲這種標準很難達到，也不一定需要達到。（戰爭或特殊的關鍵時刻例外。）不過，儘管我們不著重宣揚這一級的道德標準，但爲了便於比較，姑仍立此種標準。第二級、恆久的或暫時表現極大損己而極大利人的道德行爲。第三級、恆久的或暫時的作相當大的損己、相當大的利人之事。第四級、恆久的或暫時的作稍稍損己、稍稍利人之事。第五級、恆久的或暫時的作利人利己之事，兩者大體達於平衡。第六級、恆久或暫時的作稍稍損人稍稍利己之事。第七級、恆久的或暫時的作相當大的損人、相當大的利己之事。第八級、恆久的或暫時的作極大的損人極大的利己之事。第九級、恆久的或暫時的絕對犧牲他人來成全自己。

這九級比較，雖是相對的，不是絕對的，卻是合乎常識和人情的。

這九級中，以恆久的絕對犧牲自己成全他人爲最上乘，以恆久的絕對犧牲他人成全自己爲最下乘。

上述九級中，如時間上是「暫時的」，則甲事與乙事的道德表現及其估價，應同屬「暫時的」。如時間上是「恆久的」，則丙事與丁事的道德表現及其估價，也應同屬「恆久的」。不過，這種「恆久」，也可分爲兩種，一種是相對恆久的，即相當恆久的，一種是絕對恆久的，即眞正恆久的——有生之年，一貫表現此種道德水平。

在道德估價上，時間考驗自然與道德水平成正比。而絕對恆久或相當恆久的道德表現，其水平，要超過暫時的道德表現，自不待言。

上述九級的道德表現的比較，與實踐時間同級的相互比較，以及此級與彼級比較，在估價上，程度很重要，這個，有時似也被極嚴格極仔細的確定，但大體上，仍可作相對的確定，從這裏面，再產生比較和估價。在現實社會中，相當多的表現道德上的「損」和「利」是屬於金錢方面的或物質方面的性質，則估價和比較並不難。自然，窮人捐獻出一塊燒餅，給另一個窮人，其道德表現，要高過富人捐獻十個燒餅給一個窮人，這是不言自明的。有了比較，則社會上種種道德是非的迷霧，就不難廓清。許多道德上的僞君子，所放的煙幕彈，也容易摧毀了。

就中國一些傳統道德家看來，道德是立身第一大事。就某些離經叛道者看來，道德是空泛的、不切實際的，並不重要。認爲解決道德問題，就解決了人類一切問題，固然是一種不大實際的說法，認爲道德毫不重要，也是一種不大切實的說法。

實際上，道德問題就如日光空氣，纏繞著人類生活各個方面。

革命者要推翻現政權，不管是不是明白標榜其行動含義，實際上，確認爲現政權是不道德的。某些強盜要搶刼富人，不管是不是明白標榜其行動含義，也認爲後者的致富是不道德的。在家庭中，父親要求兒子孝順，是出於道德觀點。在愛情場合，或在婚姻生活中，男女彼此要求對方忠實，也基於道德觀念。貿易生活中，商人們相互要求守信用，也基於道德觀念。社會上，乘電車時，售票員要求成年人讓座位給懷抱嬰兒的母親或老年人，也是出於道德觀點。國際間，殖民地國家向帝國主義要求獨立，亦具有道德內涵。像這樣的例子，舉不勝舉。可以說，道德的因素幾乎滲透人類生活每一個節目。正因爲如此，道德觀念的混淆，有時會造成人類生活某些方面的混淆。

無論是個人、家庭、群體，或民族、國家，當他們或它們舉起攻擊長矛時，矛的名字，有時就叫「道德」。當他們或它們舉起保衛的盾，抵抗這些長矛時，盾的名稱，有時也叫「道德」。無論是舉矛或持盾，他們或它們中沒有一個不肯定自己道德觀念的正確。除了自然科學或人文科學領域的學術性的是非之爭，或實踐行動的效率是非之爭，其他，人與人或國與國有關利害之爭，大多牽涉到道德。

爲了現實性的廓清這些道德是非之爭，道德的比較論可以起相當作用。只有藉諸各級比較，才能顯出當時道德是非的眞相。沒有相互的客觀比較，孤立的肯定或否定，絕不可能顯示道德是非的眞面目。

道德比較論是一種表現常識的理論。但人類生活中發生道德爭議時，往往缺少這種明智的常識。因此，現在，我特再一次把這個問題提出來。這個問題，可以研究的範圍還很多，我只是提出一個起點。

關於倡導道德方面的平衡論，是爲了補充上述比較論的不足。

儘管道德問題很重要，但人類生活不全等於道德生活。在二十世紀現代世界，道德不該是人類生活議程上的唯一議題。

未來人類生活傾向於綜合的平衡性，道德只是這種平衡性中的一個平衡面。人類還要追求眞理的平衡面，唯美的平衡面，和行動實踐的平衡面。可以說，未來人類理想的生活，是眞、善、美，與行動實踐的諸般綜合的平衡。既不能以道德名義，阻礙人類對眞理的探索，也不能以同樣名義否定人類的美的欣賞、享受，以及對行動效率的追求。

眞、善、美，與行動實踐四者，相互之間，時有矛盾。如何統一矛盾，達到生活（精神的、物質的。）的平衡，終於形成生命的大和諧，這是擺在我們面前的主要課題，也是人生哲學領域的主要課題。

上述道德比較論只是一種手段，或實踐方式。通過它，達到生命的大平衡、大和諧，這才是我們最後的道德目的，也是我們人生哲學的理想歸宿。

要達到生活大平衡、道德大平衡，首先，須先認清，道德只是上述人類生活四個活動面之一，它與其他三個活動面是平衡的，絕不能自以爲高高居上。

其次，必須反對傳統的唯聖論。我們不提倡以爭取做聖人——完人，爲人類道德實踐的當務之急。

其三，當務之急是，大力提倡上述比較論的第四級道德水平。就是，在生活中，一個人應該恆久的或暫時的稍稍作些損己利人之事。

其四，中國傳統道學家，在中國現代生活中幾已絕跡。但西方及其他國家，以其他型態出現的「道學家」，還大有人在。如牧師或神父即是（中國目前也正有這種西方所培植的新式「道學家」）。儘管神父或牧師自命是神職人員，主要職務是辦神功、傳播神學，但他們卻往往以社會上的道德家自居。他們的存在，是未來人類健全生活的綜合大平衡、大和諧中的一個可能困擾的問題。雖然他們所追求的神性大和諧與道德大和諧是人類信仰自由的產物，而且，他們這種大和諧對未來文明人仍有相當大的貢獻，但他們生活中的這種大和諧，與我們所探求的生命大和諧的內容，有明顯出入。儘管有神論今後將繼續存在數百年，甚至數千年，但只能作爲未來人類文明生活中一個補充流道，如作爲唯一主流，似乎不夠健全。有神論的泛濫，是今天西方現代文明的弱點之一，說明現代文明還不能建立一套更人性、更合乎科學的精神信仰體系。相形之下，中國傳統無宗教，而一切重要宗教基本上是外來的，這是中國傳統文化優於西方文化之處之一。原始儒家及後來正宗儒家不是宗教，也不沾有神論色彩，這是儒家偉大處。佛教和後來的耶穌教是外來的，本土道教在民間有勢力，在士大夫階層影響很小。

西方那種結合有神論的道德論，在未來的科學大盛時代，可能將多少失去它歷史上的優勢。一種生命的綜合的大平衡、大和諧的趨勢——包括這種趨勢下的道德平衡論，將代之而興。這種趨勢，正繼承中國儒家的傳統風格，而修正了傳統的某些道學家的某種不健全的胸襟狹窄的風格。

作爲人性的各種精神病領域的一種治療，有神論及其附屬產物的道德論，不失爲一種藥劑，這種藥劑，可能將有很長久的生命。但作爲人性的正常狀態表現的未來人類生活嶄新大平衡與大和諧，這種藥劑可能將有點格格不入。

其五，講究道德平衡論者不否認，要達到求眞求善求美求實際行動效率的四個方面絕對平衡，是不現實的，只能求得四個方面相對的平衡。這就是，個人具體生活內容，某個時期，甚至長遠時期，可能稍稍偏重於四個方面的一個方面、或兩個方面（事實上也常常如此），卻不應該鼓勵這一個或兩個方面取獨佔形式，而絕對排斥其他兩個或三個方面。這不僅是爲了保持道德的平衡性——和平衡作用，也爲了保持人類精神的健全的平衡性，和平衡作用。這種作用，將促使人類精神這四個方面息息相通，不致彼此隔閡，一隔閡，就會產生較嚴重的互相矛盾。當作爲人類個體的個人的精神生活中產生嚴重的矛盾，而這種矛盾越來越泛濫時，則人類全體精神生活也將產生嚴重的矛盾。

當然，這種平衡，受時間空間限制。有各種時間的各種平衡，和各種空間的不同平衡。

（要把各民族的生活習俗相互完全溝通，還是一個相當遙遠的事，那有待於遙遠的未來。）我們只要貫徹求眞求美與求實踐行動效率的精神，那麼，這種受時間限制的道德平衡，仍可以完成。

其六、在道德平衡的原則下，道德的追求，應不太妨礙自然科學與人文科學眞理的探索，藝術的美的欣賞與享受，以及行動效率的實踐。說「不太」，事實上，這四個人生活動面總不免有這樣或那樣的矛盾——妨礙，只要不太矛盾——妨礙，小的矛盾——妨礙，仍是一種正常現象。

限於時間，關於平衡論，暫談到這裏爲止。詳細理論，將來再作書面敘述。

總的說來，有關人類道德問題，是一個極複雜的千頭萬緒的問題，需要大家詳加探索。這裏，我僅略談其中幾點，以便拋磚引玉，引起大家對這個問題的興趣和指正。有一點，須說明，就現實低地說，道德問題，主要應該從常識出發，以求通情達理的解決。許多哲學家的道德哲學，過分繁瑣，理論雖高，卻有點不切實際，不能解決我們日常生活中的道德爭論。因此，儘管前面我曾談了不少有關道德境界的話，但最後仍歸結於道德的社會實踐，希望有裨於現實低地出現的種種道德問題的解決。

此外，還要簡單說明一點，就是，我們的道德生活中，有屬於道德的，有屬於不道德的，也有屬於非道德的——與道德無關的。我們不能一概把它們也納入道德的或不道德的項目中。

最後，還要略談談上述人類生活四個活動面中的三個與歷史潮流的關係，以結束我這次談話。

達爾文發表了「物種起源」，揭示「物競天擇，適者生存」，這一自然界的進化眞理後，儘管人們已經了悟：過去人類歷史僅是自然進化過程的模擬或再版，必須想法改善這一進化眞理的殘酷後果，可是，直到此時止，基本上，世界歷史的發展，仍是這種自然進化的模擬或翻版。地球上，某一角落，雖想糾正進化論眞理的偏差，但只是作主觀的努力，客觀上很難糾正。因爲，人類身上的先天的種種原始動物本能，還沒有被後天的人類文明文化大大沖淡或徹底改造。

其實，達爾文進化論未出現前，人類中某一部分，不是從自然進化過程出發，而是由人類社會種種黑暗現象出發，已開始想法改善類似「物競天擇，適者生存」原則所造成的惡果。西方基督教、印度佛教，憑藉有神論和它們的道德論，企圖進行這種改善工作。效果不能說沒有，副作用卻很大。

拿西方說，被基督教佔統治地位的中古歷史，形成一片獨斷教條的黑暗，直到文藝復興止，大大影響了科學進展。古印度盛行佛教，招致自身毀滅，有個時期，具有戰鬥性的回教取而代之。中國不藉助於有神論，儒家純粹就道德論道德，一種人本主義的道德，終於形成封建禮教的巨大力量。這種力量，到了後來，幾乎完全吞噬了個人的自由和幸福。在文化上，則道德的獨斷論佔主導地位後，大大阻礙了科學開展。

面對今天地球的新現實，爲了解決善（道德）和眞（自然科學和人文科學眞理）及美（生活的享受）三者之間的矛盾，如果不預作估計，先行防範，我們可能又要倒退到歷史老路上。

嚴格說，三者絕對統一和平衡，極其困難，非重此，則重彼，已成爲一種歷史教訓、歷史眞理。

今天各國的經濟競爭與科學競爭已成二而一的事。爲了加強經濟競爭活力，不能不競作科學發明。反過來說，有了強大經濟實力，則又增加科學競爭的活力。就科學家說來，科學競爭，是求眞，爲了不斷探索自然眞理。這種眞理的不斷獲得，轉而強化經濟競爭實力。而經濟競爭的勝利，其最終目的，則是爲了國家和個人的物質勝利。對個人說來，這將滿足生活的享受——美的享受。儘管這種美的享受之一——藝術上的美的享受，不全決定於物質條件，但與它卻有很大關係。

如果你想避免經濟競爭的殘酷惡果——其實是絕對求眞求美的惡果，只有著重絕對求善。然而，這又將影響前一種競爭。二十世紀地球某一角，曾經試著走著重求善道路，經過時間考驗，證明這條路困難重重，甚至行不通。

目前，人類求眞、求美的強大潮流，仍遠遠高於求善的潮流。在西方中古時代，當時求善的潮流，曾一度佔上風，它與神的追求連繫在一起。我個人看來，今後，這種結合有神論的求善的潮流，可能被相當大的沖淡了，代之而起的，將是結合求眞求美求實踐行動效率的求善潮流，也就是我一貫主張的追求綜合的生命大平衡、大和諧的歷史新潮流。

總之，在道德問題上，超於一切重要的，仍是追求持久和平。只要享有持久和平，人類道德將大大改觀。戰爭不僅使人類道德日趨墮落，而且，將使一些本來容易解決的道德問題，越來越複雜而難以解決。

八

印蒂在地球農場午宴上的談話，聽衆除了與會者外，還有農場全部工人。H市會議期間，印蒂邀請吳璣和徐旭紅兩個，每天抽半天時間列席。喬君野、瞿槐秋、藺愛禮三對夫婦，瞿縈和駱香香，也是列席。這時，愛禮在母校任油畫系助教，由於瞿縈幫忙，蓓莉也留校作法文系助教，他(她)們和許蘋芳正値暑假，可全天參加會議，及會外活動。有關這次會議種種雜務，全是上面八個人辦理的。(爲了事務極勞，槐秋向銀行請了六天假。)除一次簡樸午宴外，印蒂並未動用農場工人一點人力。

吳璣與徐旭紅，對印蒂幾次談話，具有百分之八十以上的理解力。對其他學者的艱深的專題演說，和一般發言，也能懂百分之六十以上。不過，大部分工人，對印蒂午宴談話，只明瞭百分之四十左右，少數僅領略百分之二十到三十。

雖然如此，大部分工人，從印蒂的抽象談話中，仍感到一種魅力。他的言語、聲調、態度、舉止、所用的名詞，以及話語後面含蓄的對人類的高度關懷，或多或少，都吸引了他們。即使那些極撲朔迷離的字句，極矇矓的象徵語彙，也使他們感到一份新鮮香氣。這種氣息，正是他們日常生活中不斷找尋的。

會議閉幕第三日，全部外地與會者離開H市後，印蒂徵求工人們同意，下午提早兩小時停工，加上每日讀書時間，共抽出四小時左右，開了一次座談會。到會的，除工人們，還有畫家們和瞿縈她們。會上，印蒂報告了這次南北學者集會經過，和會議討論的主要內容，及某些決議。他著重說明，它們與未來中國文化命運——甚至民族命運的關聯，以及當前中國學術界某些專家們的理想。

他表示深深歉意，午宴談話，因爲對象是一些學者，內容和詞彙就不能不抽象些、含蓄些，對工人們說來，就不夠通俗明瞭了。

他又一次用較通俗的字句，把那次談話解釋一遍。最後，他誠懇的道：

「我這次談話，主要的意思，是想把我們常見的一些名詞——也可以說，我們所賴以生存的一些事物（每個名詞常代表一個事物），加以一種廣泛的連繫和啣接。像博愛、寬容、和平、和諧，這些字眼，都是你們不時遇到的。它們不只是一個字、兩個字，而是我們生命中的一些理想和幸福。另一組字，像整體、平衡、綜合、多元，這些帶哲學氣的名詞，對你們可能生疏些。不過慢慢的，你們也會聽慣的。它們與前一組名詞有很大關聯。再則，我對文字的限度，也作了比較赤裸而冷酷的分析，使大家不要僅僅迷戀於字句。此外，我對人生的境界，和人生眞理的追求，也作了些心理的哲學的解剖。這些，對你們說，可能是神秘些。不過，那篇談話的重點之一，是反對一種思想上的軍事一元化。這個，你們只要稍稍思索一下，就不難瞭解的。歸根結柢，我們大家——包括這個農場在內，追求的只是生活的自由與幸福。可是，沒有思想的自由與幸福，就沒有生活的自由與幸福！你們說對麼？」

經他詳細解釋後，大家漸漸明白了，少數工人也能大體掌握它們的核心涵義。

「印老師，我曾列席這次會議。比起別人的演講與談話，我還是歡喜你的。特別是你在開幕日的談話。它每一字、每一句，都打動我的心。那裏面，有一種極沉痛的調子，卻又充滿對人類的關懷。午宴談話，我也歡喜。我覺得，你不是用一種冷酷的哲學理論、機械的向聽衆注射，像注射維他命針藥一樣。你是用一種又像詩又像哲學的句子，親切的感染人、說服人。我的文化程度雖然不高，可是，你所說的，正是我渴望聽到的聲音。」吳璣笑著說。

徐旭紅道：「我的感想，大體和吳璣差不多。我特別感到這麼一點：你的談話，對於一些經過生活浪花的人，分外顯得有一種魅力。因爲，它們一字一句，都是生活本身的產物，是從極深的痛苦和風濤中提煉出來的。我和吳璣，都在社會上碰過壁，受過或大或小的挫折，一聽到你的聲音，我們就更感到它有一種又燃燒又沉思的力量。不過——」他笑了笑：「對於比我們更年輕的農場朋友們，他（她）們可能還沒有受到較久的生活錘鑄，也沒有養成一種沉思習慣，你這次談話，即使他們能理解，也還是字面的，或形式的。重要的是，你語言後面顯示一種深沉的個性，一種超脫的人生境界，和那種對生命的無比熱情。這些，可能他（她）們一時還抓不住。」

「一時『抓不住』，總會慢慢『抓』住的，是嗎？」美麗的柳蒨笑著道。她是女工中最敏感的。

「我們希望，印老師的人生哲學課程，每週還可以加一兩點鐘。圖書室也可以多添點哲學書。」

「既然哲學是生活最高指導者，我們就該多加油！多學點哲學。」儲紀貞笑著道。

「好吧，我們再研究。我想，你們現在的娛樂時間，已經夠少了。再擠出些時間，恐怕影響你們的健康。」他笑起來。「這一年，爲了忙生產、忙讀書，到現在，廣場上籃球架排球柱子還未建立。一些運動器具，還沒有購買。我想，下個月必須動手了。你們應該有些體育調劑才行。」他取出一支煙，愉快的吸著。「對於我們說來，大家要做的事，確是很多的。可以說，誰只要對生命本身感覺無窮意義，誰的面前，就有無窮無盡的事好做。」他笑著對全體工人巡視一眼。「我希望，明年春天，這個農場將會有很大的改變。不斷變化，逐漸接近實現我們的理想，應該是我們農場一種特色。」

九

現在，故事要倒溯敘述，再回到這年春天。

這是一個眞正滿溢放射性的春天。希望像鈾和鐳，在每一吋平方空間閃熠著，混合太陽光譜裏的每種光與色，深透柳樹葉與湖水的綠色，滲入玻璃窗和鳥聲，沁徹室內每一盞燈、每一頁紙、每一支筆。地球農場沒有一個人不感到，他們生命中，第一個眞正春天正在燎朗的焜耀著。

西湖的堤上垂柳又一次飄拂浪浪的細細絲條，一種嫩綠帶鵝黃的色素，蕩漾著幻魅彩調，彷佛不斷落著一陣陣綠色綿雨、鵝黃的霏雨。

農場四周，代替變相籬笆的燥楊柳，全部顫吐最初的嫩葉，形成稀稀疏疏的巨大綠色矩形，間夾一些綠色的弧線。每一片橢圓形綠葉，像一尾尾綠色小魚，活潑潑游泳於東風流水中。沿魚塘栽植的水楊柳，也是如此。

農場入口處的小公園，去年種的花樹幼苗，開始茁長。預兆著未來的一片花團錦簇。

竹園內，一片片个字形葉子，再次焯閃欲滴的青翠色。棕黃色的筍籜，又從地底冒出來，似無聲笙管。第一批鮮嫩早筍，一部分銷售市場，一部分已供工人們嚐新。綠油油茶樹，也顯出生氣，「明前」的嫩芯，何大沉和戴玉蓮已採過了。

雪白的安哥拉長毛兔，紅眼睛，搖著短短尾巴，在鐵絲籠內曬太陽，嚼新鮮青草。奶羊在欄內不時咩咩叫著。白色鰱魚、青色草魚、暗色包頭魚，悠悠游泳於池塘綠水間（據說鰱魚、包頭魚喜食糞，草魚則不，養前兩種，須兼養後一種，則草魚糞可當一部分飼料）。一口口圓圓玻璃缸內，金鯽種的紅色金魚唼喋水泡。竹林中，不斷傳來幽揚鳥囀。紅冠白羽的白萊克雌雞，渾身紅白分明，「咯咯」發出低聲。胖大的澳洲黑，宛似黑色馬群，在塒內展開壯麗陣勢。義大利蜂早已飛出去，拜訪油菜田了。

整個農場，沒有一處不放射炯炯生命，像春天樣高赫的生命。

比一切更洋溢放射性的，是這裏的人——工人們和他們的朋友們。

在馬爾提指導下，一年來，他們初步欣賞了四十位大師的美術代表作品的圖片，從古希臘的裴底亞斯的雕刻，到十九世紀的塞尙的畫。由於駱香香的協助，他們傾聽了近三十個大師的名曲，從古典的巴哈和拉摩，直到現代派的拉威爾和瓦爾加。他們學完了印蒂自編的世界文化史的三分之二課程，也讀完印編人生哲學的第一年講義，他們對中外文化的歷史發展，獲得初步輪廓印象，對人生哲學，也開始感到興趣。喬君野講授現代藝術，使他們模模糊糊的了解二十世紀的時代趨勢，和人類感覺的新鮮境界。他們的文學閱讀能力，大大提高了，作文水平，也有改善。簡易會計和簿計，業已學完，每個人全能勝任農場會計職務。從書本上，吳璣和徐旭紅吸取一些有關農場現有業務的技術知識，向他們進行傳達，也促進他們的技術發展。

優美的音樂敏銳他（她）們的聽覺，偉大的美術煌亮他們的視覺，文化史的接觸和文學哲學的薰陶，則啓發並犀利他們的綜合感覺、思維和判斷。儘管他們之中，還有少數人不能全部消化呑嚥下的一切，但人類精神（除了那最不可救藥的），是一種奇妙的海綿體，沉浸河水裏，它是淡的，沒入海水內，它就是鹹的，放置日光中，它將逐漸乾硬。隨著時間，沒有什麼不能改變。青春的最大特色，是它的靈敏感應性，對於那些心地純潔志願向上的年輕人，一旦遭遇良好機會，他們的心靈更如原上小草，隨著光風麗日，不斷欣欣向榮，一天比一天綠，一日比一日滋長。崇高的智慧與美，以及伴隨它們俱來的至上善，像太陽月光一樣動人，富於豐燦的魔力。有朝一日，你一開始眞正受到它們啓發，你就如魚逐水、如鳥投林，什麼也阻擋不了你的嚮往、傾仰、追求，及皈依。當然，開始幾個月，事情並不那麼簡單。但印蒂他們有耐心、有頭腦、有魄力，能循循善誘，誘導他們終於愛上所聽的幾種課程。這一切，再結合這個城市的綺麗風景，（有時，在星日郊遊中，幾位老師帶他們欣賞西湖風景，從詩、畫、甚至音樂與哲學角度，漫談人對自然的感應，以及二者相溶合的境界。）和農場中的陽光、雨露、星斗、月光、花草、魚鳥、動物，以及肉體不斷運動，漸漸的，他們的靈魂狀態轉化，和一年前相比，幾乎判若兩人。他們的精神，已軔始形成一種新的傾向，一種印蒂所倡導的，類似綜合西方希臘、文藝復興，和中國盛唐的氣象：樸素、健康、活潑、人性、典雅、優美、和平、樂天的風格。他們總不忘記印蒂的聲音，做一個又純潔、又高貴、又敦厚、又勤奮、又寬宏大量的人。靈魂與肉體必須追求平衡。倫理必須與智慧和美平衡。觀念必須與行動取得平衡。

當然，這一切只是開始，一種胚胎狀態，一種模型的輪廓。眞正燦爛的花朵和成熟的菓實，還在未來。

他們的收穫，不只是精神上的，也是物質現實的。農場生產業務，一直不斷征服各種巨大困難，取得成就。

蓖蔴子樹的春季播種，已經完成。白萊克和澳洲黑，每月按期生產近四百枚種蛋（所以不能足數，因爲，有時少數雞出毛病）。開春後，前後更孵了三百隻小雞，供應市場。一年來，安哥拉長毛兔的繁殖尙算順利，採穩健辦法，保護質量，每對一年生育三對。由謝玳花照管，養了四十隻，每隻每年可剪兔毛六斤，銷兔毛，加上售種兔，除飼料成本，年終盈利，頗爲可觀。筍子和金魚，賣出後，也有點好處。養蜂、魚、羊，是福利性的。工人們每天每人已能喝到一磅羊奶，吃上足夠的魚肉，每月分得蜂蜜一斤三兩左右，此外，每年還能分四斤茶葉。何大沉已學會炒茶葉，但炒得不挺好，所以全部自用，不拿出去賣。菜畦裏，春季出產品種最多，蘿蔔、小白菜、韮菜、萵苣、菠菜、小豌豆、茼蒿、洋葱、辣椒，食堂基本上不太需上市場買蔬菜，所缺有限。

由於業務不斷開展，收入大大增加。開春後，新建十一間草舍，十間是宿舍，做到一人一寢室。這樣，工人們工餘用功、讀書、作文，就方便多了。要不，你學唱、我畫畫，或一個背詩，一個作文，未免扞格。從三月起，每人除供食宿，每月可領三石米工資。這個水平，和當時本市一般工人相比，算是很過得去了。

大家商定，農場週年紀念會，原在早春，卻推遲到「五、一」節舉行。首先，因爲這段時期，工作特別忙，分秒必爭，而印蒂他們堅持星日休息是神聖不可侵犯。其次，印蒂他們決定把農場全部移交給工人，雙方不免大有爭議，主要是，後者根本反對這樣做，前者卻堅持到底。前者要徹底說服後者，不免花費許多時間。其三，既決定移交，許多事務蝟集，有待清理。其四，「五、一」是勞動者的神聖日子，這一天開紀念會，更有深刻意義。會上，計劃舉辦移交儀式，再由印蒂總結過去一年多經驗，瞻望未來新的一年。次由瞿槐秋報告各種帳目，及業務概況。最後，吳璣代表工人講話。這些節目結束，中午進行聯歡聚餐。下午，打算開個業務會議，除改組農場機構外，所有到會者，還得談談個人感想。晚間，再一次聚餐。至於娛樂活動，決定下月挑個星期天，白天作一次「湖遊」，夜晚則「野營」。

「五、一」上午八點鐘，舉行移交儀式，不管工人們最後一次表示反對和謙讓，印蒂站在桌子旁邊，還是把桌上一本本帳簿、一些單據、銀行存摺，有關文件、證件、印鑑和保險櫃鑰匙等等，全部移交工人代表吳璣。儀式極簡單，印蒂只用幾分鐘就解決了。他說了下面幾十句話：

「朋友們，從今天起，地球農場完全屬於你們自己的了。儘管幾個月前，我已把農場產權所有證交給你們，由於許多業務待開展、處理，直到今天，我才把有關農場業務財務的一切，正式移交給你們。我們這樣做，是實踐去年招工簡章上的諾言，實現農場本來宗旨。當然，過去一年多，農場也是你們的，不過，還有我們這些非勞動者纏在裏面，而且，居負責地位。按農場宗旨，它應該完全屬於場內勞動者。我們這樣做，絕不是推卸責任，而是爲了更好的完成農場理想。將來，農場肯定要慢慢擴大，吸收新的成員，目前開始的新制度，將有利於農場的發展和擴大。此刻，我要聲明兩點。第一，今後，我和我的朋友們，仍然是你們的好朋友，我們將以朋友名義，設法爲你們繼續効勞。第二，將來，假如農場萬一發生任何巨大困難，我和我的朋友們，將竭全力協助你們解決。」

大家瘋狂鼓掌。

總結過去瞻望未來時，除肯定成績，指出缺點，對未來表示幾點希望外，印蒂談了如下的話：

「我覺得，我們大家——包括我個人——的共同缺點是，理想氣質太多，現實氣質太少，二者還不能取得眞正平衡。你們都知道，我一貫主張人生綜合的高度平衡性。老實說，這麼多人力，加上適當的財力、物力，辦這樣一個農場，能叫它生存下去，並不是太困難的事，但一天天發展、擴大，困難就會成正比。比如說，將來擴大到兩百人吧，那就麻煩多了；如果希望達到兩千人，那就得天翻地覆，來一次大革命。幾千年的人類歷史經驗告訴我們，任何理想，一到大規模發展，特別是，眞正大規模實現時，往往就是它壽終正寢時。那時候，爲了現實的勝利，將不擇任何手段，到頭來，理想與現實成爲兩橛，再不能保持起碼平衡，更不用說高度平衡。拿基督教說，過去講授世界文化史時，我已向你們談過，誰能想到，那些代表偉大神聖教義的中世紀教皇，生活竟那樣腐化？手段竟那樣殘忍？思想竟那樣陰險？他們身上，哪裏有半點人之子耶穌的氣味？代表上帝的他們，不但沒有半點神性，就連半點普通人性也沒有，簡直是充滿獸性。那樣一個作爲西方文明大廈巨柱之一的偉大基督教，竟會墮落到普遍出售赦罪符，逼使馬丁路德不得不挺身而出，領導進行一次宗教大革命。基督教如此，其他一些偉大理想，經過長久時間考驗，或多或少，也莫不這樣。當然，這些歷史教訓，距離我們的事業還十萬八千里。我們僅僅辦一個小小農場。不過，爲了追求信仰，我們仍應從中吸取教訓，那就是，重要的是精神信仰，不一定是絕對物質勝利。俗話說：『不成功，則成仁。』我們應該追求二者的平衡，逼不得已，成仁應重於成功。因爲，假如根本違背成仁，——信仰的原則，即使成功，也是失敗。這個地球上，發大財的百萬富翁多得很，發小財的商人也不少，做大官的很多，做小官的更多。你假如要追求現實物質成功，儘可以做商人、做政客，不需要辛辛苦苦辦我們這種農場，或創辦諸如此類的事業。那麼，究竟怎麼辦呢？我想，總的原則應該是，在不違背理想的原則下，可以爭取現實的勝利。在勝利時刻，集體也好，個人也好，絕不要忘記，社會上還有許多正在遭遇困難的受苦的人，多多少少，我們要向這些人伸出援助的手。損己利人，總是一件無可非議的事。我想，如果有一天，農場眞正發達了、繁榮了，應該吸收社會上眞正困難的青年人，用俗話說，就是：『雪中送炭』，不要招收那些家庭經濟本來還好的人。能做到這一點，農場重要宗旨之一，就算實踐了。……我個人的一些人生理想，平日和你們談過不少，可以讓你們參考。當然，要實現它們，那還是很遙遠的事，但有一片理想的火燄，照亮我們道路，燃燒我們生命的動力，總比沒有火燄好。這些，將來我們大家還有許多討論機會。

「你們大家早已知道：地球農場只是一種象徵、一個試驗。它既不是過去一些社會改革家所建立的『新村』，那些只是供少數幾個人或一群人安身立命，爲了逃避黑暗社會而創設的『隱士廬』，它們並不想進一步有所作爲。我們這個農場，也不想走聖西門、傅立葉和歐文道路。他們把希望建築在人類良心和道德上，他們企圖通過這種和平方式，能改革整個黑暗社會。我們一開始，就清楚意識到，單靠我們這種做法，根本談不上徹底改革社會。只有眞正掌握政權的人，他們才可以利用權力，實行和平政策，在野的無權者，如想迅速徹底改革社會，在某些國家，可能只有通過武力。（在另一些國家，不需要如此。）然而，我們並不贊成武力。以血洗血的辦法，人類已實行幾千年，今天已經達到要用核武器毀滅地球的地步，我們怎麼還能迷信武力呢！……我們試驗辦這個農場，是希望試驗實踐某些道德原則、智慧原則，和美學原則。首先，一個人除了自己，還要或多或少，眞正無私的爲別人做點事。此外，我們還要發展個人的智能，再則，我們也要適當的享受生活中詩意的、美的一面，以便達到善與眞和智慧的總平衡。我們不僅要工作，也要生活。在某種條件下，工作和生活全是一種享受，甚至損點自己、利點別人，也是一種享受。

「談到生活享受，就牽涉到農場美化問題。拿西方世界標準，這個農場只是個破垃圾堆，即使這些草舍，過兩年全改爲青磚實疊的磚木結構，和西方某些小農場相比，無論公的、私的，也還差十萬八千里。不過，基督教徒既然曾從乞丐式的襤褸衣衫中，發現耶穌的王者尊嚴，我們這個垃圾堆式的農場，也有它天使似地純潔的靈魂形相。這是就精神方面說的。以物質說，眞正美的享受，不一定全要憑仗高樓大廈，樸素農村也能表現樸素美。由於常常地震，一些日本人蓋了木頭房子，經他們一整理、裝飾，室內外，卻表現一種美麗情調。現在丹麥農村，也有不少草舍，那些大三角形的金黃色草屋，非常優美動人。凡爾賽王宮表現的是豪華美，丹麥草舍享受的是樸素美。只要我們大家具有高度藝術感，我們這座農場的一些草舍，也可設計出一種新的樸素美。更重要的是，必須具備美的心靈，否則，再華麗的宮殿，也是俗不可耐。我們不是清教徒，絕不看輕物質享受，但更重要的，是精神享受。就我個人說，坐在西湖邊，唸兩首優美的詩篇，所感受的快樂，可能高於我坐在清代故宮慈禧太后那隻金鸞寶座上，欣賞一隻宋朝汝窯磁器。……當然，這些是以後的事，離現在還有一大段時間，我不多說了。……我這個談話，眞是跑野馬，越說越遠了，暫時帶住吧！……」

他說完了，全體熱烈鼓掌。

吳璣代表工人們致詞時，這一次，他很緊張，連他平日說話時慣愛抓抓絡腮鬍子的手勢，也廢棄了。他一直熱情而沉著的說著。限於篇幅，我們只記錄他最後一段話。

「從名義上說，今後，地球農場屬於我們工人全體了，但實質上，農場是我們的，也是印老師和其他幾位老師的。我們的血肉和他們的早結在一起，哪怕有人舉起盤古氏開天闢地的那柄神斧，也把我們分不開。不過，此後，我們工人肩膀上的責任更重了。農場宗旨是我們的照路明燈，我們這個農場，無論是從集體的或個人的觀點說，都得既要設法解決現實問題，也要按照理想，爲社會、爲人類做點合乎倫理原則的有益的事情。正如印老師常常教導我們：這個世界，儘管發展了輝煌的高度文明文化，但也還有巨大的黑暗和陰影，我們不只要考慮個人利益，也要想到我們民族、國家，以至人類、世界。只有我們的精神視野廣濶了，我們的工作和生活，才不致陷入一條死胡同，相反的，它們將具有極度吸引人的深刻意義。

印老師說過：『儘管堅持理想是一件極痛苦極困難的事，但沒有人生理想，從長遠利益說，那將是一件更痛苦更困難的事。人與野獸不同，就在於人有靈性、有思想，而一切靈性與思想的最高結晶，就是一種純潔的理想，以及設法實現它的決心、勇氣，與毅力。』我們許多言語，可以說是『印蒂言語』，這位可敬的老師，（關於他高貴的品德，我不說，你們也明白。）教我們思想，也教我們施用生動的言語。因此，現在，我只能用他的話來結束我的話。最後，我代表全體工人表態：我們一定要用一種不同一般農場的風格、努力、辦法，來辦好這個農場，不僅是爲這個農場，爲我們自已，也爲我們以外的人群。」

他說完了，又是一片熱烈掌聲。

中午聚餐後，下午二時，開業務會議，先討論農場改組，終於一致同意，初步決定如下幾點：

一、原籌備委員會取消，改設管理委員會，二十個工人都是委員。原來是每月由各委員輪流任主席，現改爲每三月輪值一次。如將來農場發展、擴大、吸收新成員數目較多，如何再改組，以後重新議定。

二、原設副總務一人，由工人擔任，現在取消。因爲，今後印蒂不再兼任總務，遺缺由工人補充兼任，不設專職。

三、會計出納，過去不分工，今後分開，不設專職，由工人兼任，反正現在每個工人都懂簡易會計簿記了。

四、秘書一人，也不設專職，由工人兼任。

五、以上總務、會計、出納、秘書四職，除秘書由工人民主投票選定，任期一年，屆期再行選舉外，其他總務、會計、出納，全體工人每三月分別輪值一次。此四項工作，如何分配時間與本人原來工作不相牴觸，以後由工人自己商定。

六、過去負責對外事務的經理一人，由工人民主投票選定，任期一年，期滿再選舉，可以連任。今後經理可生產半日，除負責對外事務，尚須處理內部業務。

七、設教育委員會，聘請過去各老師爲委員，由印蒂任主席，負責工人教育。今後工人娛樂活動，也由該會作顧問式的設計。

八、聘請印蒂爲農場總顧問，藺素子等十餘人爲顧問。每日印照舊來場辦公半天，其他各人則照過去成例來場幫忙。

上項改組計劃，雖然大家商定，全體通過，但緊接著漫談各人感想時，許多年輕人（甚至包括吳璣、徐旭紅在內），情緒卻不大開朗，彷彿這一改組，農場名副其實屬於全體工人後，印蒂他們將不再像過去一樣，和他們血肉相連，甚至將漸漸疏遠，終於可能和農場不再發生關係了。他（她）們在漫談中，毫不隱瞞這種秘密的心情和思想，有幾個女工，說著說著，竟流下眼淚。

「我的朋友們！你們怎麼啦？今天是我們大喜日子，現在，你們怎麼有點像辦喪事似地？這可不行。」印蒂笑著說。「請你們看看我的臉，再看看這些畫家們的臉，這會像將來我們要離開你們麼？經過一年同甘共苦，我們相信你們，你們也相信我們。人與人的彼此信任是一片照徹一切的陽光，在光明中，不可能也不應該存在陰雲。好吧，爲了叫你們安心，我此刻再發表一個簡單聲明。」他沉吟片刻，莊嚴的道：「去年初春，我和我的朋友們第一次開會，籌備農場時，我當時曾向我的朋友們聲明，『地球農場開辦後，勝利屬於全體工人，失敗則屬於我個人，我個人願承擔一切最嚴厲的後果。』這幾句話，去年有效，現在仍有效。」他收斂了嚴肅態度，笑著道：「不過，我要解釋，這絕不是什麼個人英雄主義，我只是把過去對老朋友們說過的話，向你們這些新朋友再說一遍。過去，一切毫無頭緒，是成是敗，尙無一絲把握時，我能作這樣聲明，現在，農場前途已出現最初一線曙光，我更應該複說這個聲明。這是我貫徹個人的信心和人生信仰。我絕不想宣傳個人英雄主義。……朋友們，我這個聲明，你們滿意嗎？」

大家聽了，一致瘋狂鼓掌。有幾個人，手心全拍紅了。另外有些人，不禁流了淚。

直到此時止，大半天來忘記說話的吳璣，開始抓抓他的絡腮鬍子，笑著道：

「我們不管什麼改組不改組，反正你們永遠是我們的老師和導師。再就我個人說，不管農場將來怎樣，我永遠是你們的學生。」

「我也是。」徐旭紅說。

「我也是。」董琳說。

剎時間，其他十九個工人，紛紛都說「我也是」。說完了，又是瘋狂鼓掌。

會議結束，開始不記名投票選舉，選出管理委員會第一任主席徐旭紅，第一任經理吳璣，總務屠克儉，秘書穆珍珍，會計謝玳花，出納董琳。

選舉完畢，又捲起一場爭執的風暴。這一次，工人全體一定要實現大家同享受同等工資。這個決定，從去年十一月拖到今年初，又拖到現在。此刻，他們頑強的反對再拖下去。足足爭論一點多鐘，又是老畫家藺素子打圓場。他同意領工資，但和工人同等數目，未免太高，因爲，工人們是八小時工作，他們中即使是印蒂，也只來半天，絕不能少出力多得報酬。他建議領工資三分之一，即一石米一月，作爲車馬費。可是，他有一個附加條件，這筆錢，他們有絕對支配自由。今後，他們實踐這一條件時，希望工人們沒有非議。年輕人一時還弄不清楚附加條件眞實涵義，全認爲這是理所當然。他們很明白，如固執原議，印蒂他們絕對不會接受，這個會即使到明朝天亮，也不可能結束。經吳璣、徐旭紅一一說服，全體年輕人便一致同意老畫家的折衷辦法。

一個月後，年輕人才恍然大悟，所謂「附加條件」的眞正涵義。原來印蒂他們領到車馬費後，全一一轉贈給最清寒的工人家庭。此後，每月如此。有時，則用這筆錢購買圖書或唱片，送給農場圖書室。但工人們早答應過，不表「非議」，因此，開口不得。吳璣笑著對徐旭紅道：

「想不到藺老先生竟精通外交條款，眞是一個偉大的畫家。」

不過，這是後話，現在且說當時爭論結束時，印蒂極感動的說了下面的話：

「親愛的朋友們！你們現在的聲音，一字一句都透入我心靈最深處。我從沒有像今天這樣感動過。因爲，你們給予我和我的朋友們以極崇高的友誼。可是，一個更強烈的聲音也響在我心底。它告訴我，生命中最可貴的，不全是物質的獲得，更重要的，是靈魂的寧靜。我的妻子和我的朋友們的想法，大體也和我一樣。如果我們妄取了我們不應取的，或非分取的，我們的靈魂將永遠不會寧靜。假如你們眞正熱愛我們之間的友誼——這種友誼，一年多來已經過無數考驗，那麼，請你們今後不要再在物質利益上過分考慮我和我的朋友們的一份。如果你們能這樣做，我和我的朋友們將永遠感激你們。」說到這裏，他望望瞿縈的激動臉孔。「我可以說，除了我和我的妻子、孩子與家屬或和我的朋友們在一起的時刻，我從沒有比此刻更感到幸福過。」說完了，他的眼睛濕了。瞿縈的眸子也濕了，在場其他所有人的雙眼也濕了。

突然，他拭拭潮濕的雙眸，站起來，有點像演戲似地大聲道：

「天知道，我是在說什麼呀！這樣幸福的日子，我們竟——」

他走到留聲機旁邊，把修曼的「狂歡節」放上去。狂烈的音樂響起來。「好了！讓我們大家狂歡吧！今天是地球農場應該盡情狂歡的一日。」接著，他補了兩句：「下個月，我們來一次『湖遊』和『野營』，再眞正狂歡一次。」

他才說完，大家唱的唱，跳的跳，喊的喊，眞正是一片狂歡。這片暴風雨的熱情，到晚間聚餐時，更達到最高潮。

這眞正是生命應該狂歡的時刻。

十一

在個體精神過程中，一種類似山岳式的巨大努力，暫告一段落。

雖然就人類精神地殼運動說，歷史上從沒有眞正停止過。但就個人生命江河說，一當它流入大海，就算暫結束個體活動。一條蠶只能結一個春天的絲。一棵天然玫瑰，只能開今年春季的花。一個人一生中，有時只有一個最高的高峰。這以後，必須等待另一段流水，另一次春天，另一個生命。這是歷史的限制，更是現實環境的限制。

這是一個夏夜，印蒂與瞿縈並坐在紫室窗台上，他們旁邊的搖車內，小海弟正甜蜜的睡著，小小鼻翼翕動著均勻的呼吸。半小時前，印蒂正寫完那本大書的最後一行，她也剛剛看完它的最後一句。今晚寫最後一頁時，她一直凝坐他身畔，緊張的看他像春蠶吐絲一樣，吐出自己最後的靈魂絲縷。她知道，在他一生中，這是一個探索者攀登人生眞理峰巒時的最後五分鐘，也是他極幸福的時辰。

在這本書最後一節，他初步試驗描畫未來地球的美麗圖畫、明日的人與人的關係，以及一個可能比較嶄新的生命觀念、宇宙幻覺。

「我完全明白，爲了嘗試探尋人類靈魂太陽光譜中的未知譜線，和尙未出現的譜線，你是怎樣耗盡你的一生。不僅你曾犧牲過自己的一些幸福，而且也曾犧牲過別人的一些幸福，和我的十四年幸福。我完全了解你的理想，你對這個星球的期待。今夜，我親愛的丈夫，讓我祝賀你畢生觀念結晶品的初步完成吧！」

她斟滿兩大杯葡萄酒，奉給他一杯。他們碰碰杯，一飲而盡。他們吃著身邊茶几上陳列的一大盆什錦冷食，這是她爲他準備的。

「思想也是一種類似宇宙萬有引力的引力，你感到它、了悟它，但要像畫家一樣明白畫出來，音樂家一樣淸晰的寫成樂譜，總有相當大的困難。雖然我已鑿穿自己最後一層靈魂壁，還是不能把我最後的觀念說淸楚。不過，目前，也只能如此了。至少，我總算做了個莽的媒婆，暫時把最神秘的東方新娘和最摩登的西方新郎結合在一起了。這一結合，究竟能維持多久，那要看時間考驗了。一般說來，某種新觀念，能維持二、三十年靑春，就算不錯了。現代科學是偉大的彌賽亞，也是殘酷的劊子手，在它無情巨斧下，人文科學內，不知道落下了多少聰敏的人頭。」停了停，望著她。「你剛才那個說法是對的，可也不全對。我眞正畢生觀念的結晶品，其實並不全在這本大書上，一部分或許也在我這三十年整個生活過程和精神歷程上，這本書只是這一歷程的一個暫時終點、一種標誌。傳統的人生哲學，大多只表現一種固定的觀念、信仰，或理想，或對人生的精細分析與解釋。但眞正的現代人生哲學，或許還不只這些，它還應該是人類中某一個或某一些靈魂的複雜而廣泛的史詩，敘述現實人生與個人精神波浪相交錯、相矛盾的全部變化過程。這樣，單是哲學理論，就不夠了，還要加上文學與歷史。」他轉頭睇望窗外，沉思起來，終於，慢慢嘆息道：「眞奇怪，從前我總以爲，當我結束一個巨大工程時，我會無比沉醉、喜悅、輕鬆，可是，今夜，我的感覺，寧是沉重的。我雖然試著初步畫出壯麗的明天畫幅，但這幾十年的生命浮沉，卻有點叫我感到疲倦。特別是，目前的世界是這樣混沌，充滿各式各樣的變數，甚至涵蓋顛覆我所有夢想的變數。我這些夢一樣的畫幅，五百年後最初的地球風景，似乎和現實太不調和了。」

「我親愛的，這兩年多來，你太累了，現在你可能有點疲倦了。你應該休息一下。下個月，我們到夢橄山住幾天，去消夏，也算慶祝你這本大書的完成，好麼？」她溫柔的撫摸他的肩膀。

「好的。未去夢橄山以前，本月底，我準備爲我們的農場朋友們來一次『湖遊』和『野營』。對我個人說，是秘密紀念我做完一生中一件重要工作，對他們來說，是彌補『五、一』

節時的娛樂節目，爲了慶祝農場小小勝利。——我們現在一切還算順利。」

接著，他們的話題，又回到這本書上。

「親愛的，你的思想，我是百分之百接受的。親愛的，我永遠和你站在一起。不過——」她微笑著撫摸他的頭髮，極溫柔的道：「對一般人說來，你的思想是不是嫌神秘點、玄奧點，不夠通俗化？」

「幾乎每一種比較新的思想，都有這種情形。即使像基督教那樣簡單的思想，對於不信教的人，仍是一種神秘，不要說我這一比較綜合、比較形而上的體系了。不過，反過來說，不管那一種宗教或思想，對於信仰者或虔誠探索者，都是明白如紙。雖然我的思想——嚴格說來，只能說是思想初步試驗，並不是企圖建立一種宗教或特殊信仰，或奇異學派，它寧是嘗試開展一種類似智慧的啓示。」

「我知道，你是化盡一切力量，想使人類的生命觀念更透明、更空靈、更幸福、更歡樂。」

「至少，我希望我們的人生觀念更人性點、更健康點、更光明點、更高瞻遠矚點。除了一般現實問題外，（那可以用現實方法解決。）人生中最大的黑暗之一，就是死，假如我們能眞眞實實從死解脫，就幾乎從一切解脫了。」

「你是不是覺得，在你的思想裏，東方味很重？」

「我是東方人。東方能對西方或世界的最大貢獻，就是那種透明的生命觀照，與它的自然主義或自然哲學。不過，我僅僅借用幾個古典東方字眼，和一小部分形式，它的主要形式和內容，卻是溶化了東方精神以後的西方質素，並且是現代化的。特別是，它摒除一切古典東方性靈中不合理的成分，盡可能吸取現代科學精神。」

「那麼，你的未來思想的一部分，也可以說，最高級的一部分，是希望將來的世界，是一個充滿悟道者的地球？——當然，這是指你的獨特悟道方式，不純是舊的古典東方的悟道方式。」

他嚴肅的道：「大體是這樣。擺在未來人類面前，主要是三件大事。一件是飛到別的星球上，嘗試征服那無窮無盡的空間。一件是解決我們這個星球上的現實問題，即政治、經濟、社會等等問題。一件是獲得生命的幸福，這之中，重要的一個項目，就是從那永恆死亡的解脫，——包括那不斷襲擊的死的煩惱，以及一切因瑣碎現實而起的生的痛苦。假如我們不能從死亡眞正解脫，生命的幸福永遠不會完整。這三件大事，無論哪一件，我的星球哲學都嘗試提供一些哲學的準備，以及有關它們的智慧觀念的基礎。」他沉思一會，臉上充滿笑容。「在我看來，由於科學的空前進展，未來人類的物質生活，肯定是幸福的、富裕的。但眞正的幸福不完全是財富，而在精神的一面。同時，在四十年或五十年內，我們還可能飛到火星上去。至於月球，它的一部分秘密，我們已經知道，除了能滿足我們的好奇和科學研究，它好像並不會比地球更能給我們幸福。（當然，因登陸月球而獲得新科學發現是另一回事。）未來人類的剩餘精力，有一部分就無法解決。（用在火星探索上只是一部分精力。）這一部分，假如不用來互相殺戮和淫樂，剩下來的，就是智慧與美的追求，以及死的解脫。達到這些目的，就接近眞正的生命永恆。悟道正好在絕大程度上滿足這種需要。它可以平息、消耗、並昇華那些無可平息的巨大的生命火焰。」

她聽了，笑著道：「那麼，從明天起，讓我先開始學習『印蒂式的悟道』，好不好？」

「好的，」他也笑起來。「可是，你首先得學習靜坐，試做女尼。」他笑了一會，慢慢收斂笑容，有點嚴肅的沉吟道：「不錯，在你身上，並不缺少那種永恆的綜合的透明的成分，而你的形體、你的聲音，特別是，你整個存在的象徵性，曾成爲我生命旅程的終點。我在你生命裏，獲得最高的圓全、最後的和諧。不過，假如追逐人生眞理是一場大戰爭，你這一切，主要是戰術方面，雖然其中也綜合了一些戰略。你的生命表現，幾乎是一種象徵，而我的一切，卻是一種存在的現實。此外，在人生歸宿與星球歸宿之間，雖有共通處，也有出入處。對我們的個體說，你給了我一整個森林空間，我給了你所有樹木，我們是相互補充的。對我們作爲全體說，東方走內線的悟道傳統，以及其他一些智慧傳統，與西方走外線的文化相結合，可以爲未來人類新文化、新精神鋪平道路。而且，這種明智的新精神、新哲學，可能把人類從一場新的本能洪水泛濫中拯救出來。……目前，我已發現西方世界正開始泛濫一場洪水。我預感，他們那條古老的諾亞方舟——基督教，不一定有極大可能把他們中的一些人拯救出來。他們中間的優秀者，可能遲早要乞靈於我們的古典東方傳統的。」

她聽了，不禁沉思起來，接著，輕輕道：「眞奇怪，過去我在歐洲住了那些年，彷彿多少也有你這種感覺，在他們精神生活裏，總有什麼不對頭。而他們的精神中心——基督教堂，似乎多少也與宇宙大自然有什麼不調協處，好像存在著一點不諧和音響。」

「在我看來，一個追求東方悟道者，或一個已經悟道者的生活，當然比一個神父或牧師、或一個基督徒的生活，要自然多了，也合理合情多了。不過，瀰漫在基督教裏的偉大人類愛，卻可以彌補東方悟道者的孤獨風格的弱點與蒼白色彩。這二者，完全可以溶合爲一。至於神的問題，早在五、六年前，我已有過初步小小結論了。」

她笑道。「那麼，你再通俗而簡單的談談你的星球哲學吧。儘管我已充分明白你這本大書的主要思想，但我仍願聽你再扼要而簡略的談一次。」

十二

星球哲學的重心，不像一般哲學，它不只是一串概念、思想，而是絕頂思想與巔峰感覺狂烈擁抱後的結晶，除了這二者，它還加上最決斷性的意志的焊接力。這不僅是一套理論，它是綜合人性的靈魂產物。從它的雲際，將昇華一種深刻的個性，但這又不單是個體的，它也能成爲普遍人性的共性——共同色素，感覺，海綿樣吸收一切波浪、水花、光色、音節、天空的投影、沙灘的聲音，以及大海以外的宇宙萬象，再以這爲色彩，用思維的畫筆來勾描線條，這就完成一幅浸透詩味、哲學味，和動作味的永恆畫幅。我們的肉體，太黏結於大地了，我們的靈魂，又只能根據肉體在大地上的投影發出迴聲。不管性靈的長脚多長，比蜘蛛還長（或比河馬脚還長），但它只能沿著一圈灰色蛛網或一根根蛛絲走，很少人意識到地球這片蛛網的黏結性，更少人想跳出這個蛛網。我們的脚，即使比喜馬拉雅山還長，當然也跳不出那裝載我們的肉體，能跳越的只有感覺與思想。對一般人，這種超越，哪怕是純感覺的，也無從想像，總有那許多致命因素拖住肉體。所謂超越，不是指肉體完全滅絕它在地球上的一切本能、慾望，更不是整個與這個星球斷絕聯繫，它是指一種精神畫幅的背景，後者從一片手可捫觸的現實黏土轉化爲較遠較廣大的空間。這個空間，我們可憑天文望遠鏡接觸，卻不能用我們的手去捫觸，那以一秒鐘一千里以上速度在逃走的大群星雲。在概念上，把自己昇華於偉大星際，是一件易事，但感覺上極眞實的自覺是一個星座境界，與銀河系群星座共存，因而產生一種超越的觀念——感覺極度昇華後所形成的觀念結晶，那是多年後的苦功。

幾千年來，我們只知道我們是某一鄉、某一縣、某一城，最多是某一國人，或某一民族的個體；現代人進步些，有了世界感覺。這還不夠，我們必須自覺自己是地球人，把另外一些星球當做其他國家、民族，而太陽系只不過是一個小洲，另外還有許多其他星系，其他許多洲，這個星際，才是今天我們所謂「世界」。實際上，我們也應以整個宇宙爲我們行動的世界。「地球人」這個字，過去幾乎沒有人著重提出過，我現在把它提出來。這一提並不難，但要眞正自覺是地球人或「星球人」，那不是易事。你得有一整個地球在你血液裏旋轉，有關這旋轉的所有變化、命運、波蕩，你全得把它看成是你自己的未來，說：「我們故鄉是地球」，正像此刻說：「我們故鄉是北京」一樣自然。

要完成這種星際哲學背景和它的觀念，不是易事。我們還需要走許多路。首先，得使我們的感覺更精緻、更細密、更透明。不長期訓練那種粗糙的本能，把它轉化爲透明的智慧直覺，我們就不太容易超越這個笨重的地球。

我們視覺的水晶體是一個可以改變凸度的透明纖維體，經過它的折射，外物傳到晶體表面形成的焦點，必須恰好落在視網上面，我們才能看清物像。智慧的直覺也像是這樣一種透明纖維體，爲了深徹透視萬象，它具有敏銳的改變事物的能力，極巧妙的折射著，使現象形成焦點，又使後者準確的落在靈魂視網上，如蜘蛛網不放過每一隻蒼繩、每一個昆蟲、每粒沙子。最瀅澈的解脫與「悟」，能增加智慧水晶體的透明度，它的彈性，那種幽秘的折射力，和調節作用。人類思維經常反映視覺，後者所形成的方，也就是前者所形成的方。當畫家因視點不同，用多種不同的形狀表現方時，哲學家的觀念裏，也就有可能用不同形狀來構成方形。在大腦皮層視覺區，視放射纖維和視交叉離大腦中樞是那麼近，視交叉似乎很容易變成觀念交叉,「視放射」也容易轉化為「思想放射」。視覺解語區就說明這兩種不同放射的聯繫。生命中,我們的視覺,常常轉化為思維,視網所投映的物象,也就是思想網上的萬象形貌。先是一看即知,後是一知即看。

有以水晶體為中心的本能視覺,也有以智慧水晶體為核心的靈魂視覺。大畫家視覺是超常人的,他能迅速看見物體的具體色彩,那些微妙的明暗、環境色變、對比作用,和固有色的相互影響,這是視覺與色感長久磨練的結晶。大悟者的靈魂視覺的魔力,也是長期鍛鍊的結果;智慧水晶體具有異常煊赫的亮度,使萬象絲毫不漏,如花投映於鏡。可能,過度智慧是一種病態,正如偉大也是一種病態,形成一種「巨人病」!但它本身跡近奇蹟式的犀利,仍無可非議。作夢時,幾乎在十幾秒鐘內,能夢見現實生活裏要演一個鐘頭的戲,那種閃電式的光華把一小時縮成十幾秒鐘的「快速思維」。醒覺時,假如我們也能具有這種思維能力,那麼,大腦皮層中樞神經纖維的那一閃,無數個細胞將如複雜樂隊,同時合奏一支巨大交響曲,如在平日出現交響合奏。所以如此,可能由於那些細胞發出超乎尋常幾倍的功能;或者,本有一部分細胞平日處於遲鈍狀態,現在也閃電式的射出亮光;或者,最穩健的說法,智慧的水晶體的透明度大大增加了。當然,這種「快速思維」的精確性,尚有待進一步試驗與證實,但人在夢中具有這種能力,科學紀錄上早有例子了。有時是一樣一樣樂器先後獨奏,需要稍長一點的時間。

正像視覺解語區原是感覺與思維的綜合，「大悟」是這種綜合的高級化，它不是那種類似本能的原始直覺，是感覺與思維的複合體，或者，一種極高級的新鮮直覺；又感又思，既非純感，也非純思，是透明的，又有情又無情的、亦動亦靜的新鮮體，或精神水晶體。而且，這種純感純思，還得加上純力——一種焊結一切可能分裂支離的純粹力量。常常的，總有一種奇異力量，從我們心底升上來，滲透血液，它不滿足於自我四肢，以及那固定的胴體，它要衝出肌肉以外，直入天穹。不，衝向宇宙空間深處，好讓它變成偉大的宇宙射線，具有一種無比偉大的魔力。但空間深處，哪怕眞是假定的宇宙的球形邊緣盡頭，也還有宇宙壁、空間外沿，它所要達到的卻是那絕對的無邊的深遠處。這就不是空間，而是空間以外。空間外有外空間，外空間也還有外外空間，這個盡頭正如十除三，永遠除不完了，在理論上有「3」，在實際可能性上無「3」。就是這種力量，要生命擺脫一切空間時間。假如說，南非洲的地獅——或避役，二十四小時內，能表現六、七種顏色，那麼，這種力量就渴望我們思想在二十四小時內有兩百四十種顏色。避役在白晝常是灰綠色，帶許多黑點，和一些淡褐色塊，激動時，顯栗色塊和金黃點子，大怒時，黃點子就變成黑綠。夜裏，它常是乳黃色，夾黃色大斑。生命底層的那種神奇力量，色彩庫比這個爬蟲豐富得多。一秒鐘內，大畫家就幻覺到十幾種顏色的綜合效果和形相，很快能用畫筆，捕捉下來。在鋼琴聖手下，一秒鐘能彈完琴上全部音階——幾十種聲音，智慧水晶體的彈性，發揮到最高度，一秒鐘內也能把極複雜的顏色、聲音、氣味、觸感，綜合成一種奇妙效果，造出空前的形相。智慧通過科學實驗，既能測知仙女座大星雲的光，要旅行九十萬年才能到達人類視網裏，它也就有魔力把自己化粧，（這裏只借用「化粧」兩字，實際上，這不是喬裝，而是眞實的精神演變。）變成仙女座大星雲一片純粹的光明。（不是量，是質。）肉體必須化爲一片光明，靈魂必須變成晶澈的光輝。通過佛家第八識觀照的擴大，使自己模擬一片偉大的超越空間，如星座旋轉於純粹空間，那將使人類精神狀態獲得一種巨大變革。

生命觀照和境界的形成，不僅是純粹觀念的空白大理石，它必須有眞實風景，花枝招展的投映於它、描畫於它、嵌鑲於它。最深湛的靈魂深度，和它的風姿，除了那極度透明的智慧水晶體外，還有現實形相的模仿。我們投身於山水間，一種超脫感覺的產生，是觀念和肉體的模仿，以山爲我們肢體，以水爲我們思想。以南冕或北冕座星雲爲我們靈魂風景，這是一種最高級的模仿，好像我們一舉一動，日日夜夜，都放射光輝，那個狹隘的自我，變成一片巨大的旋轉，終於又化爲一片心靈靜境，一片透明。單只巨大想像和模仿還不夠，必須經歷長久的思想變形、靈魂變形，使每一條光、每一片星彩、每一種運動，都溶化爲一片哲學的汁液、氣體、最高的靜謐，以及一種又流動又靜穆的微妙境界。

在純粹形式上，死僅是一種簡單現象。一片落葉墜地，一朵燈光熄滅，一粒石子投入湖中，這一切本極平凡。但經過靈魂湖水的泛濫，地面上的旋轉，特別是那熄滅後的黑暗，死的圖畫的內容就複雜了。水外無水，地外無地，黑暗外無黑暗，星球哲學正是戳穿這泛濫、旋轉，和黑暗的虛偽，讓心靈穿過巨大黑境，重新回到光明中，讓死仍還原到最原始、最自然的單純形式。這樣，對人類精神的最大威脅之一，不僅可被解除，而且，經過黑暗的岩壁，還可創造一片嶄新的光明靜境，詩味和哲學味的化境。在我們的哲學空間，死是一種無比美麗光明的風景。

未來的人類，應該有怎樣一種偉大的、高級的生命境界？怎樣形成對人的極智慧的大肯定？(不僅是那純粹的力的表演。)如何放射靈魂的光明？如何對生命萬象作透明觀照？如何面對死亡？在這裏，星球哲學可能有初步答覆。這是唯一不倚賴宗教和任何暴力的答覆。它消化了科學的一些菓子，卻又不只是科學的單純模仿。由於地球整體觀念，人類可以跳出狹隘的民族或國家的小圈子。由於那種偉大的超脫與透明，生命也可從一切現實瑣碎中解脫。在未來的未來，每一個人都是詩人、哲人、傳道者，和科學家，一片空前的詩情和哲學的寧靜，將美麗的籠罩於這一星球。同時，人類也將從那可能有的純粹官能的洪水中得救，從肉體的泛濫中昇華。由於人類各種官覺的極度發展，它幾乎將和科學儀器一樣靈敏而複雜，這就使生命本身萬能化。(必要時，人類可以隨身攜帶各種微型儀器，有助於眼耳口鼻，更深入的隨時視聽嗅嚐四周物象。)

千言萬語一句話，我完全相信人類未來的奇異的幸福和光明。

最後，我要聲明，人類的「星球哲學」，這只是一個小小試驗、小小開始，一個簡單起點。我是一個平凡人，我只能提供這個微小起點。將來，許多智者和哲學家將從這個起點，正式踏上人生思想旅程，他們將會開展一片眞正美麗而深刻的遠景，集體爲我們這個星球共創一個億萬人眞正心折的共同星球觀念、信仰和理想，以保證我們以後億萬代的「地球人」的永恆幸福與光明。

【附註】

❶據云釋迦離王宮時，曾見室内一片火光。
❷指古代民謠：「日出而作，日入而息，鑿井而飲，耕田而食，帝力於我何有哉！」
❸新型火山指當代的一些政治運動。
❹此結論指羅馬時代的基督教。
❺此指伊斯蘭教征服印度一部分。
❻此指柏拉圖的「理念」、康德的「純粹理性批示」、黑格爾的「絕對理念」。
❼指尼羅皇帝縱火燒羅馬。
❽指希特勒的興起與覆沒。
❾指希特勒自殺。

第九章

一

他們是誰？鐳錠樣新鮮，從山上走下來——不，閃下來，閃在湖邊、堤上、樹叢間，整個宇宙似充滿他們的顏色、他們的火焰，像螢光屏盈溢X光的活色？

他們是誰？視覺如此仙麗，鸚鵡魚樣游泳於湖水裏，專門追逐華艷的色素、粒子、閃光？正像這種魚最愛吃珊瑚，它們也愛以最純粹的花樹蟲爲糧食？

他們是誰？官能是這樣發達、膨脹？一串串官能的泡沫不斷泛起，遠遠漫開，滲透每一片葉子的黃色素，每一簇花蕊的粉質，每一粼水色的濃度與淡度，每一種物體的固有色和對比色，彷彿要透入生命最底層的組織、最後的神秘結構？

他們是誰？是這樣的靜體，又是這樣的動體？他們靜時如古代東方磁瓶，動時卻像海內飛魚。現在，他們全部生命都表現於動作中。從大腦到延髓、脊髓，又到肌肉的運動，迅速從他們肉體上反射著，反射於天空下、大地上。在地面，他們是麋鹿。在水上，他們是游魚。

在山頂，他們是飛鳥。他們的動作線條，帶閃電味的畫著、掠著，從天空到天空，從樹到樹，從水到水。他們把全部生命的壯麗，呈獻給這個宇宙、這顆地球。當整個世界可能將沉沒時，他們卻不斷上昇得高高的、活潑潑的。

他們大聲歌唱，讓一支支歌聲如一朵朵牡丹花飄浮著。他們跳舞，舞得如一座座噴泉，到處四濺柔麗的雄俊的線條、水紋。跳舞突然停止，他們站住了，大笑著，一個個的，彷彿是一片片黎明的化身。每天早上六點，黎明總由太陽光裏站起來，婷立得那麼嫺雅、飄逸，不像是一種靜止的立，而是運動的立著。生命從他們細胞內強烈放光，他們是一排排「黎明」的駢集，展開如一排排無盡屏風。那些笑聲如此純粹、嘹亮，人只在「黎明」第一扇窗口聽見、感到。笑，一直沒有停，在山間、水濱、堤上。笑，裝飾他們的肉體，如透明亮光裝飾玻璃。笑，是宇宙間第一扇窗子，第一線皎輝，通過它，他們觸摸那神秘的空間肉體。所有空間也和窗子一樣，此刻全亮了。

太陽是一座月季展覽會，這個午後，是它的展覽高潮。湖上一盆盆空間，是一盆盆月季，熠熠著它的印度紅、西洋紅、芙蓉紅、蓓蒂紅、金背大紅、東洋大紅，以及它的月黃與珊瑚黃。從天穹，幾萬萬年的藍色，都由碧霄後壁流滴下來，藍雨樣落在水面、堤上、山間、樹梢。從湖底，幾十年的藍色升湧起來，一滴一波，都藍釉似地放亮。湖的藍色鏡子四周，成百成千的綠色彩傘——楊柳，飄浮日光下，又輕盈的撐開來，黑夜，它們將悄悄閉合、消失。

這是一個芳香的時辰，空中彷彿瀰溢月桂與香蕉的氣味，使人感到深度沉醉。

他們泛舟。三、四十個人，分乘五條船。船上裝著各種各樣的時間，以及電鐘一樣圓圓的生命。所有時間的聲音和笑，都激盪同一的旋律：那種極致的歡樂。船是棕色大蚌殼，飄流淺藍色水波間，從水到水，由一個涵洞到另一涵洞，自一條堤到另一條堤，從一片岸到另一片岸。褐色木槳拍打湖水，閃爍一串串白色璣珠，每一粒水珠都爍煠他們的幻念。這幻念是一株株薰衣草，顯示海面浮沉的綠色，和迷人的香氣。他們不是以水爲水，是以無窮空間爲水，讓幻念作無限游泳。

在並不太遙遠的遠方，海正蕩漾。海的肉體，遍體似血，海似在流血。但海流血時仍有一種明亮，彷彿那是一片發光的古巴夜明海。附近群山腳下，則流動嫵媚的富春江，它的三角洲如彩色板，那是一片靈幻的江灣。他們這群人，像海一樣，在遍世界幾乎流血中捕捉一種明亮；在最曲折的灣折處，找尋一種彩色板。他們的感覺，是一些製造海島的珊瑚蟲，企圖創造一灣灣幻想的海島，讓它映顯於「未來」海水上。

夢，從未停止過。當地球以一團火的形態從太陽裏飛出後，夢就存在了。整個宇宙銀河系本是一個巨夢，太陽是夢中夢，地球又是夢中夢中的夢。就我們這個星球說，夢是海水，一秒鐘也沒有停止奔流過。它從太平洋流到印度流，流過阿拉伯海、紅海、地中海，流到大西洋，又從波羅的海流往北極。它有紅海的紅、地中海的藍、赤道的熱，和北極的冷。只要海水不死，夢也不會死。理想的生命，早習慣以夢為畫布，畫那幅永遠畫不完的畫了。

他們正想扮演畫這種畫的畫家。有些人，一年多來，從沒有停過畫筆。另外一些人，已畫了幾十年。無論是泛舟、品茗、觀魚、賞花、看草、散步、談笑、遊戲，都是另一種畫畫，用視覺畫，藉聽覺畫，憑味覺畫，以腳步畫，仗聲音畫。

夢像一隻蜻蜓，悄悄飛在他們髮上、肩上、襟上、手臂上。

他們旁邊的湖水，也正抖動淺藍色波浪，走著藍色的夢的腳步。

遠遠的，由綠色葉子編織的綠色長堤，從一些綠色的開始，展入另一些綠色的終點。那些綠色終點，又變成別的綠色起點。堤上的柳梢頭，高高圓圓的浮顯於陽光中，熠熖著一瓣瓣叫做「天娥黃」的月季花的顏色。這些綠色、黃色，也是一種夢的色彩，用來裝飾這個地球的。

但他們的眼睛，卻不時往北面山嶺望去。那些山體上，有一片片赭色岩石砌成的長方形單扇牆，像古代城堡，這是一些未完成的建築地基。今夜，他們將在這片著名的山嶺上野營，歡度一個美麗月夜，慶祝他們過去一年來的夢之畫的極小的一部分成就。

二

營火。

火，煜煠，焜熠，兜過來，掠過去，披著金色頭髮，紅色鬈髮，艷展於月光中。每一朵火，像發自地腹深處，充滿沉思，和無窮的時間的符號，把一些宇宙氣味的光彩投射在人們臉上、身上。它一直沒有停過，總是那麼搖晃、款擺，顫動著紅紅嘴唇，露出紅紅舌頭，吐放紅紅的錦葵、水蓮、曼陀羅，與美人蕉。一些紅色鸚鵡從火光中飛翔，一串串紅瑪瑙在火燄裏灼爍，一片片紅珊瑚自火朵內放光。生命中無量數的歡樂，也隨著火花燃燒、發亮，彷彿歡樂的顏色永遠是金紅的、蕩漾的。

這是一個火光與月光之夜。

人們圍聚火光四周，像古代披爾德唐人和羅臺西亞人。一塊塊麻栗柴與松柴不時投下去。一些樹脂發散異樣香味。

他們正預備一頓晚餐。

附近，四頂雪白色帳篷在月光下閃射白色晶光。

這是一頓豐富的晚餐。有蜂蜜(自己農場的)、龍井茶、荷葉餅、糖醋魚、油烤筍、生拌萵苣、油炸鮮蠶豆、五香茶葉蛋。另外是油爆蝦、白切肉、金銀肝、火腿片、白斬全雞，和整隻鹽水鴨，除了自己新釀的米酒，還備啤酒、花雕，和葡萄酒。最後，是餐後咖啡、甜點心、巧克力與水果。

這一場滿意的野餐，每一滴酒、每一匙咖啡、每一杯茶，都混合著月光與火光，使每一個人心靈底的美麗，瀑布樣湧射著。

餐前，餐時，餐後，大家說了許多笑話，沒有一個不笑出眼淚。一闋莫札特的鋼琴輪轉曲，才平靜了他們。於是，他們披著月光，跑到初陽臺上跳舞，伴著輕快的舞樂：爵士、華爾滋與四步舞。此後，一支又一支獨唱，一片又一片合唱，歡樂的震徹綠色山嶺。一些人說了幾個故事，——描畫人類博愛和智慧的寓言。幾個年紀大些的，朗誦李白與陸游、拜倫及雪萊、韓波和白朗寧。工人們也暢念自己的詩作。十點鐘左右，他們捉迷藏，又是一陣陣笑聲，海浪樣流瀉於山巒間。午夜十一點，又一次綠茶與咖啡、甜點心和糖果，他們又一次圍著火光，開始輕快的瑣談，大多是抒情的、美麗的，也間雜一些莊重的、沉思的聲音。

「啊，今夜，我心裏充滿對人類的愛，它像鈾，能放射一百年。」美麗的柳蒨溫柔的說。

「今夜，當天上星光流遍我的身體時，我希望我肉體上滿溢對這個地球的愛。」徐旭紅熱情的說。

「我們應該好好愛這個地球，因爲它經歷了那樣艱辛的幾十萬萬年的旋轉。」喬君野說。

「我們的幸福，完全倚賴它的均衡的旋轉。假如有一次，它不均衡了，世界將變成另一個樣子。」馬爾提說。

「我們——人，既是生命幾百萬年鬥爭後的結晶，爲什麼我們彼此不相愛呢？」謝玳花睁著那雙大大的黑眼睛，看月光在湖水面閃爍。

「在未來的未來，五十年或一百年後，我希望這個地球上不再流一滴無辜的血。」傅永春文謅謅的道。

「我希望，在未來世界上，任何武器再不存在。」董琳的高大影子，在月光中幌動著。

「今夜的月光，將在整個東半球的窗子上閃亮著，爲什麼我們不像窗子愛月光一樣，彼此相愛呢？」吳璣感動的道。

「瞧，綠色在愛柳葉子，紅色愛薔薇花，我們爲什麼不像綠色、紅色、柳葉，和薔薇一樣呢？」駱香香望著蘇堤和白堤。

「讓我數天上星星吧！天上有多少星星，地上就應該有多少聖潔的愛。」清癯的鍾星星笑著說。

「星星，照你這樣算法，地球上能夠獲得純潔愛情的人，只有六千個人了。」瞿縈笑著道。

「爲什麼？」聞鶯笑著問。

「因爲，從希臘時代起，到現代止，人類肉眼所能見的，最多只有六千顆星星左右。」她笑著道。

「那也行。我們這裡一共不過四十人左右，反正總能包括在鍾星星那六千人裏面了。」調皮的華峰笑著說。

「鬼！鬼！我說的是對人類聖潔的愛。」星星笑罵著。

「哦！朋友們！說到這裏，我倒有一句話，眞想和你們談談。」印蒂沉思的道。

大家都望著他。他們所熟悉的那張棕色臉孔，在月光中，燃燒著一種火光樣的阿拉伯人的熱情。

「朋友們，我請求你們答應我一件事。」

「什麼事？」大家問。

「答應我，假如將來有一天，你們眞正遭遇到愛情，你們一定要像天上星星和湖上月光一樣，閃耀出一種最神聖、最純潔的光輝，不要有一纖一毫褻瀆它，好嗎？」

有些年輕人點點頭，有的臉孔紅起來。不約而同，他們抬起頭，凝望天上星星，另一些人，則俯瞰湖面月光。

月光，現在是一群群白鴿子，不斷飛到湖面、樹梢、山間、堤上，一飛到，所有銀色翅膀，就靜化了，化成一片片白色的雲。

「啊，朋友們！今夜，我眞是說不出幸福，比月光更幸福，比火光更幸福。這樣幸福的夜，我不禁想起許多事。首先，想起我們這個星球。」印蒂點起一支煙捲，愉快的噴吐藍霧。

「我們這個星球，大約有十六萬萬年或四萬萬年歷史。或許，有人估計得還要更長一些。不過，這沒有什麼關係，反正是夠長了。大約在八萬萬年或六千萬年前，我們這個星球上，還沒有任何生命。在兩萬萬年或六千萬年前，地球上只有紅魚、沙蟲和綠色的沉澱。在四千萬或四百萬年前，它才出現草地、森林，和哺乳動物。在五十萬年到一百萬年前，這個世界，才行走最初的人類。在二萬五千年到四萬年前，我們現在所居的空間，第一次出現眞人——我們眞正的祖先：克魯麥農人和格里馬第人。我們的文明歷史，不過五、六千年。眞正發展、發達的科學歷史，只有四百多年，特別是這一百幾十年。」他繼續吸著煙捲，凝望天上星光。「比起那十六萬萬年來，這五、六千年很渺小的，然而，它的成就、卻遠超過那十六萬萬年。可以說，我們今夜一分鐘的享受，是那十六萬萬年的結晶，我們一秒鐘的思想閃光，是那十六萬萬年的總和。朋友們，我們不可以忽視這一巨大的深沉的事實。」他把煙蒂扔到火光中，從他妻子手裏，接過另一支燃著了的新煙捲。「在第四次史前大冰期時代，那些曾經活動了幾十萬年的人類最初祖先，完全被毀滅了。他們那幾十萬年生活，幾乎在地球上沒有留下多少鮮明痕跡，除了一些零零碎碎頭蓋骨等等，他們沒有眞正的智慧，幾十萬年還比不上我們今夜一分鐘。」他吸著煙，眼睛從天空轉到遠遠遠地平線處。「對於現代人說來，一次新的冰期——第五次大冰期，並不一定能毀滅我們。比這種大冰期更可怕的，是人類發明的自殺工具——核子武器。如果我們不加防止，這個經過十六萬萬年努力、從一團原始火光變成像今天這樣美麗的地球，將會仍舊化成一片火光、一堆灰燼。我們這五、六千年的燦爛文明，在幾萬年後的新的生命的回憶中，（假如那時還有新的生命。）將如我們現在回憶絕跡於第四次冰期中的最初人類一樣，除了一片永恆靜穆，什麼也沒有。」他望著大家：「所以造成這種新的壓力，以致誘致核子科學產生的，並不完全由於物質生活本身的需要，主要是由於觀念的分歧——觀念在作怪，爲了這種分歧，宗教戰爭曾繼續了一百年。好容易才平息了，現在又將出現新的宗教戰爭。這樣，你們就不難明白，一種眞正健全的思想，是多麼重要！我希望——讓我藉今天星光和月光爲你們祝福，——你們年輕一代能有一種和星星一樣美麗、眞實、光輝的信念，一種和月光一樣透明、坦白而公正的思想，好極負責任的抵抗將出現在這個星球上的一切壓力。」

「謝謝你的祝福，印先生，我們一定不會叫你們失望。我們還記得你和我們說過的那些話：『在遍世精神洪水中，讓這個小小農場成爲試驗人與人新關係的小小方舟之一吧！』」吳璣誠懇的說。

「不，今夜，應該說：『讓這個小小山頭成爲方舟之一吧！』我們都是在山上呵！」徐旭紅笑著說。

「假如人類眞能獲得永恆和平，也許，過一萬年後，人類已經嫌棄這個地球太陳舊了，要全部搬家到火星或別的星球上呢！」柳蒨笑著說。

「每次參加揀茶葉時，我總從手指上一葉嫩綠中，聯想到一千年後這個世界上的嫩綠。我當時希望，從這一刻綠色到一千年後的綠色之間，沒有中間空白。」李茶笑著說。

「李茶，你是茶葉投胎的，當然希望自己永遠綠下去囉。要不，喬先生不願再拿你作他的畫題了。」許蘋芳笑著道。

「我是茶葉，你就是蘋果，可你這個蘋果，只許供在瞿先生盤子裏，別人碰不得，對麼？」李茶笑著反攻她。

「我們這裏的名字很有趣，茶葉也有，蘋果也有，星星也有，黃鶯也有，陽光（旭紅）也有，玳玳花、桂花、蓮花、柳樹，也有。這倒像一座花園了。地球農場可以改爲花園農場了。」蘭素子笑著道。

「我倒有一個意見，柳蒨應該改爲柳浪，這和聞鶯配起來，正好是『柳浪聞鶯』！」樓芳笑著道。

「可惜柳蒨是女的，要是男的，那就眞妙了。」華峰笑著說。

「鬼！鬼！你將來倒可交個叫『西嶽』朋友，拼成西嶽華峰！」聞鶯笑著說。

接著，一片說笑聲淹沒一切。每一片笑像一尾銀魚，閃爍於月光中。紅色的火光，也像一條條紅色金魚，游泳於月光的透明玻璃缸中。

三

山？哪裏有山？人走進山，沒有一痕一跡山。到處是竹子，四、五丈高的長竹，青翠欲滴的塘竹，苗條的細竹。到處是綠色葉子，字形葉子，綠色的火燄。千萬片綠火綠燄中，閃耀一磴一磴石級路。山變成一方一方巉石，一片萬綠水晶，一條條亮與影的綽約，一簇簇沙土的熠光。一塊長方石疊一塊長方石，一片皎明的有色石英疊另一片皎明石英，直疊到高空，於是，天穹投擲一條拋物線形的岩石閃電。踏著這閃電，一級級的，他們似升入雲層，披著篁竹倩影，穿著竹葉的嫩綠，裹著掠過翠竹的風聲、水聲。叢密綠葉子開展於天廬，水聲流過天藍，石頭熗煠於雲霄，他們不斷聽著，看著天上的風、竹、石、光、葉。臂挽臂，他們似走在高空，肉體化爲空中肉體、雲彩肉體。他們不是拾級上升，是撲著熱情的蝴蝶翅膀飄昇。整個夢橄山也是一隻大蝴蝶，綠色大鳳蝶，他們看不見全部蝶形蝶體，只見一部分翠翼上輝煇著金色光點子、白色光點子。山被巨大空中綠色氾濫了，他們也被空間新綠淹沒了，於是只有一片海綠，沒有他們。只有空間，沒有肉體。在這樣季節，世界是一臺高熔爐，這偉大綠蝴蝶卻遍體清涼，彷彿剛從冷冷泉水底撈起來。那無數量竹葉陰影不斷沁出雲石的淡涼與溫柔。他們是從一片碧綠昇華到另一片碧綠，從一片陰影升入另一片陰影。有許多岩石，宛似海伽耶的身軀，又樸素又帶古意，更像這隻北極動物一樣，散發冷冽冽寒意。現在，不是他們走，是愛情在走。他們的濃戀，在一片暗涼中引體上升。可不管怎麼爽颯，他們血液卻熱烘烘的，彷彿不是四肢高升，是愛情飛升。從世界最低點，升入最高點。

不管是最低點或最高點，他們的愛情，永遠是變色蜥蜴，在各種時間和空間，有各種色彩和形體。一路上，他們笑著、談著、吻著、抱著、嬉戲著、調皮著，不知不覺，重重疊疊的石級，就踏過去了。他們幾乎沒有一點登山越嶺的感覺。

一級一級攀登著，他在她耳畔輕輕道：

「我們不是攀昇一座山峰，是昇入一朵崇高而深刻的夢。這不是山，是夢的建築，我們腳下是一層層夢級，夢磴。……啊，夢橄山！多美的名字！」

「女人的溫柔，有時不也像一路上鋪著厚厚鴨絨墊子，走一步，陷一步，不大方便麼？」她淺淺笑著。

「不，你的溫柔永遠是天鵝翅膀，馱載我飛翔！飛翔！」

還沒有昇山一半，一片透涼從山巒胴體內沁出來，滲徹心脾，他們似從炎夏進入仲秋。

「哦，這是一片永遠沒有夏季的空間。」他讚嘆著：「可你也是我的永遠沒有炎夏的空間，不管太陽光球放射怎樣高熱，只要你在身邊，我就覺得像在海底一樣清涼。」

爬到半山，他們坐在一棵蒼翠松樹濃蔭下小憩。他從綠色旅行袋裏，取出雪白大毛巾，拭乾她臉上與手臂上的汗，又除下她的金黃闊邊大草帽，用象牙梳子梳理她的長長頭髮。

「哦，我親愛的夏娃，你知道麼，我能寬恕你的一切，可單單不能原諒你的臉——眼睛，——苗條身體。」

「哦，我的亞當，讓我們在高空留點芳香記憶吧。……記住，從現在起，我們算眞正走進天堂了。可不許用紅唇，只准用眼睛。」

於是，他們深深深深的、怔怔的，對望了許久許久，彷彿不是你看我，我看你，是看春天西湖邊第一朵桃花，看五月花園裏第一朵玫瑰。

終於，她受不住了，打破自己戒律，蜻蜓點水似地，迅捷吻了吻他的眼睛。

「假如從這山邊緣上滑下去……」

「那不是我們跌落，是一個偉大的吻，蝴蝶樣從高空墜入百丈深谷。」她咕咕笑著。

從山下升上山頂，他們一直臂挽臂，身貼身，即使在最陡窄處，也不分開。有一次，當眞窄得幾乎容不下兩人了，他才走前一步，可她又拉他回來：

「記住，只要是和你一同散步、走路，不管是在平原，在高空，你的手臂將永遠是我的手臂，我的身體將永遠是你的身體。」

他笑著，仍向前多走一步，左手卻往後緊緊抓住她的手，讓她伏在他背上，慢慢走了幾步。

走入一座楓樹林，他沉迷的望著她，低低道：

「你也一是棵樹。樹的眼睛是樹葉，你也有許多眼睛。像樹，你的眼睛一直延長到你的臂膀、胸膛、足脛，你週身沒有一粒纖維不閃爍你黑水晶眼球的光芒。」

經過泉水邊，水聲淙淙，她望著他，輕輕道：「你是我靈感的永恆噴泉。只有沐浴在你的聲音中，我的感覺才泉水樣噴灑著。這是一種永不涸竭的泉水。」

抵達山頂小鎮。他們找了一家清幽的旅館。它的幾幢別墅樓房都由火山岩石砌成，色彩斑斕，線條如圖案畫，壯麗得很。原始太古時代，夢橄山大約屬於火山區，不時爆發熔岩、熔漿。現在，山上到處是火山岩石。當年西方鉅商、外交官，和傳教士，在這裏開闢夏季樂園，軔創避暑勝地，爲了節約人力、物力與時間，就地取材，利用這些原始火山岩石，砌成一幢幢岩石樓房或平屋。精心加工後，這些建築外形與色彩，別緻極了。岩牆雜呈褐色、紅色、白色，和人工藍色，宛似一幅幅畫屋。映襯四周苗條的綠色篁竹、蒼勁的青松，和紅花綠草，分外顯得古艷蠻麗。盛暑登山，不僅一片秋涼透人心肺，單那一座座原始味的濃彩岩牆、石垣，就足以祛除山下狂熱了。

這幾天，炎熱稍減，遊客少些了，這家旅舍有一幢石樓，房間從42號到52號完全空著，它座落於竹蔭深處。屋頂、石牆，白晝沉浸於竹影竹風中。大多是塘竹，高大而俊美。樓舍兩層，樓上下都有長長廊廡，也算是陽臺，白石紅欄，異常瑰緻。它的特點是，像一座小小中世紀古式石堡，謐靜極了，似乎從無人跡。他們剛到時，管理人恰巧午餐去了，一些客房鎖著，是經理派人召喚，那中年僕歐才姍姍來遲。這份清閒情調，迴異熙熙攘攘人間，使他們感到愉快。

他們踏上靜靜石級，走進靜靜樓梯，在盡頭處選了一個較大的房間。說較大，比起他們在T島所住的那一間，仍算是小的。這種崇山峻嶺，房間小點，倒越顯得親切、可愛。

今天或明天，他們兩個，可能佔有這整個一幢雅緻別墅。

沐浴後，她穿著白底藍花絲織大睡衣，從浴室婷婷走出來，全身說不出的新鮮，像一件剛出柴窯的宋代雨過天青瓷器。

「我們出去吃飯，好麼？」不久，他也離開浴室。

她輕輕搖搖頭，坐在他身邊，那張松綠長沙發上，美麗的頭斜枕著靠背，深深凝視他，雪白鵝蛋臉上泛溢一片紅霞——幾乎是一種彩虹光輝。

他強烈的眼睛回望她，眼色似乎是一個「嗯？」號。

「不，我現在不想吃。我想坐一會。」

長春籐似的，她一隻手溫柔的搭在他肩上，怔怔怔怔道：

「我想不到，世界上還有這樣清靜的空間，這叫我想起瑞士那些山間精舍和木屋，那裏，除了永恆和平，再沒有別的色素。整個地球彷彿與它們毫無關係。這眞不像在中國，也不像在地球上。」

「是的，這個火山岩石樓屋美極了，任何一條生命到了這裏，也要變成隱士。那種奇異的和平，香氣沁透靈魂。」

「這裏的一木一石，每一座牆壁，每一扇窗子，都是一個字寫成的。」

「靜。」

「一切的聲音飄到這裏，也化成無聲。」

「這會兒，你就是一朵靜靜的出水蓮花。」

「眞奇怪，你的大眼睛是靜的，你的黑頭髮是靜的，你的長長身體是靜的，連你的聲音也是靜的，似有聲，似無聲。」

「哦，縈，我最親愛的。」

「我想起我們的海弟，他現在快午睡了吧？」

「沒有媽媽，他今天可能睡不好了。」

「哦，明年夏天，我們一定帶他來，讓他也享受一次眞正的和平。」

「哦，我最親愛的。」

她昵愛的用纖手撫摸他的頭髮：「生活，像我們現在的生活，眞是蝴蝶與蜜蜂的生活。除了那最透明的、最芳香的經驗，我們幾乎拒絕一切——特別是一切雜質。」

「只有一樣。」

她抬起頭，懷疑的望他。

「那些深沉的倫理原則。」

她用白玉色的纖纖手指堵住他的嘴。「現在，不許談這些。我們去吃飯吧！我要讓你喝個醉。」

「不，晚上再醉吧！」

「把菜叫回來吃，好不好？像我們在T島一樣？」

他們到附近飯店裏，要了些熱菜和冷盤，又買了幾瓶酒，一些罐頭、餅乾、點心，與水果。

在長長樓廊上，他們享受一頓豐富的午餐。餐後，小睡片刻，他們就臂挽臂、赴劍池畔聽飛瀑，帶了兩瓶橘子汁，一些蘋果及糖果。一路上，清新的泉水聲，瀟灑的竹影，竹林中恬謐的陰影，特別是林蔭深處那些五顏六色的瑰奇石屋，迷人極了。從長長石級上，高高的、彎彎曲曲的，一級級走下去，下降三百多級石磴，彷彿降向一片極秘密的旖旎空間。比一切風聲、竹聲、水聲更魔幻魅人的，是他感到她溫柔的臂膀，她感到他熱烘烘的手。

在劍池畔，紅色小亭內，臉貼臉，偎坐許久，他們簡直不忍離去。感動他們的，不僅是瀑布的銀色閃光，和豪雄的水聲，震蕩了四周清幽，更是那萬綠叢中一角小亭紅，以及那遠離人間的絕對闃寂。這不像深山和平，而是極度絕緣的梵默，一種眞空狀態。他們似又一次返回幾十萬年前太古時代，和穴居生活。可周圍亭臺花樹，又絕不是原始人所能夢想的藝術境界。單那條一路伴著鳴泉和流水的長長石級幽徑，就夠梵味的。沒有人想到，這樣豐富的原始風的竹林內，竟有如此精緻的通幽曲徑。他們一面聽泉、聽瀑、聽水，一面不斷欣賞這條留下他們足跡的長極長極的岩石梯級，它直似一條冷僻長龍。

「啊，蒂！這不是通往劍池瀑流的石徑，這簡直是通往地底天堂的奇路。天堂不僅在雲端，也在地底。每一步下降，有萬千個岑靜在我腳下呈托，猶如白雲在我足下裊繞。每一塊岩石全硬得我很舒服。」

「這個地球上，彷彿只剩我倆，而我倆卻走在幾百級樓梯上，通向一個古味的『地下天堂』。」

「是的，這不是瀑流，是地底天堂的聲音——你的聲音。」

「不，你的聲音。」

他們緊緊互摟著腰肢，深情的臉偎臉。

「我倆的共同語言。」

「不，那是我倆此刻的共同語言。」他指指頭上天藍、鳥聲，遠遠近近竹葉、葉影，和樹木的顏色……。

「哦，我靈魂的鳥聲正流到你心靈流水裏。」她閉上眼，輕輕喃喃。

「我夢中的竹葉子正綠到你的夢竹叢中。」他也閉上眼。

四

在他們生命中，從未感覺到，樹木有這麼多聲音，樹葉子會疊響這樣微妙的音籟。每一片風，似乎都是羅賓斯坦的風、鋼琴聖者的手指，從各式各樣樹棵上、彈出神異音節。夜裏，這些樹琴、樹鍵，分外靈幻。葉子落地聲，枝條折斷聲，葉子掙脫枝條聲，樹葉破裂聲，腳步踐踏落葉聲，綠葉掠過樹梢聲，風穿越樹葉聲，葉子擦樹聲，撞樹聲，葉與葉相互碰擊聲，飛鳥突然投入樹叢聲，鳥翅拍竹葉聲，鳥尾擺動枝條聲，枝條磨擦枝條聲，枝椏展舞聲，杈椏抖動聲，葉叢摩觸空氣聲，某種禽鳥膜皮搏擊空氣聲，樹枝阢牴空氣聲，樹梢搖撼聲，水滴從樹葉面滴落聲，露珠墜入黃葉聲，走獸輕馳滿徑竹葉聲，人聲從樹林間彈射的迴聲，泉水緩流於落葉聲，瀑布飛濺聲，它的璣珠濺於樹葉聲，石頭滾過黃葉堆聲，野果子被風吹落墮地聲，蔓草深際蟲鳴聲，一些昆蟲飛動聲，一隻夜鳥走過落葉聲，樹木稀疏處的空谷迴聲，挺直的枝條被壓下聲，被壓下的彎曲枝幹突然伸直聲，……百千種幻奲音籟合奏著，此起彼落，美妙極點。還有許多魅麗的音響，無從解釋，無法形容，只能說它們是樹木精靈的神秘音籟：那些古代迴聲，傳統音籟。這些聲音的特點是，它們都不瀏亮如笛、如管，寧近於悠渺的笙，和幽揚的簫。不，笙簫仍太分明，它們是不分明的，一種種極仙緻又極曖昧的低語。假如夢有音，這就是夢音。如果月光有聲，這就是月光聲。非洲森林深處，有一種俊美大羚羊，牠的棕色毛皮層雜顯許多白色條紋，這些紋斑粉碎了牠身體全形，使牠與充滿交互的光和影的背景極相似，似有羊，似無羊，又有形，又無形。這些魔味的聲響，正具有類似羚羊這種被粉碎了的色調，似有音，似無音。特別是那些誕幻的樹葉子聲，和一些不知名的岑寂中的神秘音籟，似在無聲有聲之間，創造出第三種聲，如有色無色之間的第三種色，極富流動性的音色。

「在這樣奇妙的唄寂裏，一個人的肉體完全靈化了，變成玲瓏剔空的菩提樹葉。」

「我似乎聽見你的菩提樹葉呼吸二氧化碳的聲音。」

「我聽見你的黑髮絲呼吸的聲音。」她輕輕說。

「我聽出你每一根纖維的顫動聲，每一個毛孔的呼吸聲。」

「我彷彿坐在月球上，有一種神秘浮力，要把我浮起來，渾身毛羽似地，輕飄飄的。」

「我彷彿在月球上，看見我們的淺藍色地球，比月亮大八十倍。」

「我好像離開最後一級火箭。」

「我好像幻變成宇宙射線，渾身充滿電，最奇異的電力。」

他們竝坐在旅館樓廊長長靠背籐榻上，沉醉於那樓外無數神秘音籟中。醉得無法再醉了，似乎坐不住了，終於回到室內，雙雙躺在雪白床上。

「哦，蒂，你感覺到麼，有一種情感，假定被地殼冷卻一千次、一萬次，現在似乎仍在地腹底熊熊燃燒？」

「我感覺。」

「你感覺到麼，我很想把自己化爲同溫層以上的綺麗雲層，那一大片無比瑰艷的紫色，讓你擁抱我時，像眞正擁抱最高天堂？」

「我感覺。」

她突然緊緊抱住他，喃喃道：「我怕！在這種比海底還深的唄靜中，一種高度的情感幸福，眞叫我怕，這簡直是非人類的享受。我覺得我完全溶解爲一片太虛化境——一種我又認識又不認識的境界。」

「在這樣月夜裏、邃靜裏，一切肉體全化了，化成非洲大羚羊的形色，似有形，似無形，也化爲我們四周的千百種樹林音籟，似有聲，似無聲。——我們都活在有無之間——第三種生命！」

過了一會，她輕輕道：

「你聽，竹子笑得多美。」

「哦，你看，月光笑得多美。——我不知道，究竟是竹子笑，還是月光笑？」

「不，所有樹葉子都笑了，——微笑。」

「不，一切光輝，宇宙間的光，都笑了，——倩笑。」

眞正，這一夜，一切光輝都在笑。不，整個地球也在笑著旋轉，每一旋是笑波，每一轉是笑浪。但這片笑只存在於那最微妙的時辰。那個時辰，從他們心臟血液最紅處，到窗外最亮處和最黑處，一切都笑著。彷彿有那麼一種歡樂的閃電，突然從肉體深處直閃到宇宙深處。一過這唯一時辰，一切又沉沒於神秘的謐靜中——是無數玄妙天籟合奏時的謐靜，不是純粹的靜穆。好像越是有聲，越是無聲。無聲在有聲中，有聲在無聲中。

他們溫柔的擁抱著，側耳傾聽，窗外峰巒中的靈幻的天籟。

門外似有一些奇異的樹葉子音響。

「這是什麼聲音？」

「這是你視覺的聲音——假如你的水晶體與水樣液也能發聲。」他輕輕道。

窗外，一條溪水淙淙流著，流聲神秘極了。

「這是什麼聲音？」

「這是你血液在流，從山頂流到山底。」她低低道。

室，似閃起一陣幽玄的光輝，不知名的光。

「這是什麼光？」

「這是你精靈的閃光。」

石樓後面，從岩巉壁上，一滴滴的，似有一些水滴從岩隙滴下來。

「這是什麼聲音？」

「這是你情感一滴滴的滴下來。」

「哦，親愛的，今夜，我眞覺得那個偉大的物理學家對了。空間是有限的，和地球面一樣，能彎過來。此刻，它正像這片岩石壁，宇宙是一滴滴水滴，從它岩頂上滴下來。」

「星光也是水滴，從這片空間岩頂上，滴下來，滴下來，滴得魚靜極了，一種比魚更魚的靜。」

他悄悄道。

「是的，今夜，每一顆星球，都在橢圓軌道上滴下水滴，我們的愛情也一滴滴的滴著，——哦，沒有一顆星星不照亮我們，——我們的愛情。」

「不，沒有一顆星星不像頑皮孩子，悄悄爬上我們窗口，偷偷窺望我們——我們的幸福。」

「哦，我的愛，讓我們此刻化爲那萬萬千千樹葉子的神秘音籟中的一葉一滴吧！」

「假如能沿著這節聲音滾下去，滑下去，從山頂滑到山腳，多美！」

五

深夜，月光驚醒他，大月亮正憑窗眺望他。他發覺，她正撐著身子，睜著那雙象牙黑的美麗大眼睛，矚望他。他吃了一驚。

「親愛的，你沒有睡？」

「我從夢裏被你吻醒了。」

「我並沒有吻你。」

「不，我是夢見你吻我眼睫毛，一根又一根的吻，怪癢癢的，我笑了，醒了。」

她一隻手摟住他脖子。「對不起，我把你驚醒了。」

「你這樣說，彷彿我們剛認識似地。」他帶點頑皮神氣，用手指撫摸她潔白如細乳的頸脖。

「爲什麼不是剛認識？你瞧，我剛才不是一直傻望著你，好像不認識你似的。」她笑著說。

「哦，那我弄錯了。我還以爲月光驚醒我。是你的視覺驚醒我。」

「不，是月光驚醒你，我的眼睛裏充滿月光。」

「是月光，也是你眼睛。你現在就是月光。」

那隻摟住他脖子的白玉纖手兜過來，昵愛的撫摸他的泛紅的臉孔：「哦，對不起——又是一個對不起。你倒沒有眞正吻醒我，我可眞正把你看醒了。」

「眞奇怪，不管我睡得怎樣沉，只要你一定定看我，我立刻就醒了。我宛若感到，有一種神異的氣息呼喚著我。哦，你的大眼睛眞像最光明的月亮，猛然驚醒我。」

「當眞，有時，只要我一醒，你也醒了。不管我醒得多靜，一點聲息沒有。」

「這眞是我睡著你的睡，我醒著你的醒。」

「我夢著你的夢，我靈著你的靈。」

「親愛的，你這樣撐著身子，怪累的。躺下吧！今天爬了一天山，你不累麼？」

她搖搖頭：「在你身邊，我從沒有累過，正像我看你永遠看不厭、看不累。」

「不，躺下吧！我的縈！我最親愛最親愛的妻！」他讓她躺下來，睡在他身邊。

她的臉貼近他的臉，對他耳螺邊悄悄低語：「我最好的丈夫，你可知道，有時，深夜我會醒來，要對你看個一會，才睡得著麼？」

「我知道，你在月光裏看我，也在黑暗中看我。——你叫黑暗化爲一片月光。」

「你知道，我爲什麼醒來麼？那不是神經性的失眠，是太巨大的幸福從夢中驚醒我，我醒了，看你究竟還在我身邊不？」

「我的傻孩子，難道我還會和十四年前一樣麼！」

「哦，不！……不！」她撒嬌的把他緊緊摟著，一次又一次吻他，彷彿每一吻是重鎖，會深深鎖住他。一直吻得他喘不過氣，她才笑著稍稍放手。

「親愛的，你破戒了。你自己說過，在這樣天堂裏，我們應該過絕對神性的生活，不許沾一點人間煙火氣！」

「可一想到你會逃出天堂，我就忘記做神仙，發瘋的用人間手段把你囚禁起來。」她咕咕笑著。

接著，她又定定望著他，一隻手撫摸他的頭髮。「你相信麼，在這樣的夜裏，一個人要不是瘋狂的愛一個人，就是瘋狂的恨一個人。」

「我相信。」他緊緊抓住她的一隻手。「在這樣無比禪靜的巨大空間，有一種奇異的壓力，叫人不是南極式的愛，就是北極式的恨。」

「可今夜我們並沒有瘋狂。」她嫵媚的笑著。

「因爲，我們已愛了十八年了。」

「不，十八萬年！我覺得，我們幾乎已經把全人類的熱情都愛完了、耗竭完了——包括史前我們祖先的熱情。」

「不，在我身邊，你永遠是我最年輕的妹妹。你永遠是剛出水的蓮花。」

「哦，親愛的，假如不是用瀑布似地噴射方式，我覺得，有時就簡直不能和你說話，除了那些海水式的言語，我就沒有言語。」

「我也是，爲了愛，我們可以用盡地球上一切形式。」

「親愛的，我最最親愛的好丈夫！今夜，你知道我爲什麼醒來，不想再睡？」

「我知道，你有許多許多話要對我說。即使我睡著了，你也會在思想裏獨白。」

她點點頭：「眞怪，我已和你談了約十九年，有十四年是在夢裏、思想裏、白紙上，有五、六年是臉對臉、嘴對嘴談，可我仍覺談不厭、談不完。每一天就像和你才認識，每一夜，彷彿都是洞房花燭第一夜。」

「親愛的，向我瀑布式的噴射吧！在這樣美麗的空間，沒有一個美麗的靈魂眞正能安靜下來。」

「四周太靜，植物和礦物太靜，空氣和月光太靜，我們——人類反而不能靜靜。」

「我眞想不到，這些深山石屋是如此可愛，如此能承受得住任一種或任一夜的強烈愛情的震蕩！」

「哦，也許當初建築師早預感我們將出現，所以特地用火山岩石砌成這座樓房。這些岩石，不僅能保護我們的情感，還象徵它。……啊，太可愛了！太可愛了！」她喃喃著。

她坐起來。「蒂，你要不要吃點東西？」

他搖搖頭：「你知道，這樣的夜裏，在你身邊，我常常不想吃、不想喝、不想到任何形而下的。就是你的肉體——你給我最高度狂歡時，那也是一種精靈的象徵。因爲，思想無法思想了，言語無法言語了，這才化成肉體，用另一種較官能的方式，表現我的靈魂與情感。其實，有時，你知道，當我愛你愛到不能再愛時，我眞願你是我的妹妹。那樣，我將不再褻瀆我對你的感情。」

「不！不！不！不！不！不！……」她一連說了五十個「不」，「我願意，首先是你的妻子，其次或最後，才是你的妹妹。可不是親的。……最多是堂妹。……哦，還是表妹好。……哦！親愛的，我的好丈夫！我的最好的丈夫！——」她又一次緊緊摟住他，幾乎叫他喘不過氣。

「瞧，這樣美麗的月光！這樣美麗的空間！這樣美麗的樹葉子聲！」她渾身也像樹葉子似地抖顫起來。

她的無比嫵媚和瑰麗，叫他沉醉了，他笑了，嘴裏卻嘰哩咕嚕的輕輕唸著。

噗嗤一聲，她也笑了。

「你嘰哩咕嚕唸什麼經？」

「不告訴你。」

「嗯！」她撒嬌。

「好，告訴你，可不許笑我。」他輕輕輕輕對住她耳渦道：「我在輕輕唸那位朋友在巴黎第一次看見你後的讚美詩。……假如風有色澤，有比孔雀寶石藍更藍的藍色，……你正是這片藍色的風。……你是夢中的風。……你是十二月的水仙花。——」

她用粉白耳朵堵住他的嘴。「不許唸了。……」停了停，深沉的低低道：「你只要定定看我一眼，就遠勝過一切這類詩的總和了。」怔了怔，又加了一句：「假如我是夢中的風，你就是我夢中的宇宙最深處，一切天風從那兒吹出來。」

他又一次笑了。紅光煥發的淡咖啡色臉孔，像紅海落日一樣，殷紅絢彩。

就這樣，他們手拉手，定定定定的，怔怔怔怔的，對望著，不知望了多久。

突然，月光神異的明亮了，月亮像一朵偉大的白色玉蘭花，從天空墜落他們床畔。一點鐘後，他們雙雙幸福的靜躺在床上，笑著同看月光。這時，月光更亮了，大月亮就像爬到他們枕邊，和他們共躺著。

六

第二夜，同樣子夜一點，她躺在他身邊月光中，喃喃囈語：

「哦，蒂，我必須把那最赤裸、最原始的給你。不是人類的原始，也不是地球的原始，是我靈魂的原始。我的內在，也有一個太古。一個混沌而赤裸的空間。我很少把它奉獻任何人，除非是你——我唯一的永恆愛人。現在，我也沒有什麼眞能給你的了，就只這一點，是我最大的，也是最後的贈物。

「磨在石頭上的，總是刀，磨在鐵砧上的，總是劍，磨在我肉體裏的，總是靈魂。這是一個可怕武器，能毀滅別人，也能毀滅自己。

「一個人最赤裸的，不是肉體，是靈魂。歷史上最美麗的，不是赤裸的肉體，是靈魂的裸體。今夜，我要把我靈魂最完整的裸體獻給你。

「我靈魂深處，曾盛開過這麼多花、這麼多月亮，曾出現過這麼多山岳和河流，此刻，我要統統把它們獻給你。通過它，你可以看見許多年前我性靈核心的那些月夜、星光、山谷與流水……

「哦，我的蒂，我最愛最愛的丈夫。」

「我最愛最愛最愛的縈，你說吧！把你最原始最赤裸的給我吧！你就是說一千零一夜，我也不會疲倦。哦，我最愛最愛最愛的妻！……」

於是，她開始在他耳螺畔繼續囈語，像一個夢遊者。她的聲音不是人的聲音，也不是任何生物的聲音，那是但丁《神曲》裏三十三天「最高的玫瑰」空間的聲音。

他沉醉於聽覺。他醒醒在玫瑰花和月光的音響中。他簡直被她的情語音樂迷住了。

有一個字，一個最水晶又最蔦蘿味的字，曾拿各式各樣猩紅嘴唇作打蠟地板，跳舞過十萬次、百萬次，它也曾被我激動的說過一千次、一萬次。但今夜，當我的紅唇第一萬零一次顯映它的舞姿時，依舊像它第一次舞蹈時一樣新鮮、瑰亮，正如太陽光曾在地球上反射過百億次、千億次。明天，當我們凝立窗口時，它仍像地殼第一次原始冷卻時所反射的一樣鮮緻、燦亮。今夜，我把這個字吐給你，不只是吐一個字，或放射一次光華，是獻一朵花給你。我的胸膛是花床，我的嘴唇是花萼，而且，我絕不是向你重複一些花瓣、香氣、色彩，這完全是新開的第一朵花、第一次芳香。它似乎不是固體植物，是流動氣體，是銀色水花。我的胸膛是花床兼河床，它從我肉體深處流出來，每盛開一次，絕非同樣的水花。哦，我的蒂，我把這個字說給你，不僅是把一個有色有香的字捧給你，我是把我微涼的白色手臂遞給你，把我長長的黑髮紛披給你，把我純粹的形體交給你。從我聲音裏，你捉住的，並不是一個聲音，或一個字，那是整個血流從我脈管流進你的脈管，從我的靜脈流入你的靜脈。我不願意有我的血液循環、小循環或大循環，我只願有你的血和你的肺葉循環體在循環。我寧願你所有機體包括我的機體，你的心耳心室變成我的心臟。」

十九年來，從沒有千分之一秒、我自覺的或不自覺的，在靈魂裏秘密停止向你說這個字、吐這個字，遞這個字。不，我從沒有一秒停止向你說花、吐花、遞花。假如空間是最大證人，整個巨大空間都會證明這個。今夜，我的肉體與靈魂、你的肉體與靈魂，更會證實這個。我的嘴唇、我的手臂、我的血液、你的胸膛、你的血液，全能證實我十九年來的忠誠。哦，今夜，在我視覺中，你和十九年前第一個海夜一樣，無比燦爛，充滿魅力。我彷彿又聽見你海上聲音，月光裏的動作，那個奇異問話，我的神秘迴聲，你知道嗎？自從那七個海夜、七次月亮以後，假如不是沉浸在月光裏，我好像就不是眞活著。哦，今夜，你的臉像那七次海夜月光下的臉一樣光輝、幻媚、誠懇，它不是你的臉，是我生命中的宇宙光。我不能用我的手指撫摸星際深處的詭異皎光，可我此刻卻能撫摸你的臉，一次又一次，用我的灼熱嘴唇、狂吻我自己的宇宙光。哦，我的蒂，假如十八年前，我曾把我這一生的全部靈魂與肉體交給你，假如十九年來，我曾在無數個夢裏，把我夢中的靈魂與肉體交給你，那麼，現在，我更願把下一生(假如有下一生)——不，以後無數生的靈魂與肉體交給你。假如我出世以前，在地球幾十萬萬年的生命中，還曾有過我幾十幾百個前世前生的話，我也熱願向那些不知名的神秘主人索回所有靈魂與肉體、思想與感情，統通在今夜奉獻給你。

十九年來，人類世界如此充滿風暴，可沒有一片風聲不把我吹向你，沒有一陣急雨不把我瀉向你，沒有一個電閃不把我閃向你。爲了抵抗每一個颱線雷雨，我衝往你。爲了防禦每一片大陸氣團、和海洋氣團，我走往你。爲了迴避每一片大火，我奔向你。爲了每一陣海嘯中保持謐靜，我回憶你。爲了從一切塵凡沼澤中上升，我升入你。愛情對我、不只是一種衝動，一種本能，它是太陽光譜內最活躍的鈣氣與氫氣，沒有它們，就沒有發光放色的宇宙。哦，這完全是原始巫蠱，把我前生、今生、來生，把我在地球上的無數個可能的生命，都與你纏裹成一片。假如十九年來，我愛你，是對的，今夜與以後，更對了。記住，今夜，我不再是一個充滿浪漫想像力的少女，我是一個成熟的婦人了。我所說的每一句、每一字、每一撇、每一劃，不僅是綠色的芭蕉葉子、紅色的山茶花瓣，它還是熟透的葡萄與蘋果，沒有一滴汁液，不將變成百年不壞的醇酒。一句話，由於你是這一世界人生眞理的極誠懇追求者、探索者，今後，我對你的愛，增添了許多新的意義：它代表我對人類光明的最後嚮往與探索。我曾經等了你十四年，其實，爲了表現我的虔誠，我眞準備再等你四十四年，直到我最後一口呼吸時，即使你沒有回歸我的懷抱，像蝴蝶回入花叢，我也幸福了。絕對絕對幸福了。因爲，在這一生，到底，我曾做過一件眞正可愛的事：愛過一個最可愛的人，愛過一次最美麗的愛。目前，青春彩輝還在我肉體上閃耀，我的嘴唇還紅，我的眼睛還亮，你竟翩然回來了，我們居然共同生活了，永遠相伴著，而且，還有我們的海弟，和未來的海妹，或新的海弟，親愛的，你說，我要用多少千萬個太陽，才能照明我們的幸福？我要用多才千萬個鈾礦，才能放射我們的幸福光亮？我要用多少億萬彩色魚，才能編織我們的幸福海底？

這個星球上，還有比我更幸福的人麼？

哦，沒有一個聖經上的天堂，具有我這麼多幸福。沒有一個上帝，想像過我這麼多幸福。爲了我，所有地獄可能都封閉了。爲了你，一切天使可能都變成小丑。我們的空間，是這個宇宙最最玫瑰味的玫瑰空間。我們的時間，是這個世界上最最麝香味的麝香時間。法國玫瑰谷最美的玫瑰，在我們這裏，變成石頭。大興安嶺最芬芳的麝香，在我們這裏，也化爲泥塊。

我們的愛不是愛，是太空壯麗的吸收現象，它把宇宙一切光輝，都吸收進去，創造成那最最珍珠的、最最永恆的。同樣，正像空氣吸收一切光線，我也吸收你全部星光。我視覺中，你不只代表一種嶄新的星球哲學、星球智慧，你整個靈魂，就是一個星座。在你的視覺、思想、意識、肉體中，滿盈這麼多華麗的星光味，我幾乎要說，你整個性靈與肉體，全是星光編織的。我每一接觸你，就像接觸那片窔奧的空間深處。星星有色階，情感也有色階，你爲我創造一種愛情星光的色階，和奧斯多夫色階一樣不朽。通過這色階，我的靈魂視覺採擷各式各樣的愛情星光色瓣，首先，你的形相，對我就是一片星光色譜。哦，你的思想是透明的白色天狼星，你的臉是帶褐色的大角星，你的眼睛是暗黃色的仙后座a星，你的胴體是橙黃色參宿四星。我不是睡在你身邊，我是睡在星星叢裏，我不是擁抱你，是擁抱星星體。哦！我最愛的愛，和你共同生活，沒有一處不像白色織女星一樣透明、光亮。我摟著你，是從透明到透明。我吻著你，是從光輝到光輝。不是我吻星星，是星星吻星星，是空間到處呈現星星吻，正如T島山巔那一夜，我們喝星星酒一樣。

假如星星愛星星，星星和星星共同生活，也會像我們這樣閃閃亮亮、玲玲瓏瓏的愛著、生活著。

目前，這個地球是如此充滿幻變，叫人想起原始大日珥，數十分鐘內，形成幾萬公里高峰，突然又崩潰，出現人類心靈所不能想像的火地獄。即使這座火地獄，可能也比今天地球變化單純些。曠世變幻中，當人與人的關係比原子化學變化更複雜時，我更感到我們今夜芳香、純粹、和諧。你的肉體是一片無窮的美麗語言，無盡無底的對我述說神奇的詩篇。你的靈魂是不竭的噴泉，日日夜夜向我噴灑璀璨的音樂。哦，你的強烈眼睛，和許多世界眼睛如此不同，它們是微妙的港灣，安慰我情感的白帆。你的臂膀如此眞實而誠懇，它們像海上島嶼，回答我飄浮的木片，如果我內心還有最後一塊碎片的話。哦，假如在你的擁抱裏，我還得不到永恆和諧，再沒有什麼上帝或眞理能帶給我和諧了。在我們的空間以外，不，甚至在我們的門外，或窗外，就有那麼多糾纏的藤蔓，和繁瑣的沙子，可你永遠像珠穆朗瑪峰頂白雪，永恆皎明而鮮艷。投到你懷裏，我自覺是攀登上喜馬拉雅山頂，我們的觀念、情感、信心，將成爲世界的屋脊，永遠閃爍於這個星球。再沒有任何繁瑣與破碎，我視覺裏一片完整的琉璃明。純潔的熱情的狂風，從峰巔吹過；幸福的雪雨，從屋岩掠過；一切滿盈光輝、夢幻。哦，我最愛的，不要擔心山下海中的波浪、大洋裏的沉船吧！總有一天，光明會走向你，海要流向你，所有沉船將從你手臂中得救，一切碎片將從你的聲音裏化爲整體。

哦，我最愛的，我從沒有一秒以爲：我們的愛是孤立的，我們的幸福是單純自我的。在普地球巨大動亂中，它是眞正的謐靜、和平，又是無數個碎裂中的美妙整體。人類眞正的永恆，必先從亞當與夏娃間開始，可能也必先從我們之間肇始。你的血流往我，我的血流入你，我們的血通向我們的海弟，和就要出世的海妹或新海弟，再由他們通向人類血管。這可能是明天地球的新血。我們象徵的抱著「明天」的抱，吻著「明天」的吻，愛著「明天」的愛。一切眞實的愛情，哪怕是極史前的，也永遠是極明天的。你的追求終極，終於又達到我，完全是自然的，邏輯的，正像我們的人生眞理綿延於我們海弟、海妹肉體上，是自然的、邏輯的。一切必須從最帶「明天味」的今天開始，一切又必須先從我們的永生夢幻式的現實中開始。在我們共同肉體上、靈魂裏，可能熠耀著一切花朵的第一瓣。

哦，現代世界的混亂，是變態的，它的刹那幻滅，是空前的。人類早已喪失史前的永恆，和宇宙空間深處一樣偉大的永恆平衡。正如你所說，我們應該創造這個，爲我們自己，爲我們孩子，爲我們的親人和朋友，也爲這個世界。我相信，我們的愛不僅合乎生物學眞理，更適合人類愛的眞理，起點是個人的愛，終點是人類的愛。將來的人類，都是相親相愛的兄弟姊妹，正如我們現在一樣。正像太陽有各種各樣狀態，靈魂也有各種各樣狀態。我完全理解你的多變化的一生。太陽對外發射的光線，必先通過反變層，你的光輝，也必先通過生命裏一些離奇反變層。這完全是人性的，自然的。太陽離我們太遠了，我不能摸觸它那離奇的眞正邊緣，你卻在我身邊，我可以摸觸你的肉體邊緣，你的靈魂信仰的邊緣。你的整個思想體系，不只在今夜，而在你的一生。只有通過你一生靈魂旅程，人們才能了解一個現代浮士德的命運，他的精神歷程、他的終點，特別是，他最後所達到的靈魂深度、生命深度。一種人生理想不在幾句話、一套理論，而在整個人格的開展，以及他無窮盡的探求與探求態度。在這一點，我承認，你是攀上一座新的試驗性的高峰。一切發光體的本性，是那種深刻磁性，太陽如此，地球如此，人性也如此。每一個深沉的靈魂，必須有磁性組成。在現代世紀典型中，你不僅凝聚了巨量而強烈的磁性，而且也作出各種磁性的試驗。完成這個，就可能初步完成明天人類靈魂的試驗張本，這是明日人類的泛人性的重要草稿，是未來理想人類性格和心理的最初藍圖。當然，它主要是和平時期的藍圖，不是戰爭時期的。在戰爭中，人性另有一套藍圖。任何巨大建築，是一塊又一塊磚或石砌成的，任一片大海，也是一個又一個泡沫或波浪積成的。未來泛人性的海洋建築，也是一塊塊個性石頭，或一片片靈魂波浪砌疊成的。沒有獨特而完整的個性，就沒有完整的人性。人們兩隻手，不能同時抓住千萬個人，只能捉住十幾個人，或幾個人，這之中，最徹底的抓捉，又只限於兩三個人。通過這兩三個人的肉體，可以感覺到人類共同肉體的硬度、柔度、光度，與暖度。

哦，我最愛最愛最愛的愛，只有從你身上，我才眞感到歷史人性的試驗性的初步總和，和明天人類的光、熱、硬度、柔度，與暖度。

聽她講完了，他不開口，只用一次深沉的長吻和擁抱回答她。

這是一個魔極了的高峰夏夜。也許，是他們生活中第一個眞正強烈的夏夜。

七

早晨，猩紅旭日剛上昇時，他們攀登夢橄山最高點：塔山頂。昂立露濔濔的青草叢中，抬起頭，滿天滿地一片雲霧海。到處是棉桃似的白色雲朵，皓亮而靈幻，點綴了一些薄霧，恍恍惚惚。這不是雲海，是棉海、絲海、玉海、羊海。萬萬千千皜色羚羊靜伏、無聲，形成漫山漫海的玉潔冰清，玲瓏瑋緻。海內，無窮無盡白色在化粧、上色、扮演，彷彿全宇宙要把它色彩倉庫中所有白色都傾瀉出來，向他們展現。這些白色，有時又閃化各式各樣形狀，宛似白色的傘、白色的花、白色漿菓、白色葉子，甚至是白色的鳥獸蟲魚擬態。這不是雲海，它是一個偉大的白色化粧室、展覽會。在皤色雲朵與皓色雲朵巨大空隙處，透過影影綽綽薄霧，出現片片段段青黛色峰形，一座座的，如海中浮裸島嶼。它們的色澤是如此嫵媚，很像古典的小山眉和月稜眉。有的，則像古代鳥蠻髻，和雙環望仙髻。他們望著望著，不禁呆了。漸漸的，從白色雲海深處，紅霞塗抹的胭脂，越畫越濃、越擴大，突然，不知何時起，東方天際全盤出現一輪朝陽，紅燦燦、鮮艷艷，叫他們措手不及，連想也來不及想。於是，慢慢的，雲霧海逐漸褪去，消失了。

是這樣熊熊發光的火燄，是這樣璨璀絢爛的太陽，他們沉醉了。

面對圓圓紅日，這宇宙間最偉壯的火炬，他止不住熱情的把手搭在她肩上，像一個古代聖者，說述他最內在的思想、最深沉的靈魂聲音。這時候，她知道，他是被一片巨大如太陽的觀念所籠罩，假如他不宣洩，是不能寧靜的。她一言不插，誠懇的聽他說下去。

「就靈魂的最通俗的現實低地說，說來說去，歸根結柢，人類不過用一種火燄抵抗另一種或另一些火燄。或者，用一種單純的火燄，抵抗一切冰夜，熔化一切石塊或鐵塊，和諧一切分歧的金屬。人類最常接觸的是太陽，最常取法的，也是太陽。當太陽用單純的火熔化一切時，人類就用肉體的單一的本能火燄形成靈魂內的火燄，又用它火化一切與自己相異的。智慧或理知的和聲，很少使人性的音樂眞正和諧過，只有火燄，才是生命的眞實和聲。當太陽出現後，火使整個恆星系和諧。地球未形成時期，火令地球和諧。史前時代，火又叫人類祖先和諧。這以後，火曾促成各個民族一元化。直到今天，火仍是這個地球各種風暴體系或火山集團的主要音色、旋律、和聲。就這一點說，昨夜或今夜，並不比歷史上任一種火燄遜色。我們所捕捉的，究竟是一種較近人情又較純潔的火。我們血液裏，沒有一滴火不是純粹的、人性的。我們的代價，也就是我們的收穫。不像那些風暴集團，代價與獲得是南北極。

「可是，單純的火燄雖是可觀的，卻不是可貴的。幾千年來，人類一直嘗試用一種最單純的火燄熔化一切、火化一切，這是人類幾十萬年來做太陽奴隸的後果。它是簡單的，卻又是危險的。因爲，我們已習慣於用火燄的噴泉代替思想的噴泉。記住，沒有一個沐浴於火裏的生命，還能考慮火以外的事，正像大風雪夜，幾乎沒有一個火爐邊的人，考慮火爐以外的生命力量和光熱。我們早已習慣於燃燒別人，而不是眞正說服別人。太陽裏面，最大的高熱、高溫，在光球部分，光球與色球間，都有反變層，這是一種特殊氣體，能吸收那最可怕的光熱。太陽一切偉大的光，必先通過反變層，再被射出來。我們人類的火燄或信仰中，卻缺少這樣一種反變層，一切是赤裸裸的燃燒著。假如沒有那個特殊反變層，太陽的原始火燄，可能會燒燬地面的一切。我們所有的信仰火燄，卻幾乎極原始味的毀滅著一切。

「那最簡單的光熱，往往是最可能的光熱。沒有多少靈魂大師，從最複雜的火燄與火以外的一切中，尋求那極艱難的和諧——火內火外的和音。現在，人類仍試著模仿幾十萬年前老祖先，找那最單純的最原始的第一朵火。找這樣一種火，不只是找一種靈魂深度，一種冰夜的燃料，也是找一種吞捲別人的武器，包圍和毀滅的力量。人們從不想把火內火外眞正結合。一切言語的閃光、思想的火花、文字的火星、詞彙的火點，總是如腹心陣地那片最單純的火一樣。人們只相信單純，不相信複雜，更不相信那巨大複雜以後的巨大和諧——那種像宇宙空間深處一樣偉大深邃而透明的靈魂深度，個性的超高境界。

「試想想，不管奧斯多夫色階多麼完整，也不管牽牛星的黃白色多麼鮮明，星星觀測者的個人癖性、眼力、感色度，與精熟程度，都會影響他所發現的星星色彩。每一種精確的自然現形裏，總嵌印或滲透個人的氣質、癖性、生理本能。這樣，一切人造的信仰或理想中，怎麼會不滲透個性和個人標誌？至少是創造者本人的氣質？我們說，一種滲透宇宙味星空的偉大人格，可作爲一種信仰的背景，正如說波斯地毯的美麗花紋圖案，必須有金色的或藍色的背景一樣。而雕塑這樣一種偉大個性，創造這樣一種超脫境界，至少，比隨便捕捉一簇單純火燄深刻得多。

「我不敢說，我已多少找到什麼，或者，我所找到的，或許多少算是有點豐富的。幾千年來，某些精神大師找到的，今天既開始顯得有點狹窄、偏頗，我，一個極平凡的人，怎敢說我的收穫有點豐富？可是，就目前論，我們所提供的藥劑，或許比較有效，比較人性，也較少副作用。現代某些大師只想找尋最刺激最烈性的藥劑，從不考慮它們副作用。我們卻不能翻版一個笑話，爲了消滅幾隻跳蚤，就燒掉一所房子，或者，如古代寓言所說，爲了烤一隻美味燻豬，就焚燬一座屋子，更不能爲了改造一條河流，就先叫河床變沙漠，把人類渴死。我已多次說過，幾千年來，血流得太多了，今天第一件大事，就是設法停止流血。凡是鼓勵流血的思想與言詞，都是罪惡的、荒謬的。與這相反的一切觀念和言語，即使是極神秘的，也是極純潔、極和平的。拿我這個發言人說，假如我不能先叫自己靈魂和平，就不可能希望一個大陸或一個洲和平，更不可能希望整個地球和平。有些人所以那樣熱心找最單純的火，其實是巴不得用火與血代替智慧與靈性。似乎只要一拔出劍，一割破血管，一千個荒謬思想也就被原宥了。比起這許多蠻横來，我們在探索的星球哲學，以及它所希望的，和每一個人都有可能帶來的、這一小角和平、愛情、幸福，總算是較少自私、較純潔的。假如地球每一角都可能像我們這一角，那麼，普世混亂的河水，將會澄清。」

說到這裏，他大而黑的眼睛穿過殘剩的最後雲海與霧帶，向最最遼遠的空間凝望，似乎要望穿全世界每一座山、每一條水、每一個角落。他的聲音突然顯得極度誠懇，彷彿不是說什麼，而是祈禱什麼，請求什麼。

「我們喝著從同一座巴顏喀拉山流下來的水，或同一條尼羅河水，或恆河水。我們食著同一座太平洋的鹽、大西洋的鹽。我們走過的一片片大陸，被同一片南海、黑海，或地中海水拍打著。我們的四肢，從頭上同一輪太陽吸取光與熱。我們的夜裏的眼睛，被天上同一顆黃白色的北極星照亮著。我們的祖先，幾百萬年前，從同一座帕米爾高原走下來。我們的孩子，和今後無數代親人，今後若干萬年，將共同生活在一顆星球上，在同一片同溫層下面，呼吸同一的氧氣與氮氣。爲什麼我們不能叫地球旋轉得更可愛些？更少帶血腥味些？有什麼理由，我們一定要讓我們的祖先——披爾德唐人或羅台西亞人，爲我們流淚？假如他們知道，自己嫡系血緣（子孫）們怎樣在自相殘殺，而且互殺了幾千年？

「有誰曾想過，原始時代，我們的祖先，是怎樣艱苦的與洪水野獸鬥爭？在多少萬千次絕境中共同聯合、共同自衛，才保存了人類這樣一個偉大種族？又有誰曾想過，幾百萬年中，這一種族竟幸運的保存下來，而且，綿延到今天，創造出現代如此光輝的文化？這是怎樣空前的奇蹟？

「假如你的手裏，有我手裏的血。爲什麼這兩隻手不能緊緊握在一起？假如你的神經纖維內，有我的思想色素，哪怕是一丁一點的共同色素，爲什麼兩種思想不能連接、循環，像不同的動脈系統和靜脈系統形成同一套血液循環？

「一個花園有各式各樣的花。一座山峰有各式各樣的石頭。一片大海有各式各樣水花浪朵。一抹太空有各式各樣星斗。這些複雜相異的式樣，無損於一個花園的美麗，一座山峰的雄壯，一座大海的魅幻，一抹太空的偉大。爲什麼，我們之間的一些分歧，會有損於人類的偉大？一些不同的觀念，會傷害地球的奇蹟？」

他轉過臉，視線從遼遠空間轉到她美麗臉上，彷彿這不是一副女人的臉，而是整個人類二十七萬萬張臉孔所凝聚壓縮成的一張臉孔。他的眼睛充滿熱情，這種熱可以誇張形容成：可能只當地球剛從太陽飛出來時才會出現，那時，它還是一團火光。

「不管你憑什麼名義，憑上帝或阿拉、佛陀或天主、理智或熱情、鄰居或兄弟，只要能愛，那總是一片光輝。你可以憑一切理由或哲學來愛，來完成一種神聖的光明。儘管泉頭不同，水源不同，流到大海裏，水與水就相愛。儘管它們有時互相衝擊，但更多時候，水與水是兄弟，比較平靜。一切的信仰或觀念，儘管不同，在愛的大海中，總有共同的水色、水流，又總爲了同一使命：供人類以生命之鹽。地球上，有各式各樣愛法，父母的愛、兄弟的愛、夫妻的愛、情人的愛、同志的愛、教友的愛，但愛總是愛，它們的主要色素是相同的，只爲了把最光明潔淨的情感，從自己肉體流注入另一個或另一些肉體中。可千萬不要——或盡可能不要把最光輝的愛變成最黑暗的事物，正像我們不可以把正午十二點變成黑夜十二點，把白鴿子變爲夜梟。

「即使那最黑暗、最醜惡的，我們也必須花盡最大耐性，叫它們變成一片光明與美。煤層最黑，我們可以使它化爲火與電。孔雀尾羽毛最有毒，蘸在酒裏，能變成毒酒，但作爲觀賞動物，它卻帶給我們一片純美。

「我們應該耗竭無窮無盡的忍耐與努力，把這個星球上一切黑暗與醜惡化爲一片空靈的光明與純美。當然，我們也要鬥爭，卻要盡可能採取和平的鬥爭、思想的鬥爭、教育的鬥爭，必要時刻，竭盡一切智慧，藉以證明人類是文明的生物。通過文明方法，能解決一切難題。也不能否認特殊與例外，但那只是歷史的偶然，而不是必然。瓦特發明一架蒸氣機，和平的改變了歷史，這就是一個例子。我們應該相信智慧能改變歷史，絕不要迷信武力。」

他的眼睛離開她的臉，轉望著那壯麗的穹空，這時，雲海與霧帶完全消失了。又一次，他似乎不是對一個人談話，而是一朵雲彩在雲海裏獨自發聲、發光：

「秦始皇的兒子死於弒。項羽死於自己寶劍。隋煬帝死於自己絞索。漢尼拔死於毒藥。凱撒死於短刀。拿破崙死於荒島。馬拉死於浴盆。丹東死於朋友和同志升起的斷頭台。彼得大帝的兒子死於彼得大帝的手中。尼羅的母親、妻子、兄弟，死於尼羅，尼羅又死於自己的短刀。成千成百最具統治權威的頭顱，成千成萬最高貴的頭、最智慧的頭、最美麗的頭、最狂烈的頭，爛南瓜一樣，滾在自己朋友的腳下，落在自己親人的手底。幾乎沒有一秒鐘，歷史時間不浸滿鮮血。究竟，什麼時候，人類才讓這個星球停止出血呢？什麼時候，我們才眞正已疲倦於血的瀑流呢？血河與雪球一樣，越滾越大、越流越闊。從前十年、一百年流的血，今天，可能一秒鐘就流盡了。明天，所有歷史上人類流血的總和，可能還抵不上現代十分鐘的血的紀錄。今天，假如我們還不停止讓地球出血，明天，人類最後一個後裔，可能被血海淹死，地球又將回到幾十萬萬年前洪荒無人時代。

「憑著億萬年前我們祖先的名義，憑著我們億萬年後億萬子孫的名義，假如我們血管裏還有一滴眞正人血，首先，我們必須千方百計，設法讓這個世界停止出血。一切野心、本能和思想，不管怎樣野蠻，必須在血的面前感到自己的罪惡，考慮停止用流血方式傳佈自己的觀念、實現自己的罪惡，考慮停止用流血方式傳佈自己的觀念、實現自己的野心、滿足自己的本能。

「可能，這是一個最具毀滅性的時代，它將使地球又化成幾十萬萬年前的一片原始火光。可能，這是一個眞正得救的時代，從此以後，漸漸的，地球上將再不流一滴無辜的血。

「古羅馬鬥獸圓場早已崩圮了。在地球小部分空間，在西班牙、墨西哥、葡萄牙，還殘留著無情的鬥牛戲。可是，要想把整個地球變成大羅馬鬥獸圓場的計劃或理想，不管你願意不願意，在現代是很難實現了。不管你願意不願意，人類已在血以外找到新的墨汁與文字，在刀劍與手鎗以外，已找到新的筆桿與動作，在原始仇恨與偏狹以外，已找到新的語言。」

最後，他的視線又從雲空回到她臉上、身上，彷彿要把整個血液奉獻給她，向她奉獻出最後聲音。這些聲音，有一部分是連繫到他自己的。

「我所希望於這個星球的，是它的美麗，不是醜陋；是它的繁榮，不是凋落；是它的和平，不是流血；是它的永生，不是死亡。我們既從無窮空間深處出來，就該向那無盡空間飛去，探索它神奇的秘密，直到鑿穿我們銀河系宇宙最後的扁平牆壁。我們既擁有最豐富的財寶、無數千萬年的時間，我們就該極智慧的運用這份財富。人類沒有理由辜負這些財富，更沒有理由把我們祖先千萬年辛辛苦苦經營起來的這個地球花園，用一把火燒光。

「今天，這個星球是戴滿鮮花與香草飛旋著，明天，它可能只是一片沙漠的運轉。今天，這個地球充滿有血有肉無比智慧的生命——人，明天，它可能是昆蟲與鳥獸的世界。今天，我們的世界已到達這樣一種嚴苛的時辰，以至於最沒有分量的言語字句，也變得和阿爾泰山一樣重。有些言語是如此貴重，幾乎一句話值幾萬個頭顱，一個字值幾百萬個腦袋。一些最微不足道的動作，現在也如此貴重，一舉手、一投足，就值得幾千萬個人頭。這不是麗言俏語、舉止瀟灑的時辰，假如某些人不審愼，一言、一語、一舉、一動，都可能促使幾千萬條血管出血。所以如此，是因爲人類自信心似乎崩潰了。人類再不信賴自己。這個民族再不相信那個民族。這個集團再不相信那個集團。這個人再不相信那個人。當哥哥不再相信弟弟、母親不再相信兒子時，那麼，凝結這個世界的三合土就破碎了。形成這個星球的萬有引力，就不存在了。

「首先，我們必須復活這種萬有引力，再造凝結性的三合土。假如不這樣，我們的星球，將再回到無數萬萬萬年前，仍變成一些閃爍的火花，再沒有人類和任何生命。復活和再造，有最高的精神設計和最低的現實滿足，關於這個，我們過去已略略談過了。在我將要寫的另一本新書中，有更詳盡、更完整的敘述。我希望，有一天，它能出現於人們眼前。到現在止，僅僅發表我那些思想和聲音碎片，我是不滿足的。

「生命是一連串巨大的和渺小的運動。即使是最靜止的，也倚賴那運動著的光與熱、纖維與細胞。即使花是寧靜的，顏色與芳香卻在運動。即使根株是嘆靜的，枝葉卻在顫動。假如時間本體是靜止的，它的綿延卻是運動的。假如空間是謐靜的，它的具體形相卻是旋轉的。這一切運動中，最偉大的，是觀念的運動，思想的旋轉。整個銀河體系宇宙中，至少，人類已經憑藉它的巨大的靈覺運動，捫觸到這一體系建築的最初光色、線條，與邊緣。

「可是，比起那無數億萬萬萬年來，整個人類歷史，究竟只是百萬萬分之一秒。較之那無窮空間，地球又只是大海一滴水。你和我，甚至耶穌、釋迦、秦始皇、亞歷山大與人類整體，又只是無盡時間空間的一些微粒。每一次彗星閃過，常落下無量數這種微粒。

「這是一些嚴苛的事實。考慮到人類命運時，就不能不考慮這些事實。

「雖然這樣，但我們依靠慧覺的巨大運動，依舊可以把每一個微粒轉化爲一個星球，甚至變形成一整個銀河系宇宙。最高度的生命觀照，在於訓練一種精神彈力，能迅速從無窮小膨脹成無限大，又從無數萬萬星雲的化身凝結成一粒微塵。也許，這並不完全是新觀念，可是，極少人想把這些觀念溶化到現實生活中。假如能這樣，我們將具有一種怎樣壯麗的胸襟？

「你找遍全地球二十七億人，有多少人用這樣崇高襟懷來面對現實波浪？假如眞能這樣，這個世界早已停止流血了。假如還沒有這樣，這就値得形成一種未來的精神運動、風氣和風格。

「爲了試探尋找人生眞理，我個人已付出整整二十八年生命。我不敢說，或多或少，我已找到一點。可是，至少，人類靈魂的最後石壁，我可能鑿穿了一點。將來，我不知道，可能，有人會作更深的挖掘。可是，截至目前止，我已窮盡個人的渺小生命，試著潛入某些人類精神迷宮，可能已爲它們拍攝出最初圖片。我的方法既是接近東方的，又是接近西方的，也是接近現代的、科學的。

「我個人一生的探索過程，對現代人說，也許是一種可以多少參考的靈魂資料。因爲，它第一次嘗試溶化上述四種成分。遺憾的是，我對你們口說的，以及將出版的那本書所寫的，遠不夠完善，一切將包含在我正準備寫的那本新書中。我希望，它將來的完成，或多或少，將有助於進一步澄淸人們對我的質詢。至於已完成的那本書，或多或少，也算初步描畫出我的觀念輪廓。

「也許，我對你所說的，還有點過於自信，甚至自負。可是，記住，歷史上，沒有一個虔誠的探索者和光明的觀照者，會缺少那種最低限度的自知，以及那種客觀的如實的估計。這種估計，假如不先分析給自己最愛的人聽，那就是虛僞。和歌德同時代者，都說他是一個最驕傲的人。但今天，我們誰都被他那份偉大的精神成就所折服，可從沒有人感到他過分自負。恰恰相反，從他那些充滿自尊心的談話，後人寧感到他的坦白、親切。當然，渺小的我，從沒有考慮過，借用這位大師影像來裝飾自己的影子。我只是說，人應該對自己最愛的人說出最後一句話。再說回來，凡是理想的靈魂探索者，都具有一種生命潛力。單是這種潛力，就不可能叫他再把自己化裝成一條蛆蟲生命。信仰者、觀照者，和科學家有點不同，他的一部分光明，正倚賴於那種堅定的自信心。假如他毫無一絲信心，又怎麼能叫別人相信他？

「過去二十八年是過去了。感謝偉大的時間，總算讓我多少爲這個社會獻出自己的一涓一滴。今後，爲了我的孩子、爲了你、更爲了這個星球和它的所有居民，讓我們按照自己信念去實踐我們的理想吧！

「首先，讓我們誠心誠意的光明正大的生活下去吧！」

八

時辰到了！創造這個宇宙的諸神，現在已暫時停止用星光傾潑到印蒂身上，可是，他在這顆行星上的腳跡，並未終了。像一匹越野賽的馬，他還有許多山河、溝槽、柵欄，要飛越。

他仍要爬許多帕米爾高原，穿不少沙漠和暴風雪，涉一些怒江與瀾滄江。不僅他，凡是活在我們這個星球上的人，命定要經驗新的日耳曼人南侵、新的黑暗世紀，和以後的宗教鬥爭。沒有一個生命，沒有一隻天上的鳥，一尾海底的魚，能逃避那鈾235的中子撞擊式的黑運。然而，不管怎樣，在這片古代東方大陸上，從本世紀開始的半個世紀的活動影跡，藉我們主角肉身，總算形成最初的定影顯像。也許，在起點是那樣碩大的，終點卻極其渺小。你花盡一生所追逐的那杯酒，臨到痛飲，也不過是幾秒鐘的沉醉，那最奇異的滿足，也許還不足一秒鐘。不過，人們的希望，畢竟不應只寄託於剎那的酩酊，應建築於那持續的堅定的巨大歷程，以及對它的追求。剎那的沉酣，在人類歷史上曾千萬次閃過電光，又螢火樣消失於太陽光中。一種持續的追求，卻更永恆的滲透我們的靈魂空間，和廣泛的地球生活。那些偉大的腳跡，被鐫刻於希臘圓柱上，被畫在羅馬教堂大壁畫上，被雕塑於壯麗的凡爾賽宮中，被錄音在神妙的五線譜上，被說述於燦爛的字行間。只要是生命的酒杯，杯內裝滿的，總該是酒，不是那一片空虛和它的反光。從這一點說，我們的主角，並沒有辜負他的杯子，更沒有辜負那些圓柱、牆壁、宮殿和樂譜。

水總渴望流入大海。這條水不流入海，別的水就要流向海。假如天使不為水流創闢通往大海的河床，魔鬼就要為它們開鑿通地獄的河道。日日夜夜，地球在行星軌道上作巨大旋轉，你不願按照萬萬千千年軌道旋轉，只能扮演流星，隕落墜下，化為頑石。終其極，不管人類曾經怎樣荒淫過、無恥過，一片偉大的核心洪流，卻總是被一條永恆的河床與軌道流下去，從沒有一分鐘停止過。它把一切黑暗與庸俗衝成碎片，只保留那最純粹與最恆久的。今天，我們又一次面向新的洪流，人類必須在新的永恆與毀滅間抉擇。我們的印蒂，選的是自己的永恆軌道，他的腳跡，可能是某些知識分子多多少少所矚望的航行圖。但圖並不等於航行本身，這一時代的航行中，仍充滿風險，可能是一場比過去五十年更大的風濤。然而，幾百萬年來，擺在人類面前的，從來就沒有眞正的坦途。五十萬年和一百萬年前，我們的祖先曾出現於地球，卻被一次又一次冰期毀滅了。二十萬年前，我們的近祖，被最後一次冰期消滅。直到兩萬年前，我們眞正的祖先克魯麥農人才在地球上站穩。從那時起到現在，生命就不知道經歷過多少萬次的鬥爭與死亡。爲了保存生命，爲了保存這個星球，唯一通道，是穿越黑暗與毀滅的道路，追求光輝的未來。

現在，印蒂和瞿縈下山了。他們不是走下山，是笑下山，從天空笑到大地。也可以說，他們不只笑下山，是綠下山，從山上綠到山下。他們肉體上，穿著夢橄山大片鮮緻的綠色，靈魂裏，也滲透這片旖旎彩色，他們的灰質神經細胞擴大了，白質神經纖維顫動了，一種雨樣的幸福灌滿他們官能，他們不能不用最美麗的肉體音樂——笑，來表現。這正是濃綠的時辰，每一片葉子、每一株野草，都像才從綠色油漆缸裏撈出來，到處滴著燦麗的綠滴。啊！

生命！生命！生命！你多麼偉大！你把思想變成玫瑰。你要聲音化成薔薇。你叫眞理空間，成爲花園空間。你使這顆藍色星球充滿這樣繁茂的幸福枝條，人們幾乎一伸手，就可以攀折到。啊！太陽是一隻幸福的火鳥，每天早上，從東方飛出來。月亮是幸福的夜明魚，游泳於無限空間海洋。黑夜是幸福的跳踢踏舞的黑人舞女，步子又沉重、又輕鬆，把一些金屬屐履聲幻魅的彈響於人們心底。無數幸福色彩在旋轉、卷舒，是一些極魔美的現實，又是一些極奇艷的象徵。這一切，組織成橫貫宇宙的時間河流，無比輝煌，又無限深沉。這條河流中，有的日子，人們情感作火炬競賽；有些日子，人類意志作馬拉松長跑；另一些日子，衆生被痛苦撕扯。可是，不管它們怎樣光怪陸離，忽黃忽紫，乍黑乍白，歸根結柢，那些最紅色的火光，總燃燒在地平線上，龍翔鳳舞於大海洋。那不是火，是永生的希望。

爲了這片火光，沒有人能衡量，他們究竟跑過、走過、爬過多少路？山上山下的、水中水邊的、草原上的、沙漠裏的。等到走完爬完了，猛一回頭，一陣巨大驚奇中，這才發覺，他們渺小的腳跡曾畫出怎樣震盪性的奇蹟。一個人，只要眞實的生活，虔誠的追逐，或早或遲，總可以衝開那些迷天大霧，突破那最高的稀薄的電離氣體層，攀摘那些可珍貴的星光與彗尾。是地腹中的熔岩，負載人類的命運也好；是史前大冰期的冰鹿，從馳騁到毀滅也好；是小小野菊花，一年只開一朵也好；是一粒微塵，隨沙漠胡風旋轉也好；你總得作一場高貴的鬥爭，窮盡你最大的生命限度，創造並結晶你自己的光亮命運。這命運，可以是一塊塊石頭，也可以是光芒萬丈的彗星。假如原是彗星，在發光中化成石頭，那是偉大的。假如原是石頭，在壯麗的風暴中碎爲微粒，那依舊是偉大的。

我們的主角，已走完他們應走的路。他們並沒有辜負星光的照耀、大海的衝擊、颶風的狂流、地球的旋轉。讓上帝去寫最後一行字，說最後一句話吧！他們已做完他們應做的，又開始他們應該開始的了。萬能的宇宙啊！請讓你們最嫡系的孩子們眞正生活在你懷抱裏吧！

九

印蒂夫婦搭公路汽車返H市，回到家中時，大約下午兩點多。只有趙媽一個，在花廳裏做針黹，兼看門。

一看見他們，頭髮花白的趙媽，立刻站起來，笑著道：

「老太太她們都到農場玩去了，在那裏等你們，海弟也在那裏。」

「弟弟這兩天好嗎？」瞿縈急忙問。

「弟弟好得很。吃得好，睡得好，玩得好，可就一樣，總是吵著要媽媽爸爸。」

「謝謝你。」印蒂笑著說，接著，關懷的道：「乾娘，這麼大熱天，你還做什麼針線？去憩憩！你爲什麼不睡個午覺？」

「早睡過了。睡多了，頭昏，你是知道的，從前我最不要睡午覺。這兩年，給你們逼得沒法，才睡睡。」

「我看，你還是憩憩吧！食櫥裏有汽水、瓜菓，你儘管吃。夏天不吃點瓜菓，不行。」瞿縈說。

「我是在吃。不吃，老太太要逼我的，還是自動手好。」趙媽笑起來。

「你跟我們自己家裏人一樣，想吃什麼，只管說，我們會替你買。蒂和我早認你做乾娘了。我們和你自己兒女一樣，你千萬不要客氣。」瞿縈熱情的說。

「哪裏話！那是說說的。我怎當得起？你們這樣待我，問寒問暖的，眞是我前世修來的了。前些天，觀音菩薩生日，我還到廟裏燒香，求菩薩保佑你們全家多福多壽呢！」

「謝謝你。謝謝你。」

夫婦兩個，匆匆沐浴更衣。印蒂把兩個空大拎包縛在後車架上，兩人戴了草帽，騎車赴農場。

這正是星期天，知道他們要來，除了幾個辦急事的，大部分工人都在農場。這些年輕人全認爲，這兒比世界哪一角都可愛，廣大人間，再沒有比這兒更富誘惑性的空間了。幾個畫家，也聚集此處，履行他們星日義務工作的諾言。

全農場洋溢一片新鮮氣象。一些寫上名稱的新木牌，也出現了，有些用木條支撐，成丁字形，全都白漆漆過，上書藍字。入門小公園叫「伊甸園」。蓖蔴田稱「倔強者」，充分表現這種綠色野生植物的堅韌性格。竹園名「翠蔭深處」。魚塘是「唼喋池」。菜地是「歸去來圃」，出典於陶潛的「歸去來辭」。茶地號「一杯香」，點出龍井茶特色。（其實，這裏茶葉不能算眞龍井。）其餘等處，名稱照舊。

一年多來，印蒂從未離開農場這麼多天——四天。每月赴S市兩三天，到時代出版社連繫編務，每趟也只兩日，頭一早去，翌日晚東歸。平時，他連星日也來辦公半天，很少休息過。因此，這四天，從情感上說，對工人們是夠長了。他們每禮拜，甚至雙週回家一次，也從不覺得離別父母兄弟姊妹有什麼「長」。

當然，印蒂夫婦這次連續休息四天（實際三天半），是千該萬該。去夏，連瞿縈也利用暑假協助丈夫替農場做了不少事。今年，她乘假期，陪後者登夢橄山四天，是理所當然。但年輕人們心情是矛盾的，又希望他們多憩憩，又盼望他們早日歸來。

上午，工人們大半自修功課。下午，大家決定，各自採用自己歡喜的方式，表現對印老師的等待心情。這時，清秀臉孔紅撲撲的袁順欽，在蓖蔴田內拔除莠草，他頭戴金黃大草帽，身穿粗藍布衣褲。據說，大太陽下做農事，衣服越厚越遮日。「備無患廬」中，「屠夫」修理農具，把一隻隻關節鬆了的鐵耙，插上新削的木楔，用鋤頭敲進去。他一行工作，一行低低唱「地球農場場歌」，又叫「地球之歌」：「我們的地球旋轉得多雄壯……」「老兄，別再唱了，好不好？再唱，我頭昏腦暈，眞要被你們旋轉到別的星球上去了。」大個子儲紀眞，坐在旁邊小木皮矮凳上，看「高老頭」，不時取笑他。

被取笑的屠克儉仍是哼著、唱著，不理他。

「日月軒」內，吳璣正作讀書雜記，桌上放了本H．G．威爾斯的《世界史綱》。另一張桌子邊，柳蒨在寫信。他(她)們兩個工作時，一點聲息也沒有。華峰曾和他們開過玩笑：

「你們兩個辦公，眞是鴉雀無聲，有時我推門，被你們駭了一跳，還以爲你們早停止呼吸，找上帝去了呢！」

此刻，華峰已泡了杯綠茶，安閑的坐在「得樂園」裏，一面喝茶，一面聽駱香香教穆珍珍彈鋼琴，是彈練習曲。前幾年，珍珍讀本市某教會中學高中，由於機緣，曾學過一年琴，這次，從駱香香從頭學起，便駕輕就熟了。隔壁，「開卷有得」室內，徐旭紅溫習文學功課，他桌上攤開李白詩選，還放了幾冊新詩。從他所創制的十幾首短詩中，印蒂認爲他頗有點詩才，鼓勵他多讀古今中外詩。他不諳外語，便看看西洋譯詩。另一間大屋子中，「星光燦爛堂」內，戴玉蓮向李茶學西畫，桌上兀立一尊希臘阿波羅頭雕，後者不斷講授繪畫技術，指導她用鉛筆繪素描，這是西畫基礎課。

室外，附近一棵蒼翠的大柏樹蔭下，夏桂芬在唱歌，許蘋芳佇立一邊，不時糾正她的唱腔。夏本是駱香香的學生，此刻後者正教珍珍，那僅有的一架舊鋼琴也被佔用了，夏只好先獨自練習，由蘋芳臨時指導。夏嗓音天賦清亮甜潤，大家都稱她是「甜蜜的聲音」。

義大利蜂早運到蕭山農村，採棉花蜜去了。「孩兒面」樓芳在「嗡嗡閣」內搞衛生。「玲瓏閣」內，謝玳花替一隻隻安哥拉兔梳理長毛，到時候，總得這麼梳梳，否則，兔毛亂黏成一片，以後，就無法剪了。「黑白山莊」旁邊，黑胖胖的董琳幫嬌小的聞鶯料理飼料，調皮的華峰，曾對他的食堂同事開玩笑：

「大家叫你『黑非洲』，我看你可以綽號『澳洲黑』。『黑白山莊』大可改爲『董莊』。」

這個玩笑，引得大家笑個不亦樂乎。

現在，華峰卻捧了個有蓋有珥的白磁大茶杯，走到一棵巨大香樟樹蔭中，觀看馬爾提和藺愛禮畫畫。他們兩人支撐著木板畫架，正爲農場勾速寫。馬繪全景，藺描竹園魚塘一角。他們想分別創作兩幅油畫，以農場爲主題，一幅掛入「星光燦爛堂」，一張懸於「得樂園」。喬君野則端坐小竹凳上，膝頭設置一塊畫板，板上是一張白色畫紙，他執著一根粗鉛筆，爲不久開始重新佈置的「星光燦爛堂」設計草圖。蓓莉兀立丈夫後面，瞄視後者鉛筆的蠕動。瞿槐秋則一支煙、一杯龍井茶，坐在爾提左側一張小竹凳上，瞧他畫。華峰與槐秋可謂茶友，一相聚，總是左一杯、右一杯的喝著。附近地上擱著兩隻熱水瓶和幾隻茶杯。華峰看了一會畫，就坐在槐秋旁邊一張空竹凳上，和後者閒談了。

老畫家藺素子最勤奮。這樣熱天，他卻戴了個麵包卷式的舊草帽，穿一件舊黃咔嘰布短袖襯衫與短褲，站在遠處一隻大草肥缸邊，用一根大木棒攪拌著。虹畔堆了些割下的青草。

缸內浸著已腐爛的雜草。他不時投入新草，出力攪著，設法把它們壓到缸底。傍晚蔭涼時分，他打算在由他創議而開闢的「伊甸園」內施草肥，好讓那些花草長得更快點。他自稱，這是他每週「義務勞動」。他是一個嗜花如命的畫家，爲了這些美麗植物，他從不吝惜自己的時間與精力。這時，他那貝多芬式的額，已迸出一粒粒汗珠，但那雙燧火樣的眼睛，閃閃發亮，絲毫不像個五十開外的老人。

馬、喬、印、瞿四家孩子們，麕聚「星光燦爛堂」捉迷藏，不管他（她）們的吵鬧聲，是否騷擾李茶教戴玉蓮作畫。

小海地新剃陸軍頭，上穿一件海藍色短袖府綢襯衫，下著雪白府綢短褲，跟在表姊小蝴、小蝶後面，和方方、圓圓、渝生做遊戲。剛才，他(她)們用一方綠手絹紮住他的額部，蒙遮他那雙丹漆色大眼睛。想不到他那樣靈敏，小蝴躲在屋角，才輕笑了一聲，他竟蜻蜓似地展開一雙小手臂，穩穩實實的摸過去，很快就一把抓住她，前後還不到三分鐘。全體小朋友，立刻鼓掌叫好。連講台附近學畫的戴玉蓮和教畫的李茶，也看得呆了，跟著喊好。坐在窗口的瞿老太太，可樂壞了，好一會，笑得嘴闔不攏。這會兒，她怕小外孫太累了，把他喚到身邊，掏出手絹，替他拭額上的汗，要他暫時休息，又不斷替他搧著白色鵝羽扇。

海地的五官，十足是他父母共同的作品。眼型像爸，大而漆黑，眼態卻像媽，籠罩了層夢味。他那微高的雕刻味的鼻子，煞似母親的副本；一張愛緊閉的嘴，卻又像父親的翻版。

他實足兩年零一個月，虛齡三歲，渾身發育得比同年紀的兒童壯大，軀幹也高一些，看樣子，將來他會和他爸爸一樣魁梧。現在，儘管靠外祖母膝前站著，一雙大眼睛，卻靈活的觀看幾個大孩子的遊戲，顯得很乖巧。這是他的性格，也是習慣，日常生活中，不管怎樣生動活潑，像一頭小錦豹子，一聽到父母或其他長輩吩咐，立刻乖乖順從。

忽然，他箭樣衝出去，直穿到瞿縈面前。她一把抱住他，不斷親他臉頰，正想和他說話，工人們卻七嘴八舌，在四周響起來。

大家一見他們回來，立刻圍攏來，如孩子們看見父母。除了正在畫畫的三個畫家，和攪拌草肥累了的老畫家——這時他走到大香樟樹蔭下旁觀兒子作畫，——眾人全聚於印蒂四周。

「怎麼，順欽，這麼大太陽，今天星期日，你還幹活？」印蒂詫異的問，話聲裏微微帶點溫和的埋怨。

「國賓來訪，一般國家總有儀仗迎接，我這是用雙手和地裏莠草打交道，來迎接你。」

「我修農具，迎接你。」屠夫笑著說。

「我彈練習曲迎接你。」穆珍珍也學樣說。

「我畫畫迎接你。」戴玉蓮笑著說。

「我坐在香樟樹下喝龍井茶，迎接你。」華峰笑著說。

「怎麼？我變成『國賓』了？」印蒂笑著問。

「你這不是國賓來訪問，是國賓訪問『夢橄山園』歸來，我們理當迎接。」聞鶯笑著說。

瞿縈正想講話，另幾個人卻搶著說了。

「印老師，別聽他們胡扯，你們玩得好麼？」吳璣問。

「瞿老師，你們玩得好麼？這一年，你們許久沒好好休息了。」徐旭紅說。

「印老師，四天沒見你們，大家惦念得很。」

「我也惦念你們。這幾天你們好麼？」

「這幾天，我們全好。就是昨天來了個本市記者，忽然心血來潮，要參觀。吳璣陪他，耽擱了一點半鐘，他直抱怨呢！」董琳說。

「不要緊，讓他看看也好。」

「媽！媽！您身體好嗎？這大太陽，您還是在裏面憩憩吧！」一見母親出來，瞿縈抱著兒子，馬上迎過去。

「這幾天，海地一直吵著要媽，說媽不要他了。好容易，才把他勸服了。今天一早，他就盼你們了。聽說你們要先來農場，他一個勁兒要來這裏。」

「哪兒事？眞是怪孩子！爸爸媽媽當然先回家轉轉囉！」瞿縈又親親海弟臉頰。

「藺先生！你眞是！這大太陽，你還義務勞動。」

見老畫家和另幾位走過來，他迎過去。

「刀不磨，要銹，人不磨，也要上銹，還是鍛鍊鍛鍊好。我祖父是石工，專刻石磚上墓誌銘，一身好筋骨。或多或少，我也繼承了他的生活風格。」老畫家的貝多芬式的額上，沁出汗粒，他也不拭。

「印老師、瞿老師，你們帶什麼吃的給我們了？我們這些學生，全是孩子，嘴饞得很哩！」華峰笑著說。

「瞧！這不是！」瞿縈笑著指指丈夫剛從自行車上取下來的兩個大拎包。

大家跑過去，打開一看，全笑著蹦起來。鄭蘊荃笑著道：

「喝，我的老天爺！你幾乎把整個水菓店全搬過來了！」

「可不是，要不是我攔住，他簡直要把一擔黃金瓜都挑來。」瞿縈笑著說。看看丈夫在用一方濕透了的手帕拭汗，立刻從黑色手提包內，取出一塊乾淨綠手絹遞給他。

「嚇，讓我數數，四十五瓶正廣和橘子水，四十五隻黃金瓜，五十二隻水蜜桃。還有三斤巧克力糖！我的上帝，足足有五、六十斤，虧印老師踏來的！」謝玳花笑著大聲說。

「不要緊，他是大力士，在華山五千仞上鍊過的。」瞿縈笑著說。

「朋友們，你們當心，喝了橘子水，就吃黃金瓜和水蜜桃，容易瀉肚。你們先喝橘子水，過一會，再吃瓜和桃子。」印蒂大聲叮囑。

屠夫笑著跑過來，搶了一隻黃金瓜一個水蜜桃就走。「我放棄橘子水了。我現在就要吃瓜，吃桃子。」

華峰也搶了個黃金瓜和水蜜桃，洗也不洗，就把瓜大吃起來。他笑著道：「我也放棄橘子水了。」

柳蒨笑道：「敝人也鄭重聲明，暫時放棄橘子水。」她拿了個瓜和桃子，先撕開皮，吃桃子。

徐旭紅笑著掉書袋：「黃金瓜我所欲也，水蜜桃、橘子水亦我所欲也，三者可以得兼。」他又補充一句：「橘子水我留了晚上喝。」

黑臉孔戴玉蓮扭著細瘦身材，笑著道：「我向徐旭紅看齊。」她也拿了三件。

「我按統計表格式聲明：『同上！』」謝玳花笑著說。

「我也『同上！』」高鼻子儲紀眞說。

「同上！」樓芳笑著說。

「同上！」愛禮和蓓莉笑著說。

「同上！」

「同上！」

一片「同上」響徹四周，又迅速、又整齊，彷彿軍隊排隊報數。

「印老師！藺老師！瞿老師！我看你們今天就在農場吃晚飯吧，等會，撈七、八條活魚上來，吃點新鮮。你們在夢橄山上，怕不容易吃到活魚。」吳璣是唯一沒有「同上」者。他用大麥管套著瓶子，喝橘子水。

「也好！算我請客。等等上街買點肉和酒，有新鮮蝦子，也買一點。」印蒂笑著說。

「不，今天還是我做東吧。剛才你這兩大拎包，已算請過客了。」藺素子笑著說，他也在喝橘子汁。

「那我們兩人合請吧！」

印蒂掏了幾張紙幣，老畫家也取出皮夾。

「我去買。」

「讓我去。」

「我去！」

大家搶著說，結果，還是「屠夫」和儲紀眞把錢搶到手。「屠夫」搭送貨車，儲坐在車內，一忽兒，就不見了。

「好了，現在我要陪陪我的兒子。海地早已噘著小嘴，向爸爸抗議了。」轉臉向瞿槐秋和蘋芳說：「你們陪媽媽在裏面坐一會。外面太陽猛。」

大家都笑了，所有視線全集中於小海弟，他正在媽媽懷裏吃她撕去皮的水蜜桃。唯恐桃漬滴到衣服上，她取出一方手帕，鋪在他領口。

這時，方方、圓圓、渝生、小蝴、小蝶，也各由他們父母分配了橘子水、黃金瓜、水蜜桃，回到「星光燦爛堂」吃去了。

他(她)們兩個，抱著孩子，散步到翠竹林內。這裏的一切，使兩人聯想起夢橄山情調，不禁有點悵惘，彷彿一片夢味的彩雲掛在遠方。但很快的，面前風景叫他們神往了。兩人走入竹蔭深處，全把大小金黃草帽撂到草地上。四隻眼睛，都暱愛的凝視小海弟。

「媽媽！……」

孩子喊了一聲，不再響了。他睜著那雙夢味的大眼睛，直瞪著母親，眉目間，似惱非惱的。

瞿縈緊緊摟著他，噗嗤一聲，對丈夫笑了。

「蒂！瞧弟弟。這個怪孩子，簡直像大人。他惱我們了。」

「你們走，弟弟都不知道。你們到山上玩去了，不帶弟弟。」孩子噘著鮮紅小嘴。

「哦！我的乖！」瞿縈暱愛的一把更摟緊他。「這全怪爸不好，他說，告訴你，你不會放我們走了。我的乖，你會嗎？」

海地點點頭。

「歐，我最親愛的乖！我知道你會的，你是個乖兒子。」媽媽親親他的紅紅小臉蛋。

「啊！我最親愛的兒子，這都是爸不好！不要怪媽媽。」印蒂探下頭，親親孩子額頭。

「弟弟，別惱了，下星期天下午，我和媽媽帶你到雲溪去玩，那兒竹林比這裏大許多倍，可好玩呢！說，小海弟不生氣了。」

孩子怔了一會，終於點點頭，忽然笑了。連疊兩聲重複著：「爸爸，小海弟不生氣了。……小海弟不生氣了！……」

「啊，這才是我最乖的乖兒子。我最乖最乖的弟弟。」媽媽熱情的吻著孩子臉頰。

「海地，讓爸爸抱抱你吧！瞧，媽媽臂彎裏盡是汗。」

瞿縈上穿一襲荷葉領齊肩裸臂雪白綢衫，下繫一條黑綢長裙子。因爲丈夫最愛她那一頭長長黑鬈髮，每年夏天，她從不剪短，也不梳辮子，盤上去，僅用一束藍色綢帶，把腦後濃髮綰紮成一大綹，美麗的彈下來。這時，由於兒子的重量，在她懷裏如此長久，她不只長長白玉臂沁汗，連粉白的臉上也有點濕了。

「不，不，媽媽抱！媽媽抱！」孩子搖著頭。

印蒂只得掏出她先前給他的那塊綠色大手絹，替瞿縈拭臉上、臂上的汗，也擦擦孩子額上汗粒。

「哦，我的乖，媽媽好幾天沒有抱你、親你了！」不管渾身火熱，她仍緊緊抱住他不放。

她不時昵愛的吻著他的胖胖白臉，和他那雙又像丈夫又像自己的大眼睛。「哦，我的海地！我最親愛最親愛的好海弟！」

「媽媽！媽媽！我的好媽媽！」海地也大聲喊著。

「還有呢？」

「媽媽！媽媽！我最親愛的好媽媽！」

「還有呢？」她指指印蒂。

「啊！爸爸！爸爸！」

「我親愛的海地！再叫一次，像叫媽媽一樣的叫。」

「啊，爸爸！我的好爸爸！我最親愛的好爸爸。」

「哦，眞乖！乖極了！我最乖的乖兒子。」她熱烈吻他右臉，印蒂則吻他左臉，親暱的問：「海地，這幾天，你想爸爸嗎？」

「想！想！想！想！想！想！」他一口氣說了六次，忽然，調皮的用力吻著瞿縈發紅的右臉頰，吻得那麼響，「啪」的一聲，像鯽魚跳出水似地。

兩個大人全大笑了。

「哦，好兒子！你不想媽媽麼？」她伸出葱管似的右手，五指梳弄他的頭髮，印蒂掏出手絹，再度拭他小臉上的汗，又從褲袋取出十六骨白色大摺扇，不斷替她們搧風。

「想！想！想！想！想好媽媽！想親愛的好媽媽！」

她把孩子平端起來，仔細打量他。

「瞧！我們的海弟，穿上這套衣服，多美！神氣極了。眞像個小紳士。」又把他抱在懷裏。「弟弟！你就要有一個妹妹了，你就有一個海妹了，好嗎？」

「好！好！好！……媽媽，她什麼時候來呀？」

「明年春天。海弟，我的乖，將來你愛不愛妹妹呀？」

「愛的。愛的。媽媽，你快點要她來吧！明天就來。」

一句話說得兩個大人又大笑了。

「好，好，我的乖兒子，要媽媽明天就把妹妹帶來。可你得下來涼涼了，你們倆渾身是汗，媽媽抱了你這麼久，膀子也瘦了。」

他們坐在竹林較密處一塊小草地上。海地在正中間，爸爸媽媽分憩兩側。從草地上，印蒂抓起早帶來的三瓶屈臣氏鮮橘水，由白帆布短褲皮帶上取下一柄萬能刀，用其中的起子啓開瓶塞，又從雪白府綢襯衫胸前大口袋內拿出三根麥管，放入長頸瓶內。他教了教海地，孩子立刻學會了。他們啜著橙黃色液體，一面啜，兩個大人四隻眼睛，不斷凝視孩子，像欣賞一件名貴藝術品，百看不厭。

飲完橘汁，印蒂又從褲袋內掏出一把巧克力糖，給兒子四粒，他和妻子各三粒。孩子正吃糖，忽然，他一骨碌爬起來，拾起爸爸白摺扇，向前面跑去，原來不遠的一棵野生白色罌子花上，棲止了一隻瑰艷的黃底黑斑的金鳳蝶。他舉起展開的大摺扇，撲下去。蝴蝶倏然飛走了，他卻跟踪追過去。

「親愛的，今天晚飯後，我們玩什麼娛樂？」瞿縈低低問，她一雙美麗的大眼睛，一直追隨兒子的移動身形。

「和過去一樣。未娛樂前，我要先給大家講一個故事。」

「什麼故事？」

「我已寫好的那本書，三、四月個後，可以出版問世了。我正要開始寫的一本新書，它結尾有一個長長故事——兩百年後的人類生活，今晚，我想先講給大家聽。」

「哦，假如即將出版的是一朵玫瑰，那將是另一朵玫瑰。」她嫵媚的笑著望望丈夫，昵愛的拉住他的手，視線仍追踪海地。

「無論是第一朵或第二朵，這兩朵玫瑰，與我現在身邊兩朵玫瑰，總是相連的。玫瑰不是並蒂蓮，但你們這兩朵和我那兩朵，卻是並蒂四朵玫瑰！」

他沉思著望望她，又看孩子。現在，那隻蝴蝶越飛越遠了，但孩子仍拿著大摺扇，追逐牠。

「親愛的，你在笑什麼？」她開始研究他那張有點神秘的棕色臉孔。

他輕輕「哦」了一聲，卻不響，嘴邊仍浮著神秘的笑。

「告訴我。」她的手把他的抓得更緊了。

「哦，我是偶然回憶——」他似乎不得不順從她，雙眼卻緊緊跟著正在追逐蝴蝶的兒子。「我想起二十七、八年前那個落雨的黃昏，想起我那個黃油布行李捲，那隻黑牛皮箱——」

「嗯？」她微微好奇的望著他。

他不願再響了，雙眸卻炯炯射向遠處孩子。

彷彿一片閃電掠過她美麗大眼睛，漸漸的，她也不響了，視線也回到兒子與蝴蝶的形像上。

竹林裏，靜寂像簷溜水滴，一滴滴的滴著，是綠色的靜寂。綠色，如綿綿小雨，在一絲絲滴著，是綠色雨絲。風颸，似偶然陣雨，「忽」的一聲，一片片落著，是綠色的風。一竿竿翠竹，斜乜乜的，昂昂挺挺的，用碧油油色素，在空中畫一個個「个」字，一個綠色「个」字接一個綠色「个」字。但無數「个」字簇擁一起，卻形成另一個奇異巨大的字，不再是嬌小玲瓏的「个」字了。龐大的陰影，隨一個個「个」字搖晃，當許多薄薄葉子波動泛濫時，暗影具有一種深沉的魅麗，彷彿不再是暗影，而是光亮的前奏。實際上，清風拂過，地上陰影原空間，不斷化爲一大片濃濃翠色，遠遠看去，像海洋中一座綠色小島嶼，閃閃爍爍的，似綠入穹空深處。左近，白鰱魚偶從塘內跳起來，驟然切斷這片綠色謐靜。遠遠近近的，另一些聲音，有時也響，響在魚聲前，在魚聲後。岸上的聲音，不是水中的聲音。水中的聲音，不是山間的聲音。山間的聲音，不是街頭的聲音。街頭的聲音，不是室內的聲音。這聲接那聲，此音聯彼音，這些聲音，如黑夜螢火，一粒一粒的，一簇一簇的，熠亮著。由於遠遠近近的輕盈音籟，竹林內顯得幽媚了。自然，那些偶然傳來的隱約鋼琴聲、話語聲、淺笑聲，出自一些年輕的手指下、嘴唇邊，說不出的俊美、誘惑。穿過疏疏密密竹葉子，可以看見塘邊楊柳如綠色塵尾，輕輕拂動，熠爍著淡金色陽光，時或颯颯颯絮語。這一刻，宇宙空間眞是靜極了，也華艷極了。光吻光，影吻影，山吻山，水吻水，風吻風，雲吻雲，聲音吻聲音，靜穆吻靜穆，彷佛全銀河系星雲都在彼此傾訴愛情。於是，我們這個地球，也在美麗的應和著、共鳴著。

不知何時起，海地回來了。又不知何時起，忽然，他們三個抱在一起，吻成一片。他們站著，同時把孩子摟在懷裏，三張臉駢結在一起，三副紅紅嘴唇膠成一個，像敦煌壁畫上三顆壯麗的菩薩頭，那樣光明、純潔、幸福。

太陽是他們的吻，燃燒著他們整個靈魂。海水是他們的擁抱，使他們的肉體游泳在這個偉大的藍色地球上。

無名氏的文學時代（跋）

瘂弦

左翼文學的天下

整個說來，三、四十年代仍屬左翼文學的天下，在戰時重慶，由張道藩、王平陵等人曾組織文學團體與左派抗衡，但未能壓倒對方的聲勢，而新小說、現代主義文學思潮這些「忍不住的春天」（鄭愁予語），一直在嚴霜下得不到生存的機會，偶爾有些星星點點，也成不了氣候。

作家們很少沒有受到左翼文學流行熱病的感染，有些人也因此付出了慘痛的代價，比如詩人聞一多，他的左轉固然是因爲人道主義精神的激發，但在我看來，眞正的關鍵是他沒有釐清自己的角色，以致愈陷愈深，最後變成政治祭壇上的亡魂，實在令人惋惜，我認爲作家最重要的是他手中的那支筆，投下筆走向街頭參與群衆運動，所發揮的力量就十分薄弱了，這樣的例子很多。到了四十年代末期，社會動亂，左傾的文人更多，連立場一向超然澄澈的朱自清也變得左左的，讀一讀他晚年談新詩、朗誦詩的文章就會了然。文學病菌的傳染，委實可怕。

無名氏的崛起

就在這樣的時代背景下，無名氏出現了。

無名氏於一九一七年生於南京，曾於北平俄文專科學校研究俄國文學。當一九二六年郭沫若發表〈革命與文學〉、一九二七年成仿吾發表〈從文學革命到革命文學〉、一九三〇年左翼作家聯盟（簡稱左聯）及由蘇聯主導的「國際革命作家聯盟」分別成立時，無名氏只是一個初解人世的少年，不過到了三十年代中期，他已經開始喜愛文學。

當時全國的文學刊物、報紙副刊以及出版機構多半受到控制，街頭坊間到處可見左聯人士的著作。無名氏大學時代常讀的書而印象深刻的有：魯迅譯的《普列漢諾夫的藝術編》、雪峰譯的盧那卡爾斯基的《藝術與社會的基礎》、馮乃超譯的烏略諾夫等著的《藝術與革命》，而瞿秋白譯的恩格斯和列寧的論著，他也涉獵不少。對這些被一般文藝青年視爲時髦進步文化資訊，年輕的無名氏難免也受到一些影響，但很快的他便發現這種把文學與革命扯在一起的文學觀是對文學的戕害。

無名氏抗戰期間在新聞界工作，一九三八年從新聞轉向文藝寫作。他第一次的文學出擊，是一九四三年發表的「北極風情畫」、「一百萬年以前」和「塔裡的女人」，其中以在「華北新聞」連載的「北極風情畫」最爲轟動，使他一舉成名。在西北文壇，人人在問這突然殺出的白袍小將是何方神聖？「滔滔者天下皆是也」，偏偏這個人不寫工農兵，甘冒革命現實主義文學的大不韙，販賣溫情主義，寫的全是「城市小資產階級」的浪漫故事，這種獨來獨往的行徑，雖被左翼文人視爲異端而企圖加以批判，但終於擋不住來自廣大群衆的喝采與掌聲，使無名氏文名遠播，人人爭讀。左派評論家常常喜歡用「喜見樂聞」來形容一個作品受歡迎的程度，《北極風情畫》和《塔裡的女人》這兩部書，最能配得上如此形容。

無名氏的回響

無名氏初期作品引起的回響，基本上來自一般群衆，這種情形與上海的新感覺派作家群以及沈從文、廢名、徐訏、錢鍾書的實驗性作品之回響來自批評界不同，但對左翼領導中心的刺激，前者比後者爲大。左翼是搞群衆運動起家的，對任何觸動群衆的人與事總是提高警覺的。一般作家在文學上提出一點新主張，屬於小衆範圍，他們可以不在乎的，但驚動了群衆，情形就不一樣。左翼文壇一直對無名氏存有戒心，原因在此。

一九四〇年毛澤東「在延安文藝座談會上的講話」提出，立刻被左翼人士奉爲金科玉律，延安這名不見經傳的荒僻之地，儼然成爲文學的重鎭，連丁玲、艾青、何其芳、王實味（後被中共殺害）也懷著朝聖的心情趕到那裡頂著風沙吃大鍋飯，甘心當幹部，不做文人了。自此五四新文學運動以來大家篳路藍縷經之營之所建立的文學傳統，完全被無產階級文學所顚覆。

文壇「陷落」後，無名氏的愛情長篇仍然暢銷不衰，在物資缺乏、書刊不易取得的年代，讀者間甚至有手抄本流傳（文革期《塔裡的女人》手抄本達數十萬冊），這是非常少見的。《北極風情畫》和《塔裡的女人》雖然家喻戶曉、洛陽紙貴，但平心而論，它們只能算試刃之作，情緒飽滿、感情熱烈是其優點，但若論到審美深度，仍不能與他後來的作品相比，他個人風格的奠定，應該在抗戰勝利之後。

無名氏的一種體認是，當廣播、電影以及電視等發達之後，最能爲讀者說故事、提供消遣和娛樂的，應該是電子傳播工具，不再是小說，小說藝術走向純粹化，乃是小說歷史發展的必然。這種美學上的覺醒，在上海新感覺派作家群、廢名和稍遲出現的張愛玲的作品中，都不約而同地透露出同樣的訊息，一九四九年以後，經白先勇、高華苓、朱西甯、王文興等人進一步的發展，到香港的西西和近二十年台灣新世代小說家湧現時，中國現代新小說內容與形式都已粲然大備。至此，這差不多經過兩個世代的新小說試體、創造，於焉完成。

完成六卷「無名書」

一九四五年日本投降，無名氏先赴上海，後定居杭州，埋頭讀、寫，先後完成「無名書」系列第一卷《野獸·野獸·野獸》、第二卷《海艷》、第三卷《金色的蛇夜》上冊。一九四九年大陸易幟，無名氏因照顧母親，未離杭州，用他的話說，在杭州他是「以苟全性命於亂世的心情、在極度精神生活窒息中維持寫作」，偷偷完成《金色的蛇夜》下卷。一九五六年夏至六〇年五月，政治迫害日緊，風聲鶴唳，他曾入集中營，等於坐牢，出獄後緊閉門窗，靠著暗室的微弱燈光，日夜奮筆疾書，拚死完成《死的巖層》、《開花在星雲以外》和《創世紀大菩提》。

「無名書」前三卷重量級作品推出後，無名氏在小說界的地位更爲確定，而他不搭順風船敢於逆流而進的形象，也在文壇上樹立起來。此時左翼的核心人士早已感覺到他的影響，只是故作冷漠而已。中共「建國」後，大陸出版了多種中國現代文學史，不過這些書有很多只能算是左翼文學史，而不是中國文學史，撰史者遵照的是中共的史觀，每本書的說法幾乎千篇一律，論起五四以來作家的文學地位和貢獻，總是魯（迅）巴（金）茅（盾）這麼一路排下來，符合共黨意識形態的作家，不管大小人物，面前總有一炷香火，不符合的，任你多麼重要，也只是簡單介紹，一筆帶過，不批評已經算客氣了。我們看到太多版本的現代文學史貶抑胡適、徐志摩和梁實秋，至於徐訏和無名氏，根本不予論列，其中的道理很簡單，因爲這兩位作家多年來一直堅決反共，從不曲學阿世，不隨左翼魔笛起舞，不做政治的應聲蟲。多年前詩人楊牧告訴我，他在巴黎一個國際性文學會議上，看到徐訏與左派舌戰的情形，義正辭嚴、正氣凜然，舉座爲之震服。無名氏爲了揭發中共勞改營實況，窮數年之力，完成長篇報導風格的小說《紅鯊》並譯成英文在美國出版，受到國際重視。

擺脫流行，創作獨特風格

無名氏在文學上的表現，最重要的，還是他小說藝術方面的成就，特別是《北極風情畫》和《塔裡的女人》以後的小說。在一個迷惘的年代，多半的人爲時尚所左右，他卻能擺脫流行，創造出自己獨特的風格，他在小說中進行的各種試驗，像詩方面的戴望舒、繪畫上的趙無極一樣，都是開風氣之先，充滿了預見性和前衛精神，而在當時，這樣的人是十分孤立、寂寞的。

無名氏意識到，中國現代小說的靈魂如能得到拯救，一定要遠離魯迅、茅盾等「左聯」作家的影響，突破固定的框條。英國小說家維吉尼亞，吳爾芙論小說，指出英國很多小說犯了物質主義的毛病，所謂物質主義，是指某些作者只關心表面，不關心內在，只從社會學上看問題，不從心理學上看問題，這樣的作家所抓到的，只是人生的表象，而不是人生的實質。無名氏發現中國文壇也產生了不少物質主義的作品。他認爲，經濟結構（生產關係與生產工具）的改變只能看作文學改變的原因之一，絕不是唯一的原因。文學改變的主軸，永遠決定在人性和生活的本身，也就是各別的人賴以存活的各別靈魂，沒有這看似抽象而實際掌控人類思想意識的原動力，沒有這看似孤立實際上卻牽動整個社會共相的潛因，小說便沒有了生命。無名氏的作品啓示我們，人物的內在心魂，才是小說表現的重心。他的小說，每每伸入人類本性的溫暖底層，探測出靈魂深處的訊息，準確掌握住生活的精神素質。吳爾芙曾說，生活支配托爾斯泰，靈魂支配杜思妥也夫斯基，而無名氏，則是將二者綜合，表現出生活的靈魂和靈魂的生活的姿貌。

無名氏小說的另一特點，是不著重故事，他看來，小說的起源雖然來自人們喜歡聽故事的心理，但自從有人講故事以來，故事總是大同小異的，由十分類似的條件構成，因此不免帶有人工的色彩，而眞正的人生，常常是沒有故事的。爲了使作品直探人生的原貌，精神主義者的無名氏每每不從故事而從人物出發，他認爲，小說的誕生是先有人物後有故事的，有什麼樣的人物，便有什麼樣的故事，而這個故事，不一定是情節結構的連鎖、照應，而是內在感覺的一種秩序。無名氏所關心的，不是人物的軀體，而是人物的心靈，人物軀體造成的故事是皮相的，不眞實的，人物心靈所呈現的感覺圖景，才是生命的本質所繫，而生命總是由生活體現的，所以無名氏寫小說，不去構築故事，而去捕捉生活，生活的表情，生活的色彩和聲音，生活的千變萬化、無可名狀、難以言傳的諸般感覺，才是他關心的焦點，他甚至認爲不必試感覺以意義，只要捕捉到那感覺，精確的傳達了那感覺，小說家也就完成了他的工作了。

無名氏這種新小說觀點的提出，在小說界所引起的震撼，和上海新感覺派小說家的作品實驗一樣，都預示一個新小說時代的來臨。特別是「無名書」的出版，更意味著革命的現實主義者們墨守已久的成規已被打破，精神主義替代了物質主義。

揚棄陳舊章法，改變語言形式

爲了揚棄一般小說見物不見人，只重視外部世界描寫疏於呈現內在意識結構的陳舊章法，無名氏的另一革命性作爲，就是改變語言形式。他體悟到，一般說明性、論理性的言語已經不敷使用，要想成功的傳達人物沈潛的內在，小說家對語言形象化的要求，應該像詩人那麼嚴格，最好的辦法，就是引進大量的意象語，來改變小說敘述語言的體質。從前俄國詩人普希金寫過詩小說，無名氏嘗試的，或可稱作「小說詩」了。

如果語言的改變就是形式的改變，無名氏無疑在進行一次小說的變種試驗，他想打破文類的界限，把小說與詩加以綜合。在這樣的表現形式裡，人物的對話除外，主述文字全以表現性的詩語替代，一般說明性的散文言語，退居次要的地位。由於詩語具有多義的特色，無形中加大了小說的容積，而所吸納的全是比較有價值的東西，沒有散文的俗世性，塵世的繁瑣，被詩過濾了。

無名氏小說內容的改變與形式的創新，大幅度的提高了他作品的藝術性與純粹性，但也因此使他的讀者減少。作品的欣賞，最理想的境界是曲高和衆，但有時候很難兩全。一個作家不能因爲沾戀讀者的掌聲而停止進步，在寫作上重複自己同樣是一種倒退。實在說，《北極風情畫》和《塔裡的女人》只能算是「少作」，成長中的無名氏向掌聲告別，乃是爲了更高遠藝術境界的追求。他不是不知道小說文學的功能之一，就是提供讀者娛樂和消遣，但雅（提高）和俗（普及）之間總有魚與熊掌的困難。小說家所關心的，應該是作品的創造，至於作品的詮釋，留給批評家和讀者去做吧。

《金色的蛇夜》的詠史意義

無名氏在小說美學上的追求，至《金色的蛇夜》上下二卷提升到更新的境界，這部初稿成於四十年代末的小說，把大陸政治社會驟變前知識分子內心的鬱悶、壓抑和痛苦，作了最生動的投影；表面上是寫個人，實際上是寫整個的時代，其詠史的意圖，十分明顯。在語言上，他以多離視域單調敘述，把生活的外在與內裡，眞實與虛無加以攪拌，使作品呈現一種T·S·艾略特「荒原」式的晦澀與荒誕，以及「後現代的不確定性」（用今日批評術語來說），這樣的書寫形式，比較不像一般人定義下的小說，而是心靈的抽象寓言了。無名氏曾經說：《金色的蛇夜》上下二冊這部小說的一部分靈感來自蘇俄作曲家柴可夫斯基死前所作的最後一部交響曲及小提琴協奏曲，和柴氏一樣，無名氏要表現的，也是對現實生活負面的反彈，在命運巨大巖石壓力下的持續的瀕於窒息的呼吸，以及對生命瀕臨絕望的最後吶喊。他特別欣賞「小提琴協奏曲」有些樂句所採用的反和諧的形式，他只是把音樂的某種反和聲轉化爲文字的反和聲，將音樂文字化，在那個年代確乎是一種創新，嘗試者不多，在中國新小說的發展進程上，應該具有一定的意義。

「金色的蛇夜」上下二冊經作者歷年多次的整理重寫，力求盡善盡美，堪稱無名氏寫作以來最具代表性的作品。最近，出版家蔡文甫主持的九歌出版社印行了作者的最後定稿，爲這部扛鼎之作作了最完整的呈現，這是一項貢獻。

無名氏走向台灣

這裡我們不妨回顧一下無名氏初來台灣的情形：一九八二年三月，困居杭州多年的無名氏申請來港探親（他的長兄是「新聞天地」的發行人卜少夫），十月批准，十二月他抵港，次年三月，由乃兄陪同，搭機來台。用無名氏自已的話說，是「正式結束了三十三年大陸的夢魘生活」。在香港，當他走出崗哨森嚴的邊界，眞有重見天日之感。聯合報駐港記者劉曉梅曾有一篇特寫，題爲〈無名氏先生的行李〉。文中有一段大意說：無名氏先生走出移民局，辦入境手續，他的行李孤零零的放在月台上，簡陋的鋪蓋捲上，還繫有一個喝過牛奶的空杯子。記者說，這就是這位大作家的全部家當了。讀了這篇教人爲之鼻酸的特寫，可以看出從大陸出走的他困苦生活之一斑。而我們可以想像他是以怎樣歡欣和期待的心情走向台灣。

一個國家的形象，需要大師級的人物的引領才能樹立起來，在文化上，他們每個人都是一面旗幟，一個象徵。卜老（年輕一代都這麼尊稱他）人在台灣，對台灣的意義決不下於當年張大千（巴西）、林語堂（美國）、錢穆（香港）、趙滋蕃（香港）等人回國定居。

文化江河的長泳者

無名氏先生來台已十七年了，在這漫長的歲月裡，他將全部生活融入台灣這片土地，在文壇上，他跟老中青三代的作家朋友打成一片，他創作不輟，迭有新著，創作慾與創作力之強旺，連很多年輕的作家也自嘆不如，在生活上，他購屋娶妻、安家落戶，過著典型「台灣人」的生活，寫作之餘，他更熱心參加各種文藝活動，對青年一代作者的提攜與幫助，不遺餘力，可以說把他全部的心血，都貢獻台灣文壇。

今天，這位現代文學史上的人物就住在你的隔壁，或鄰街不遠的一幢堆滿了書的狹窄公寓裡，任誰按一下電鈴就會有一位精神矍鑠的長者，慈祥的微笑迎接你，他就是無名氏，一位文化江河的長泳者，中國現代新小說試驗田裡最辛勞的荷鋤人！

讓我們珍惜這年高八二的長者，他是歷史的老人，文壇的祥瑞。

【註】汪應果教授去年在大陸出版《無名氏傳奇》廿餘萬字，是海內外詳評「無名書」六卷的第一人，夏志清、王德威教授閱此後，甚加讚許。再者除了黃繼持、名作家司馬長風、小思，倪匡、崑南、胡菊人、余玉照等數十人也對「無名書」前二卷亦深有研究。（當時後三卷半未出版），夏志清教授則評論《野獸、野獸、野獸》及《紅鯊》，認「無名書」成就遠超過巴金及老舍的三部曲。

國家圖書館出版品預行編目資料

創世紀大菩提 / 卜寧著. -- 初版. -- 臺北市：文史哲,民 88
　冊； 公分. -- (文學叢刊；90)（無名氏全集；第七卷）
ISBN 957-549-239-0(一套：平裝)

857.7　　　　　　　　88013493

文學叢刊 ⑨⓪

無名氏全集第七卷

創世紀大菩提（上下冊）

著　　者：卜　寧（無名氏）
出 版 者：文史哲出版社
登記證字號：行政院新聞局版臺業字五三三七號
發 行 人：彭　正　雄
發 行 所：文史哲出版社
印 刷 者：文史哲出版社
臺北市羅斯福路一段七十二巷四號
郵政劃撥帳號：一六一八〇一七五
電話 886-2-23511028・傳眞 886-2-23965656

平裝二冊售價新臺幣八〇〇元

中華民國八十八年九月初版

ISBN 957-549-239-0